Hans-Dieter Haas, Simon-Martin Neumair
Wirtschaftsgeographie

Geowissen kompakt

Herausgegeben von
Hans-Dieter Haas

Hans-Dieter Haas, Simon-Martin Neumair

Wirtschaftsgeographie

Bibliografische Information der Deutschen Nationalbibliothek
Die Deutsche Nationalbibliothek verzeichnet diese Publikation
in der Deutschen Nationalbibliografie;
detaillierte bibliografische Daten sind im Internet über
http://dnb.d-nb.de abrufbar.

© 2007 by WBG (Wissenschaftliche Buchgesellschaft), Darmstadt
Die Herausgabe des Werkes wurde durch
die Vereinsmitglieder der WBG ermöglicht.
Redaktion: Katrin Kurten, Mainz
Satz: Lichtsatz Michael Glaese GmbH, Hemsbach
Umschlaggestaltung: schreiberVIS, Seeheim
Gedruckt auf säurefreiem und alterungsbeständigem Papier
Printed in Germany

www.wbg-darmstadt.de

ISBN 978-3-534-15630-6

Inhalt

Vorwort

Als Wissenschaft von der räumlichen Dimension der Wirtschaft weist die Wirtschaftsgeographie einen erheblichen Stellenwert für die Ausbildung und die späteren beruflichen Felder von Geographen auf. Ebenso profitieren Betriebs- und Volkswirte wie auch Studierende anderer Fachrichtungen mit dem Wahlfach Wirtschaftsgeographie erheblich für ihre spätere Tätigkeit im Beruf.

Ziel des vorliegenden Lehrbuches ist es, Anfängern in den unterschiedlichen geographischen Studiengängen sowie Nebenfachstudenten einen verständlichen Zugang zu dieser wichtigen Teildisziplin der Human- bzw. Anthropogeographie zu eröffnen, ihnen ein grundlegendes wirtschaftsgeographisches Basiswissen zu vermitteln und sie mit der einschlägigen Thematik und Begrifflichkeiten – in einem verständlichen wissenschaftlichen Sprachgebrauch gehalten – vertraut zu machen.

Im Gegensatz zu den vielen bereits existierenden wirtschaftsgeographischen Lehrbüchern wurde hier das auf eine wirtschaftsgeographische Basisvorlesung anwendbare Didaktikkonzept eines Registers grundlegender Fachbegriffe gewählt.

Neben den Haupt- und Nebenfachstudenten der Wirtschafts- und Sozialgeographie gehören auch Studierende des Lehramtfaches Erdkunde sowie Schüler der Sekundarstufe bzw. des Leistungskursfaches Erdkunde zum unmittelbaren Adressatenkreis dieses Lehrbuches.

Folgenden Personen, die sich bei der Erstellung dieser Publikation durch ihr überaus großes Engagement verdient gemacht haben, sind wir zu Dank verpflichtet: Hr. Heinz Sladkowski, Kartograph am Institut für Wirtschaftsgeographie der Universität München, für die gewissenhafte und sorgfältige Erstellung der Abbildungen; Hr. Martin Pachtner und Hr. Christian Baumeister, studentische Hilfskräfte, für die wertvollen Korrekturarbeiten und inhaltlichen Anregungen.

Der vorliegende Band ist Teil einer neuen Lehrbuchreihe bei der Wissenschaftlichen Buchgesellschaft, die sich derzeit im Aufbau befindet.

München, im August 2006

Hans-Dieter Haas und
Simon-Martin Neumair

1 Wirtschaftsgeographie als wissenschaftliche Disziplin

1.1 Begriff der Wirtschaftsgeographie

Die Wirtschaftsgeographie beschäftigt sich mit der **räumlichen Dimension wirtschaftlicher Prozesse und Aktivitäten.** An der Schnittstelle zwischen Geowissenschaften, Geographie und Wirtschaftswissenschaften untersucht sie das Verhältnis von Wirtschaft und Raum und bemüht sich deshalb um eine Synthese von Wirtschaftsforschung und geographischer Forschung. Hierbei findet die Wirkung natürlicher Raumfaktoren auf wirtschaftliches Handeln (bzw. umgekehrt) besondere Beachtung. Daneben weisen auch Schnittstellen zu Disziplinen im weiteren Feld der Sozialwissenschaften, so z. B. im soziokulturellen Bereich, hohe Relevanz auf.

Wirtschafts-geographie

Zentraler Forschungsgegenstand ist der **Wirtschaftsraum** (vgl. Kap. 2.1.2) in seinen verschiedenen Maßstabsebenen bzw. wirtschaftliche Aktivitäten von Akteuren in räumlicher Perspektive. Es gilt, alle vom Wirtschaftsleben ausgehenden bzw. darauf einwirkenden Interaktionen sowie Struktur- und Prozessmechanismen auf ihre Raumrelevanz hin zu untersuchen. Generelles Ziel ist es, räumliche Verbreitungs und Verknüpfungsmuster bzw. Organisations- und Interaktionsformen, die sich aus dem wirtschaftlichen Handeln unterschiedlicher Akteure ergeben, zu erfassen und fachlich zu bewerten.

1.2 Forschungsgegenstände der Wirtschaftsgeographie

Das Forschungsgebiet der Wirtschaftsgeographie ist heute zum größten Teil in dem weiten Überlappungsbereich zwischen Wirtschafts- und Gesellschaftswissenschaften angesiedelt. Sowohl Forschungsmethodik als auch Fragestellungen orientieren sich stark an denen der benachbarten Wirtschafts- und Sozialwissenschaften. Die Forschungsgegenstände der Wirtschaftsgeographie treten auf allen räumlichen Maßstabsebenen auf. Sie reichen von der Analyse der kleinräumigen Standortwahl eines Einzelhandelsbetriebes über die Evaluation von Maßnahmen der regionalen Wirtschaftspolitik bis zur räumlichen Erfassung und Kategorisierung globaler Handels- und Investitionsbeziehungen. Im Einzelnen lassen sich folgende Forschungsgegenstände bzw. Aufgabenstellungen anführen:

Im Bereich der Standortforschung beschäftigt sich die Wirtschaftsgeographie mit der Durchführung von **Standortanalysen,** der Untersuchung des Verhaltens der Akteure bei der **Standortwahl,** der Entwicklung von Konzepten zur **betrieblichen Standortplanung** sowie der Erfassung der Determinanten von Entstehung und wirtschaftsräumlichen Auswirkungen regionaler Unternehmenskonzentrationen **(Clusteranalyse).**

Standortforschung

Auf dem weitreichenden, eng mit der Raumordnung und Raumplanung in Verbindung stehenden Gebiet der regionalen Strukturforschung ist die

Regionale Strukturforschung

Wirtschaftsgeographie mit der Erforschung der Ursachen und der Entwicklungsdynamik **regionaler Disparitäten** sowie der Ableitung von Maßnahmen der **Regionalpolitik** und **Regionalentwicklung** zu deren Abbau befasst.

Risikoforschung

Die Wirtschaftsgeographie untersucht die wirtschaftsräumlich bedingten Ursachen und regionalwirtschaftlichen Auswirkungen bestimmter **Risikokategorien** („natural hazards", „man-made hazards", „social hazards").

Ressourcenforschung

Die Analyse der Knappheit und Verteilung von **Rohstoffen** und **Ressourcen** sowie die Entstehung von Wertschöpfungsketten und deren räumliche Verflechtungen machen ein weiteres Forschungsgebiet aus. Besonderes Augenmerk kommt dem Einsatz von Rohstoffen und Ressourcen in der Wirtschaft, ihrer Regenerierbarkeit sowie der Erkundung und fachlichen Bewertung der Gewinnungs-, Transport- und Nutzungsrisiken zu.

Internationalisierung der Wirtschaft

In diesem Bereich zeigt die Wirtschaftsgeographie enge Verknüpfungen zum Internationalen Management in der Betriebswirtschaftslehre. Der bedeutende Untersuchungsgegenstand ist hier die Raumwirksamkeit von Organisationsformen und Unternehmensentscheidungen auf **internationaler Ebene** (z. B. weltweite Verteilung von Wertschöpfungsaktivitäten, internationale Standortwahl, Außenhandelsverflechtungen, Direktinvestitionen, raumwirksame Komponenten des Globalisierungsprozesses) unter Berücksichtigung zeitlicher Veränderungen und regional differierender Einflüsse (z. B. Länderrisiken, kulturelle Faktoren).

Strukturwandel in räumlicher Perspektive

Da die Wirtschaftsgeographie ein dynamisches, sich ständig weiterentwickelndes Fach darstellt, muss es schließlich ihre Aufgabe sein, originäre Forschungsbeiträge zur Beschreibung, Erklärung und Steuerung des wirtschaftlichen Strukturwandels in seiner räumlichen Perspektive zu leisten. Als wichtige Teilbereiche lassen sich hier identifizieren (vgl. SCHÄTZL 2003b, S. 142 f.):

- Der Übergang von der Industrie- zur Wissensgesellschaft;
- die Verschiebung des ökonomischen Schwerpunktes von der industriellen Massenproduktion hin zu flexiblen, spezialisierten Produktionssystemen;
- die Globalisierung wirtschaftlicher Prozesse bei gleichzeitiger Bildung regionaler Unternehmenskonzentrationen und Aufwertung regionaler Bezüge;
- die Ausbreitung regionaler und supranationaler Integrationssysteme (z. B. die Erweiterungen der Europäischen Union);
- die Transformation der Wirtschaftssysteme in den ehemaligen sozialistischen Staatshandelsländern, d. h. der Übergang von der Zentralverwaltungs- zur Marktwirtschaft;
- der Primat einer nachhaltigen, d. h. sozialökologischen Modernisierung der Wirtschaft.

1.3 Entwicklungstendenzen der Wirtschaftsgeographie

In der wirtschaftsgeographischen Forschung lassen sich im Zeitablauf verschiedene Entwicklungstendenzen bzw. wissenschaftstheoretische Konzeptionen feststellen. Man spricht auch von unterschiedlichen **Paradigmen,** zu verstehen als fachspezifische Grundperspektiven bzw. leitende Fragestellungen einer Disziplin (vgl. auch Kap. 2.2).

1.3.1 Länder- und Landschaftskunde

Bis ins 19. Jh. lag das Anliegen der Geographie in der **länderkundlichen Beschreibung** ausgewählter Raumeinheiten. Während schon im Altertum und später auch im Mittelalter Geschichts- und Naturforscher immer wieder auch geographische Tatbestände festhielten, so auch etwa über Handelswege berichteten, liegen die eigentlichen Wurzeln der Wirtschaftsgeographie eher in der beginnenden Neuzeit. Mit der Entschleierung der Erde im Zuge der expansiven Bestrebungen des Abendlandes im ausgehenden 15. und beginnenden 16. Jh. wuchsen neben den politischen Interessen europäischer Machthaber auch die Bestrebungen an der Ausbeutung von Ressourcen in fernen Erdräumen. Durch die Nutzbarmachung von Rohstoffen und den zunehmenden Ausbau kontinentaler Fernhandels- und Seeverkehrswege kam es innerhalb der sich etablierenden geographischen Wissenschaft langsam zu einer **Spezialisierung auf wirtschaftsgeographische Fragestellungen.** Im Rahmen der in der Geographie zunächst angestrebten Deskription räumlicher Tatbestände, der Vermittlung erdkundlichen Wissens bzw. länderkundlicher Fakten führten die wirtschaftlichen Interessen in Politik und Gesellschaft zur Herausbildung einer **Produktenkunde** bzw. einer wirtschaftsstatistisch ausgerichteten **Staatenkunde,** die später Grundlage einer **Welthandelsgeographie** (KARL ANDREE 1867) wurde.

Aufgabe der darauf aufbauenden, von ALFRED HETTNER (1927) entwickelten **wissenschaftlichen Länderkunde** ist es, „über die landschaftstypischen Wirkungszusammenhänge hinaus alle Schichten der Landschaft so zu integrieren, dass ein ganzheitliches Verständnis des Landes – gleichsam dessen Totalcharakter – erschlossen wird" (vgl. BATHELT/GLÜCKLER 2002, S. 19). Damit ist die Länderkunde **idiographisch** ausgerichtet, indem sie jeden Raumausschnitt als einzigartig-individuell annimmt.

Demgegenüber ist es das Anliegen der eher **nomothetisch** orientierten Landschaftskunde, in einer vergleichenden Betrachtung des Erdraums aufgrund des Wirkungsgefüges einander ähnliche **Landschaftstypen** herauszuarbeiten und die Welt in **Landschaftszonen** zu gliedern.

Die Wirtschaftsgeographie verharrt in dieser Phase in einem fast ausschließlich deskriptiven Stadium, indem sie sich weitgehend nur mit der Indexierung wirtschaftlicher Aktivitäten in ausgewählten, natürlich geprägten Ländern und Landschaften beschäftigt. Dennoch hat das länder- und landschaftskundliche Paradigma das originäre Forschungsobjekt der Wirtschaftsgeographie, das sich von der Wirtschaftslandschaft über die Wirt-

Länderkunde

Landschaftskunde

Folgewirkungen

3

schaftsformation hin zum Wirtschaftsraum entwickelt hat (vgl. Kap. 2.1.2), nachhaltig geprägt und beeinflusst. Auch heute noch sind der Aufbau mancher Schulbücher sowie das breite Angebot wirtschaftsgeographischer Länderkunden und Reiseführer ein Substrat dieses wissenschaftlichen Paradigmas (vgl. BATHELT/GLÜCKLER 2002, S. 26).

Naturdeterminismus versus Possibilismus

In der länderkundlichen Phase dominierte zunächst der **Naturdeterminismus** (Geodeterminismus) als wissenschaftliche Sichtweise. Er geht davon aus, dass menschlich-wirtschaftliches Handeln in erster Linie durch die natürlichen Gegebenheiten von Raumeinheiten geprägt ist. Als Hauptvertreter dieser Richtung gilt FRIEDRICH RATZEL (1882) mit seinen kausalgenetischen Thesen der Abhängigkeit des Menschen in seinem kulturellen, wirtschaftlichen und gesellschaftlichen Umfeld von der Natur.

Dem Naturdeterminismus stellte seit Anfang des 20. Jh. der französische Geograph PAUL VIDAL DE LA BLACHE den sog. **Possibilismus** gegenüber. Dieser betont den menschlichen Entscheidungs- und Interpretationsspielraum innerhalb bestimmter sozialer und physischer Grenzen. Gesellschaft und Wirtschaft sind nicht durch die Natur determiniert, sondern das Ergebnis in Wert gesetzter Möglichkeiten.

Dennoch kann von einer Verdrängung naturdeterministischer Sichtweisen bis heute keine Rede sein, was u. a. die Beschäftigung der Wirtschaftsgeographie mit den anthropogenen und ökonomischen Ursachen sowie den wirtschaftsräumlichen Auswirkungen von Naturrisiken **(Risikoforschung)** zeigt.

1.3.2 Raumwirtschaftslehre

Quantitative Revolution

In den 1960er-Jahren kommt es zur bewussten Abkehr von der individualistischen Länderkunde zu einer abstrakten, systematischen und theoretisch fundierten wirtschaftsgeographischen Forschung (vgl. KLEIN 2005, S. 339f.). Diesen Paradigmenwechsel hin zur Wirtschaftsgeographie als **Raumwirtschaftslehre,** der in Deutschland vor allem durch den Kieler Geographentag 1969 markiert wird, bezeichnet man auch als **quantitative Revolution.** Diese steht sowohl für den Einsatz quantitativer Methoden bei wirtschaftsräumlichen Analysen wie auch für eine ökonomisch ausgerichtete Theoriebildung im Gegensatz zu rein beschreibenden Modellen. Das unterstellte Menschenbild ist stets der vollständig rational handelnde und nach Maximierung strebende **homo oeconomicus** (vgl. Kap. 2.2.2).

Raumwirtschaftlicher Ansatz

Innerhalb der Raumwirtschaftslehre dominiert der heute vor allem von LUDWIG SCHÄTZL verfochtene **raumwirtschaftliche Ansatz** der Wirtschaftsgeographie (vgl. Kap. 2.2.2). Die Betätigungsfelder der Wirtschaftsgeographie, die sich in diesem Kontext als Wissenschaft von der räumlichen Ordnung und Organisation der Wirtschaft versteht, liegen in der Beschreibung, Erklärung und Bewertung **ökonomischer Raumsysteme,** welche sich durch drei interdependente Systemelemente auszeichnen: die Verteilung ökonomischer Aktivitäten im Raum **(Struktur),** die Bewegung von Produktionsfaktoren, Gütern und Dienstleistungen zwischen Standorten und Regionen **(Interaktion)** sowie die Entwicklungsdynamik von Struktur und Interaktion **(Prozess)** (vgl. SCHÄTZL 2003a, S. 24f.).

1.3.3 Handlungs- und akteursorientierter Ansatz

Der isolierte Bezug auf den Raum, seine Strukturen und Distanzen als Grundlage wirtschaftsgeographischer Analysen bei gleichzeitiger Vernachlässigung sozialer und verhaltensbezogener Aspekte, engt den Anwendungsbezug der Geographie als Raumwirtschaftslehre stark ein. In den letzten Jahren hat sich in der Wirtschaftsgeographie daher ein weiterer Paradigmenwechsel hin zu **handlungs- und akteurszentrierten Ansätzen** vollzogen. In der Konsequenz rücken die **Akteure** (z. B. Individuen, Unternehmen, Organisationen) in den Fokus der Betrachtung, indem ihr Handeln als Ursache für räumliche Strukturen und Formationen anerkannt wird. Der Raum verkörpert damit ein **soziales, vom Menschen geschaffenes Konstrukt,** das aus den Interaktionen zwischen den Akteuren hervorgeht und gleichzeitig deren Aktionen beeinflusst.

Das Ziel der rein-deterministischen Theorie- und Modellbildung wird zugunsten der Anschauung, dass das Handeln menschlicher Akteure nicht gesetzmäßig beschrieben werden kann, aufgegeben. Als Menschenbild des ökonomisch Handelnden unterstellt man den im Gegensatz zum homo oeconomicus nur nach suboptimaler Bedürfnisbefriedigung strebenden **satisfizer** (vgl. Kap. 2.2.3).

Innerhalb dieses Paradigmas sind Ansätze, welche soziale, kulturelle und gesellschaftliche Entitäten und die Einbettung der Akteure in selbige thematisieren, von besonderer Bedeutung. Solche Ansätze werden unter dem Etikett „neue Wirtschaftsgeographie" (vgl. Kap. 2.2.4) subsumiert, mit welcher der **„sociological"** und der **„cultural turn"** des Faches zum Ausdruck kommen (vgl. Kap. 2.2.2).

Raum als soziales Konstrukt

„Neue Wirtschaftsgeographie"

1.4 Gliederungen der Wirtschaftsgeographie

Die Wirtschaftsgeographie gilt der klassischen Einteilung gemäß als Teilbereich der **Anthropogeographie** bzw. **Humangeographie,** die neben der Physischen Geographie das zweite Standbein der Allgemeinen Geographie ist und sich mit den Systemzusammenhängen zwischen Gesellschaft, Technik, Wirtschaft und Politik im Raum befasst. Was die Unterteilung der Wirtschaftsgeographie angeht, haben sich zwei Ansätze, nämlich nach einem räumlichen und einem sektoralen Bezug, bewährt.

1.4.1 Allgemeine, Regionale und Angewandte Wirtschaftsgeographie

Nach dem inhaltlichen Bezug und dem fachlichen Fokus lassen sich eine Allgemeine und eine Regionale Wirtschaftsgeographie unterscheiden. Ausgesprochen praxisorientiert ist die Angewandte Wirtschaftsgeographie (vgl. Mikus 2002, S. 41 f.; Heineberg 2003, S. 16).

Allgemeine Wirtschaftsgeographie

Die Allgemeine Wirtschaftsgeographie ist **nomothetisch** ausgerichtet, d.h. sie befasst sich mit den Regelhaftigkeiten und Gesetzmäßigkeiten von Wirtschaftsräumen. Theoriegeleitet versucht sie, den Nachweis räumlicher Verbreitungs- und Verknüpfungsmuster als Resultat ökonomischer Aktivitäten des Menschen und gesellschaftlicher Rahmenbedingungen in ihrer Raumbedingtheit und Raumwirksamkeit zu erbringen.

Regionale Wirtschaftsgeographie

Die Regionale Wirtschaftsgeographie ist dagegen **idiographisch** angelegt, d.h. sie untersucht die spezifischen, individuellen Systemelemente und Entwicklungsmerkmale einzelner Wirtschaftsräume, die sich von der Mikro- über die Makro- bis hin zur globalen Ebene erstrecken können. Zwischen beiden Richtungen können Zusammenhänge und Übergänge bestehen, wie sie in der sog. **Thematischen Regionalen Wirtschaftsgeographie** zum Ausdruck kommen.

Angewandte Wirtschaftsgeographie

Die Angewandte Wirtschaftsgeographie hält ein Grundlagenwissen zur Bearbeitung raumbezogener und raumfunktionaler Probleme des **praktischen Lebens** bereit (z.B. die Evaluierung von Maßnahmen zur Wirtschaftsförderung bzw. zur Entwicklung ländlicher oder industrieller Räume). Als Landschafts- und Raumstrukturforschung wird sie – oftmals planerische und interdisziplinäre Ziele verfolgend – für **außerwissenschaftliche Bedürfnisse** betrieben. Immer wichtiger wurde in jüngster Zeit die mikrogeographische Perspektive in Richtung betrieblicher Analysen und unternehmensberaterischer Tätigkeiten (z.B. Standortwahl oder Markterschließung im Ausland).

1.4.2 Teilgebiete der Wirtschaftsgeographie

Nach Wirtschaftssektoren lassen sich folgende Teilbereiche der Wirtschaftsgeographie unterscheiden.

Agrargeographie

Die Agrargeographie beschäftigt sich mit Struktur und Entwicklung der **Landwirtschaft** in ihrer räumlichen Differenzierung sowie der Raumwirksamkeit **agrarwirtschaftlicher Prozesse,** wobei natürlichen Gegebenheiten (z.B. Klima, Bodengüte), den Agrarbetrieben im Speziellen, der Sozialstruktur der landwirtschaftlichen Bevölkerung sowie den betrieblichen Organisationsformen der Bodenbewirtschaftung besondere Bedeutung zukommen.

Geographie des Bergbaus

Die Bergbaugeographie befasst sich mit der Generierung vor allem mineralischer Rohstoffe, den Erscheinungsformen **bergbaulicher Aktivitäten** sowie dem Gesamtcharakter eines vom Bergbau strukturell geprägten Wirtschaftsraums (Bergbauregionen). Da der Bergbau infolge seiner verfahrenstechnischen Koppelung statistisch und thematisch häufig den nachgelagerten, standortgebundenen Industrien zugeordnet wird, lässt sich die Geographie des Bergbaus auch der Industriegeographie zurechnen. Die **Ressourcengeographie,** welche die Verbreitung von **Ressourcen** und **Rohstoffen,** Welthandelsstrukturen und die Entwicklungsmöglichkeiten eines Raums durch Rohstoffe thematisiert, ist von der Bergbaugeographie inhaltlich mit eingeschlossen.

Industriegeographie

Die Industriegeographie wendet sich den Lokalisationsformen und Standortbedingungen, den Organisationsformen, den Produktionsprozessen und den sich daraus ergebenden räumlichen Auswirkungen der **Industrie** zu. Ferner werden raumwirksame Unternehmensentscheidungen und Anpassungshandlungen sowie die räumlichen Verhaltensbezüge der in der Industrie beschäftigten Menschen untersucht.

Die Dienstleistungsgeographie analysiert Lokalisationsformen, Standortbedingungen, Organisationsformen und Raumwirksamkeit von Unternehmen des **tertiären Sektors** sowie das räumliche Verhalten von Beschäftigten und Kunden. In der Regel stehen tertiäre Teilbereiche (z. B. Handels-, Freizeit-, Verkehrsgeographie) im Mittelpunkt der Betrachtung. Verstärkte Aufmerksamkeit erfahren vor allem die Anwendungsbereiche Informationstechnologie, Telekommunikation und Logistik. Ferner ist zu beachten, dass sich auch immer mehr produzierende Unternehmen als Dienstleister verstehen. So wird z. B. der auftragsindividuelle Anlagenbau eines Technologiekonzerns statistisch zwar dem industriellen Sektor zugeordnet, ist faktisch aber als Dienstleistung zu betrachten.

Dienstleistungs-geographie

Die Handelsgeographie widmet sich den räumlichen Grundlagen und Auswirkungen des **Handels** (Außenhandel, Groß- und Einzelhandel) und seiner regional differenzierten Betriebsformen. Im Zusammenspiel mit der Verkehrsgeographie ist die Untersuchung raumwirksamer Faktoren für die Funktion des Handels als zeitlicher, sachlicher und örtlicher Überbrücker zwischen Hersteller und Konsument und deren Standorten eine besonders bedeutende Aufgabe.

Handelsgeographie

Die **Freizeitgeographie** beschäftigt sich mit der Raumwirksamkeit und den räumlichen Organisationsformen des **Freizeitverhaltens** sozialer Gruppen sowie der räumlichen Ordnung der Fremdenverkehrswirtschaft. Die **Tourismusgeographie** konzentriert sich auf einen Teilaspekt des Freizeitverhaltens, den Erholungsreiseverkehr, befasst sich aber auch mit dem nichtfreizeitbedingten Reiseverkehr (Geschäftsreiseverkehr, Kongress- und Messetourismus, Kurtourismus). Untersuchungsgegenstände der Tourismusgeographie sind vor allem die Prozess- und Strukturanalyse von Räumen, welche unter Einfluss verschiedener Formen des Fremdenverkehrs stehen, sowie die sozialgruppenspezifische Ausprägung des Fremdenverkehrs in regionaler Differenzierung mit unterschiedlichen Arten der Raumprägung. Dabei ist zwischen dem auf das Inland beschränkten Binnentourismus und dem grenzüberschreitenden Tourismus zu unterscheiden. Letzterer differenziert sich wiederum in Incoming-Tourismus (Ausländertourismus im Inland) und Outgoing-Tourismus (Auslandstourismus der Inländer).

Freizeit- und Tourismusgeographie

Die Verkehrsgeographie untersucht die wirtschaftsräumliche Rolle und Funktion des **Transports.** Sie beschreibt und erklärt die Verkehrsarten, die räumlichen Muster von Verkehrswegen und Bewegungen von Gütern, Personen und Nachrichten sowie die wirtschaftsräumliche Bedeutung des Verkehrs. Ein zentrales Anliegen ist die Analyse des Verkehrswegenetzes, der Verkehrsströme (fließender und ruhender Verkehr) sowie der gebietlichen Versorgung mit Transporteinrichtungen in ihrer Bedeutung für die Entwicklung eines Wirtschaftsraums.

Verkehrsgeographie

Die Wirtschaftsgeographie weist nahe liegender Weise Verbindungen zu anderen Teilbereichen der Human- bzw. Anthropogeographie auf. So bestehen thematische Anknüpfungspunkte u. a. zur **Siedlungsgeographie** (z. B. Wirtschaftsstrukturen und Standortmuster städtischer oder ländlicher

Vernetzungen mit anderen geographischen Teilbereichen

Siedlungen), der **Bevölkerungsgeographie** (z. B. die Raumwirksamkeit des Arbeits- und Freizeitverhaltens einzelner Bevölkerungsgruppen) sowie der **Politischen Geographie** (z. B. die Auswirkungen der räumlichen Lage einschließlich der politisch-administrativen Untergliederung von Staaten sowie deren prägende politische Kräfte auf die nationalen und internationalen Wirtschaftsbeziehungen). Wirtschaftsgeographische Aspekte kommen ferner auf dem Gebiet der „**regional governance**" zum Tragen. Dabei handelt es sich um einen modernen Sammelbegriff zur Diskussion sich verändernder Steuerungsformen der Regionalentwicklung, welche einerseits die klassische Rolle des Staates und der öffentlichen Verwaltung zum Ausdruck bringt, andererseits netzwerkartige, schwach institutionalisierte Steuerungsmechanismen bezeichnet, in denen staatliche, wirtschaftliche und zivilgesellschaftliche Akteure zur Bearbeitung von Problemen des regionalen Gemeinwohls (z. B. im Bereich lokaler Wirtschafts-, Technologie- oder Innovationsförderung) zusammenwirken bzw. deren jeweilige Interessen durchzusetzen versuchen.

Thematische Beziehungen bestehen auch zu einzelnen Teilbereichen der Physischen Geographie. So weist z. B. die Agrargeographie, deren Untersuchungsgegenstand u. a. die auf der globalen Differenzierung von Klimafaktoren und lokalen Einflüssen (z. B. Höhenlage) beruhenden Eignungszonen sind, Anknüpfungspunkte zur **Vegetations- und Bodengeographie** auf. Verbindungen zur **Hydrogeographie** und **Geomorphologie** gehen z. B. von der Bergbaugeographie aus, indem diese sich mit der durch bergbauliche Tätigkeiten veränderten Natur- (und Kultur-)landschaft sowie Problemen der Wiederurbarmachung und Neugestaltung von Bergbauregionen befasst.

Ein weiterer Überlappungsbereich ist in der **umweltbezogenen Risikoforschung** auszumachen. Denn einerseits können bestimmte wirtschaftsräumliche Nutzungsentscheidungen (z. B. ein exponierter Industrialisierungsdruck oder der Einsatz spezifischer Technologien in stark durch Naturgefahren bedrohten Regionen) eine Ursache bzw. Verstärkung der Gefahr durch länder- bzw. regionsspezifische Naturrisiken darstellen. Andererseits beschäftigt sich die Wirtschaftsgeographie auch mit der Erfassung und der Analyse der regionalwirtschaftlichen Auswirkungen von Naturgefahren.

2 Methodische Grundlagen

Will man sich in einer Wissenschaft zurechtfinden, ist es unumgänglich, sich einen Überblick über die methodischen Grundlagen zu verschaffen. Erst auf Basis dieser Grundlagen lassen sich später auftretende komplexere und weitergreifende Frage- und Problemstellungen analysieren und bearbeiten. Unterschiedliche Forschungsansätze und Methoden bringen meist auch verschiedenartige Herangehensweisen und bisweilen gegensätzliche Standpunkte mit sich, welche ohne Kenntnis der zugrunde liegenden Annahmen bzw. des vorherrschenden Verständnisses wohl nicht oder nur schwer nachvollziehbar wären. Deshalb werden in diesem Kapitel zentrale Begriffe und forschungstheoretische Ansätze der Wirtschaftsgeographie vorgestellt.

2.1 Standort und Raum: Zentrale Begriffe

Die Begriffe **„Raum"** und **„Standort"** sind untrennbar mit der geographischen Forschung verbunden. Da die Geographie eine der ältesten Wissenschaften darstellt, drängt sich die Frage auf, warum es nach so langer Zeit immer noch der Auseinandersetzung mit diesen Begriffen bedarf, weil alle grundlegenden Aussagen ja bereits getroffen seien. Die Antwort darauf liegt in der Mehrdimensionalität und Vielschichtigkeit dieser Begriffe. Die Wirtschaftsgeographie ist eine lebendige Wissenschaft. Räume und Standorte sind beständigen technologischen, wirtschaftlichen und sozialen Veränderungen unterworfen. Hinzu kommt, dass der Bedeutungsgehalt dieser Begriffe durch immer spezialisiertere und differenziertere Forschungsvorhaben und die zunehmende Integration der Erkenntnisse anderer Wissenschaften, insbesondere der Betriebs- und Volkswirtschaftslehre sowie der Soziologie, immer vielfältiger und breiter wird.

2.1.1 Konzepte der Raumauffassung

Während Biologie und Geschichte als Wissenschaften des Lebens bzw. der Zeit zu verstehen sind, gilt die Geographie als Wissenschaft des Raumes. Was aber ist „Raum"? Eine allgemeine Operationalisierung dieses Begriffs ist mit großen Schwierigkeiten behaftet, da es sehr unterschiedliche Auffassungen und Verwendungsweisen dafür gibt (vgl. im Folgenden Läpple 1991; Wardenga 2002; Krätke 1995a, S. 5 ff.).

Raum kann als Behälter oder Container, aufgefüllt mit physisch-materiellen Elementen (Oberflächenformen, Böden, Klima, Vegetation und Tierwelt, vom Menschen geschaffene Bauwerke etc.), verstanden werden und charakterisiert sich als Wirkungsgefüge natürlicher und anthropogener Faktoren. Zentral für diese Raumauffassung ist der Begriff der **Landschaft bzw.**

Container-Raum

Kulturlandschaft, die als „Bestandteil der Erdoberfläche und zugleich als Gehäuse konkreter regionaler Lebensformen, d.h. als Lebensraum bzw. Kulturraum ihrer Bewohner" (KRÄTKE 1995a, S. 5) zu verstehen ist.

Relationaler Ordnungsraum

Der relationale Ordnungsraum ist ein **formal-analytisches Ordnungsschema** zur Beschreibung der Standorte und Lagerelationen materieller Beobachtungsobjekte. Dieser Ansatz basiert auf dem Verständnis der Geographie als **chorologischer Raumwissenschaft,** in welcher die **Distanz** die zentrale Kategorie für die Erklärung der allgemeinen Gesetzmäßigkeiten räumlicher Verbreitungs- und Verknüpfungsmuster menschlich-ökonomischer Aktivitäten ist. Derartige Betrachtungen liegen auch dem **raumwirtschaftlichen Ansatz** der Wirtschaftsgeographie (vgl. Kap. 2.2.2) zugrunde.

Wahrnehmungsraum

In der Denktradition des **verhaltenswissenschaftlichen Ansatzes** der Wirtschaftsgeographie (vgl. Kap. 2.2.3) stehend, werden Räume als **Kategorie der Wahrnehmung** und als Anschauungsformen betrachtet. Es stellt sich die Frage, wie real existierende Räume von sozialen Gruppen wahrgenommen, differenziert und räumlichen Kategorien bzw. Begriffen zugeordnet werden. Im Wahrnehmungsraum lassen sich subjektive Bewertungen von real existierenden Raumsituationen vornehmen, auf deren Grundlage die Erstellung sog. **„mental maps"** (vgl. Kap. 2.2.3) erfolgt.

Verflechtungsraum

Der Raum ist das Konstrukt der sozialen und ökonomischen Interaktionsbeziehungen zwischen Akteuren (Individuen, Gesellschaften und Organisationen). Als solche Interaktionsbeziehungen kommen **materiell-physische Transferbeziehungen** (z.B. Transport- und Verkehrsströme, Lieferverflechtungen), **finanzielle Transferbeziehungen** (z.B. Kapital- und Investitionsströme) sowie **wirtschaftliche Kontrollbeziehungen** (z.B. Entscheidungs- und Verfügungsrechte) in Frage.

Im Gegensatz zum Konzept des Container-Raums ist hierbei von einem **gesellschaftszentrierten Raumkonzept** zu sprechen, da die Formung und Gestaltung materiell-physischer Raumstrukturen durch gesellschaftliche Kräfte erfolgt. Stehen explizit Unternehmen mit ihren Beziehungen zu ausgewählten Anspruchsgruppen bzw. „stakeholdern" (Konsumenten, Arbeitnehmer, Zulieferer, Bürger, Medien, Wissenschaft, Umwelt, Staat etc.) im Fokus, liegt ein **unternehmenszentriertes Raumkonzept** vor. Für beide Fälle gilt, dass die Akteure und ihr raumwirksames Verhalten im Mittelpunkt stehen. Diesem Verständnis zufolge ist die Geographie keine handlungsorientierte Raumwissenschaft, sondern vielmehr eine raumorientierte Handlungswissenschaft. Die von ihr thematisierten „Raumprobleme" sind damit als Probleme menschlichen Handelns zu begreifen (vgl. WERLEN 2002, S. 13).

Diese abstrakten Ausführungen machen deutlich, dass es eine allgemeingültige Definition für das Wort „Raum" nicht gibt und auch nicht geben kann, sondern seine Bedeutung immer von spezifischen Konnotationen und Kontexten, vor allem der forschungsbiographischen Ausgangssituation und dem Zweck einer Untersuchung, abhängt.

Die beschriebenen Raumverständnisse ziehen sich wie ein „roter Faden" durch die gesamte Human- bzw. Anthropogeographie. Damit sind allerdings noch keine Aussagen über das zentrale Forschungsobjekt der Wirtschaftsgeographie, den Wirtschaftsraum, gemacht worden.

2.1.2 Wirtschaftslandschaft, Wirtschaftsformation und Wirtschaftsraum

Der **Wirtschaftsraum** ist das zentrale Forschungsobjekt der Wirtschaftsgeographie. Diese macht es sich zur Aufgabe, „konkrete funktionsbestimmte oder territorial begrenzte wirtschaftlich geprägte Räume zu untersuchen, zu vergleichen, die in ihnen wirkenden Risiken und Chancen für laufende Prozesse und weitere Entwicklung zu erfassen" (WAGNER 1994, S. 17).

Abzugrenzen ist der Terminus „Wirtschaftsraum" von den Begriffen **Wirtschaftslandschaft** und **Wirtschaftsformation,** die heute nur noch eingeschränkt Verwendung finden.

Der von RUDOLF LÜTGENS (1921) begründete Begriff der Wirtschaftslandschaft beschreibt die **vom wirtschaftenden Menschen umgestaltete Naturlandschaft.** Hinter dem komplexen Gefüge der beobachtbaren Elemente einer Wirtschaftslandschaft steht ein systemähnlicher, einzigartiger kausaler Zusammenhang zwischen menschlichen und natürlichen Faktoren. Je nachdem, welche **Funktion** – physiognomisch erkennbar – dominiert, ist die Wirtschaftslandschaft eine Agrarlandschaft, Bergbaulandschaft, Industrielandschaft, Fremdenverkehrslandschaft etc. Wirtschaftsland-
schaft

Der von LEO WAIBEL (1927) geprägte Begriff der Wirtschaftsformation bezieht sich auf den Zusammenhang zwischen physiognomischen und funktionalen Faktoren einer Wirtschaftslandschaft. Die Wirtschaftsformation beschreibt das spezifische **räumliche Anordnungsmuster** und die Interaktionen der zu einem Wirtschaftszweig gehörenden Objekte und der raumwirksamen Prozesse zwischen diesen Objekten. Sie stellt den **räumlichen Verbund** eines charakteristischen Bündels von **Wirtschaftätigkeiten** dar, die auf eine dominierende Wertschöpfungsaktivität ausgerichtet und deren Interaktionen überwiegend auf eine Region als räumlichen Funktionskomplex beschränkt sind, z. B. Monokulturen in der Agrarwirtschaft. Die Wirtschaftsformation eignet sich besonders zur Darstellung wirtschaftlicher Systeme, die für einen Landschaftsraum **strukturbestimmend** sind. Dies gilt z. B. für die Plantagenwirtschaft, den Bewässerungsfeldbau, Weinbaugebiete, aber auch für die Montanindustrie oder den regionalen, landschaftsbestimmenden Fremdenverkehr. Ursprünglich in der **Agrargeographie** entwickelt, wurde der Begriff später auch auf die **Industriegeographie** übertragen, hat aber in der jüngeren, sich von physiognomischen Betrachtungen loslösenden Wirtschaftsgeographie an Bedeutung verloren. Wirtschaftsformation

Der Begriff des Wirtschaftsraums geht auf THEODOR KRAUS (1933) zurück. Dabei handelt es sich um den **durch menschliche Aktivitäten organisierten und gestalteten Erdraum** bzw. Landschaftsausschnitt, welcher durch bestimmte **sozioökonomische Strukturmerkmale** und **funktionale Verflechtungen** charakterisiert und abgegrenzt ist. Ein Wirtschaftsraum hebt sich durch seine **individuelle Struktur** von den ihn umgebenden Wirtschaftsräumen ab. Im Gegensatz zu einem Wirtschaftsgebiet wird die Abgrenzung eines Wirtschaftsraumes auf Basis politisch-administrativer Verwaltungseinheiten in der Regel vermieden. Eine Ausgliederung nach Regions- oder Ländergrenzen erscheint nur bei makrogeographischer Betrachtungsweise (z. B. Wirtschaftsraum Europäische Union) als sinnvoll. Im Regelfall wird Wirtschaftsraum ein Wirtschaftsraum auf der Grundlage kleinräumig zur Verfügung stehender Daten (z. B. auf Gemeindebasis) abgegrenzt.

Die Wirtschaftsgeographie analysiert den Wirtschaftsraum in zweierlei Hinsicht: *Strukturell* wird das innere Gefüge der raumprägenden Elemente eines Wirtschaftsraums bezüglich seiner Lage- und Eigenschaftsdimensionen beleuchtet. *Funktionell* werden Art, Intensität und Dynamik der das räumliche Wirkungsgefüge prägenden Verflechtungen und Systemzusammenhänge untersucht.

In jüngerer Zeit ist die umfassende **Wirtschaftsraumanalyse** hinter die Beschäftigung mit ausgewählten Teilfragestellungen zurückgetreten. So richtet sich das Interesse z. B. zunehmend auf die Erforschung der Entstehung und Entwicklung regionaler Schwerpunkte der Wirtschaft (vgl. Kap. 3.2.4, 4.2), deren branchenmäßige Spezialisierung sowie deren Beeinflussung durch institutionelle Rahmenbedingungen. Ein Wirtschaftsraum kann in diesem Zusammenhang als „Wirkungsfeld von ökonomisch, sozial oder psychologisch motivierten Akteuren des Wirtschaftslebens" (WAGNER 1981, S. 18) angesehen werden. Auch raumwirksame Aspekte der Globalisierung und internationalen Arbeitsteilung (vgl. Kap. 4.3.1) werden zunehmend behandelt. Besondere Beachtung findet schließlich das Beziehungsgefüge zwischen globalen und lokalen Prozessen und Systemen.

2.1.3 Standort und Standortwahl: Begriff und Betrachtungsebenen

Standort In der Human- bzw. Anthropogeographie ist ein Standort der vom Menschen für bestimmte Nutzungen ausgewählte Platz bzw. die Raumstelle, an der unterschiedliche wirtschaftliche, soziale oder politische Gruppen im Raum agieren. In der Wirtschaftsgeographie versteht man darunter den **Ort der Wertschöpfung,** an dem die Produktionsfaktoren für die Leistungserstellung zusammengeführt werden. Damit handelt es sich um den geographischen Ort, an dem ein Wirtschaftsbetrieb aktiv ist, d. h. Güter erstellt oder verwertet, und der sich durch physische, ökonomische, soziale, kulturelle usw. Umweltbedingungen auszeichnet.

Standortwahl Die Frage nach der **Wahl eines geeigneten Standortes** wirtschaftlichen Handelns und den Grundprinzipien unternehmerischer Standortwahl resultiert aus der Heterogenität räumlicher Standortbedingungen. Dabei wird die spezifische Ausstattung von Standorten im Raum durch **Standortfaktoren** (vgl. Kap. 2.1.4) charakterisiert, mit der Erklärung der räumlichen Verteilung von Wirtschaftsbetrieben befassen sich die **Standorttheorien** (vgl. Kap. 3.1).

Für einen Einzelbetrieb ist die Wahl des **optimalen Standortes,** der die bestmögliche Realisierung der Unternehmensziele garantiert, das Ergebnis einer unternehmerischen Entscheidung, die sich an den **Unternehmenszielen** ausrichtet. Sofern ein maximaler Gewinn angestrebt wird, ist derjenige Standort zu wählen, an dem die unmittelbare Differenz zwischen standortabhängigen Kosten und standortbedingten Erlösen maximal ist.

Die Standortwahl stellt die konstitutive Entscheidung eines Unternehmens für oder gegen einen Standort dar. In der Regel ist diese Entscheidung zwischen alternativen, bedingt frei wählbaren Standorten zu treffen. Standorte sind meist nicht homogen und beeinflussen auf unterschiedlichste Art und Weise den Prozess der Leistungserstellung. Die Standortwahl ist damit eine **Investitionsentscheidung,** die sehr komplex ist und daher gründlich vorbereitet werden sollte, weil sie sowohl für das Unternehmen als auch für seine Umgebung langfristige Implikationen mit sich bringt. Aufgrund der **Immobilität** von bestimmten Produktionsfaktoren kann eine einmal getroffene Standortentscheidung häufig nur unter unverhältnismäßig hohen Kosten oder manchmal – z.B. in der Schwerindustrie – gar nicht revidiert werden. So können Gebäude, Fabrikhallen und Produktionsanlagen nicht einfach verlegt werden. Auch die Einbindung der Arbeitskräfte in ein örtlich-soziales Milieu, ein lokales Absatzmarktvolumen oder die mögliche Abhängigkeit von Förderungen seitens der öffentlichen Hand, die an einem anderen Ort weniger oder vielleicht gar nicht vorhanden wären, induzieren eine gewisse Unbeweglichkeit des Standortes.

Erschwerend kommt die mit der Standortwahl verbundene **Entscheidungsunsicherheit** hinzu. Standortfaktoren können sich in ihrer Ausprägung und Relevanz für die Standortwahl im Zeitablauf wesentlich verändern. Beispiele sind die Verteuerung oder Verknappung von natürlichen Ressourcen, ein schrumpfendes Absatzpotenzial, agglomerative Veränderungen, das Auftreten neuer lokaler Konkurrenten, neuartige Produktionstechnologien, verbesserte Transport , Informations- und Kommunikationssysteme sowie neue Akzente in der nationalen oder supranationalen Wirtschaftspolitik mit direkten Auswirkungen auf die Relevanz und Bedeutung von Standortfaktoren. Solche Veränderungen können einen momentan optimal scheinenden Standort suboptimal werden lassen und damit das Unternehmen in die Verlustzone drängen.

2.1.4 Standortfaktoren: Inhaltliche Festlegung und typenspezifische Abgrenzung

Standortfaktoren sind die maßgeblichen **Determinanten der Standortwahl,** d.h. die variablen standortspezifischen Bedingungen, Einflüsse und Kräfte, welche sich positiv oder negativ auf Anlage und Entwicklung eines Betriebes auswirken. Sie sind als **wirtschaftliche Vor- und Nachteile** zu verstehen, die sich bei der Niederlassung eines Betriebes an einem bestimmten Standort einstellen (vgl. MIKUS 1978, S. 28; ARNOLD 1992, S. 126). *(Randnotiz: Standortfaktoren)*

Standortfaktoren können aus zwei Perspektiven betrachtet werden: Als (1) **Standortbedürfnis** beschreiben sie die Anforderungen, die ein Unternehmen an einen potenziellen Standort stellt. Diese variieren je nach betrieblichen Merkmalen, wie z.B. der Art der hergestellten Produkte bzw. Dienstleistungen, dem Produktionsprozess, den erforderlichen externen Verflechtungen (Rohstofffundorte, Nähe zu Zulieferern und Abnehmern etc.), und werden nicht überall gleichermaßen erfüllt. (2) Die **Standortqualität** bezeichnet daher das räumlich selektive Auftreten von Standortfaktoren in unterschiedlichen Kombinationen und Ausprägungen (vgl. WELLEMS 1992, S. 61).

Damit ein Standortfaktor **allgemeine Relevanz** besitzt, d.h. in der Entscheidung über die Auswahl eines Standortes seine Berücksichtigung findet und somit wirksam ist, müssen zwei grundlegende Voraussetzungen erfüllt *(Randnotiz: Relevanz von Standortfaktoren)* sein: Jeder Standortfaktor hat sich in den unternehmerischen Erlösen und Kosten niederzuschlagen. Dabei umfasst der Begriff Kosten auch monetär nicht quantifizierbare Aufwendungen wie Zeit, Unannehmlichkeiten sowie Opportunitätskosten, die durch den Verzicht auf einzelne, anderenorts besser ausgeprägte Standortfaktoren entstehen. Ferner muss sich jeder Standortfaktor in Qualität, Quantität und Preis räumlich unterscheiden. Nur wenn beide Bedingungen erfüllt sind, ergeben sich an verschiedenen Standorten unterschiedliche Standortbedingungen, die von einem Unternehmen bei der Standortwahl zu berücksichtigen sind.

Grundsätzlich wird die Standortrelevanz durch zwei Dimensionen bestimmt: Der **Grad der Lokalisierung** kennzeichnet die Verankerung bzw. das Vorkommen eines Standortfaktors an einem oder wenigen Orten. Der **Grad der Mobilität** steht für die räumliche Beweglichkeit von Standortfaktoren (vgl. Abb. 2.1).

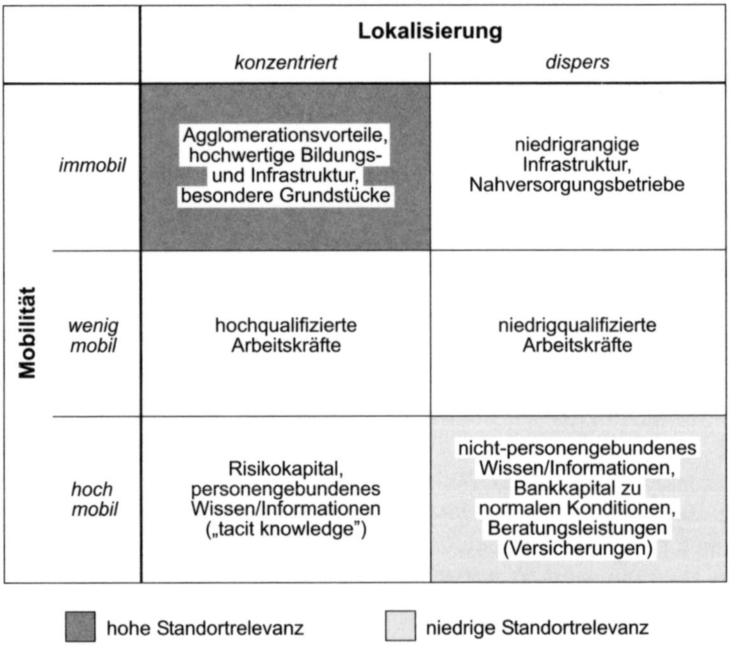

		Lokalisierung	
		konzentriert	*dispers*
Mobilität	*immobil*	Agglomerationsvorteile, hochwertige Bildungs- und Infrastruktur, besondere Grundstücke	niedrigrangige Infrastruktur, Nahversorgungsbetriebe
	wenig mobil	hochqualifizierte Arbeitskräfte	niedrigqualifizierte Arbeitskräfte
	hoch mobil	Risikokapital, personengebundenes Wissen/Informationen („tacit knowledge")	nicht-personengebundenes Wissen/Informationen, Bankkapital zu normalen Konditionen, Beratungsleistungen (Versicherungen)

◼ hohe Standortrelevanz   ◻ niedrige Standortrelevanz

Abb. 2.1: Differenzierung von Standortfaktoren nach der Standortrelevanz (MAIER/TÖDTLING 2006, S. 38, verändert).

Je konzentrierter das Vorkommen von Faktoren lokalisiert und je immobiler einzelne Standortfaktoren sind, umso größer ist die Standortrelevanz. Je disperser dagegen Standortfaktoren im Raum verteilt sind und je höher ihre Beweglichkeit ist, umso geringer wiegt die Standortrelevanz (vgl. MAIER/TÖDTLING 2006, S. 36 ff.).

Systematisierung von Standortfaktoren

Eine umfassende und konsensfähige Systematisierung von Standortfaktoren existiert in der Literatur bisweilen nicht. Kategorisierungsversuche sind meist durch spezifische empirische Untersuchungen geprägt (vgl. KIRCHNER 2001, S. 102 f.). Ein mögliches Systematisierungskriterium stellt die räumliche Entscheidungsebene des Prozesses der Standortwahl (s. u.) dar. Dabei beziehen sich Faktoren der **Area-selection** auf die Bestimmung des Makro- bzw. Mesostandortes, beispielsweise eines Landes bzw. einer Region, wäh-

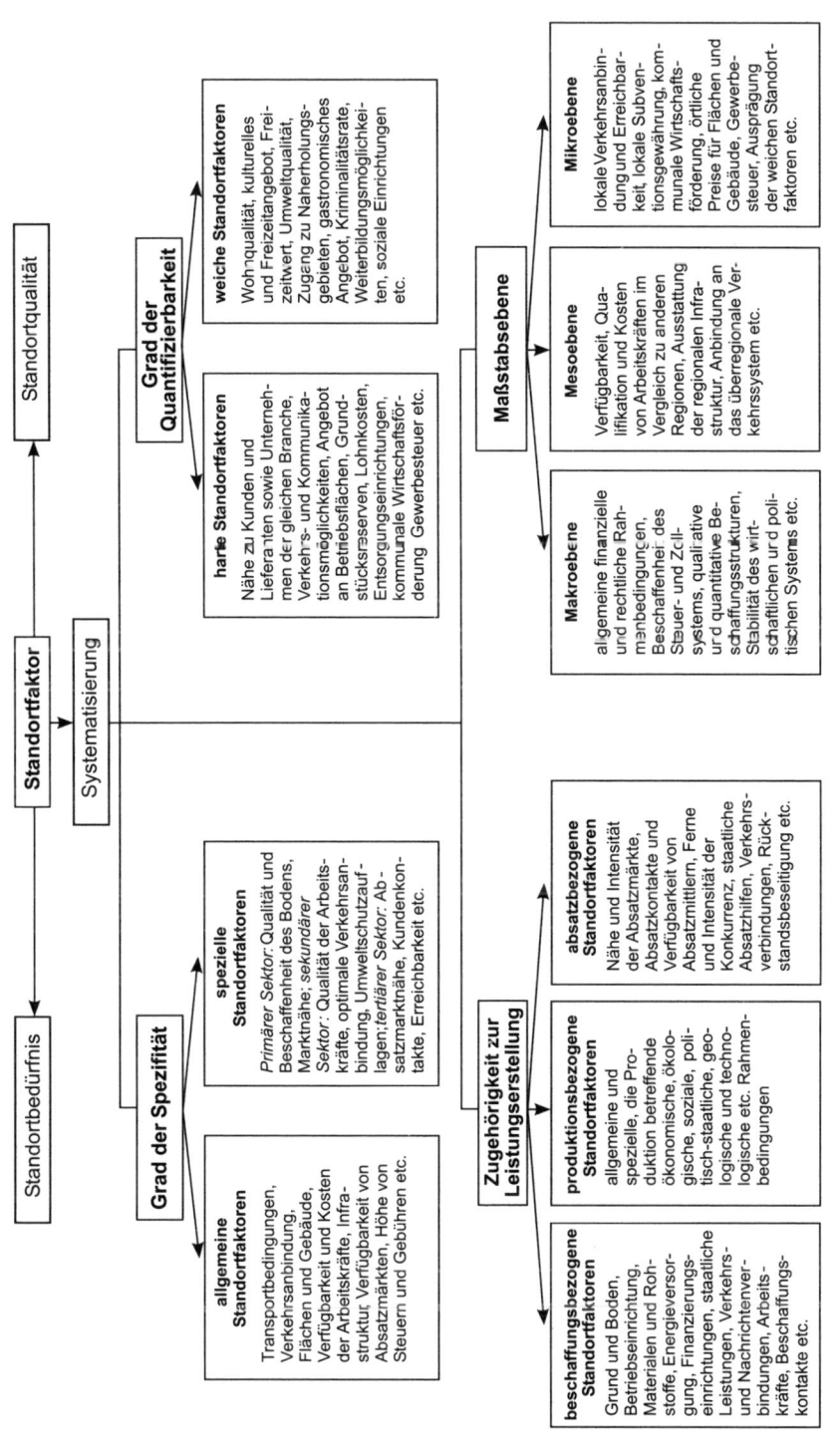

Abb. 2.2: Systematisierung von Standortfaktoren (eigene Darstellung).

rend Faktoren der **Site-selection** bei der Festlegung des Mikrostandortes für das konkrete Betriebsgelände zum Tragen kommen (vgl. KAISER 1979, S. 35). Eine andere Möglichkeit bietet die Unterscheidung zwischen **Push-Faktoren,** welche ein Unternehmen zwingen können, seinen bisherigen Standort aufzugeben, und **Pull-Faktoren,** die ein Unternehmen zu einem neuen Standort ziehen (vgl. FÜRST/ZIMMERMANN 1973, S. 143 ff.). Ferner lassen sich limitationale und substitutionale Faktoren unterscheiden: **Limitationale Faktoren** sind im Sinne von Musskriterien als auf jeden Fall zu erfüllende Standortbedingungen zu verstehen. Bei **substitutionalen Faktoren** kann die ungünstige Ausprägung eines Faktors durch die günstige Ausprägung eines anderen Faktors aufgewogen werden (vgl. LÜDER/KÜPPER 1983, S. 192 f.). Schließlich lassen sich **Primärpotenziale** (physisch-geographische Raummerkmale), **Sekundärpotenziale** (kultur- und wirtschaftsräumliche Faktorausstattung) und **Tertiärpotenziale** (administrative Vorgaben und Maßnahmen) unterscheiden (vgl. HALVER 1996, S. 27).

Die hier gewählte Systematisierung (vgl. Abb. 2.2, S. 15) unterteilt Standortfaktoren in vier Kategorien (Zugehörigkeit zur Leistungserstellung, Grad der monetären Quantifizierbarkeit, Spezifitätsgrad, räumliche Maßstabsebene).

Harte versus weiche Standortfaktoren

Für die Standortqualität einer Region von besonderer Bedeutung ist das Verhältnis zwischen harten und weichen Standortfaktoren. **Harte Standortfaktoren** wie Flächen und Gebäude, Arbeitskräfte, Rohstoffe, Infrastruktur, Transportbedingungen etc. wirken sich direkt auf die Kosten und Erlöse eines Unternehmens aus. Diese büßen für die unternehmerische Standortwahl aber umso mehr an Bedeutung ein, je mehr Regionen sie in vergleichbarer Qualität anbieten. Zwar spielen harte Standortfaktoren als Grundausstattung für einen potenziellen Standort eine immer noch wichtige Rolle. Da in den Industrieländern viele von ihnen aber ubiquitär vorhanden sind, besitzen sie für im Standortwettbewerb befindliche Regionen allein kein ausreichendes Profilierungspotenzial. Die regionale Wettbewerbsfähigkeit wird daher zunehmend durch **weiche Standortfaktoren** bestimmt. Der Begriff „weiche Standortfaktoren" stellt ein Sammelbecken aller Faktoren dar, die „sich auf das individuelle Raumempfinden der Menschen in ihrer Arbeits- und Lebenswelt beziehen" (SCHORER 1993, S. 499 f.). Diese lassen sich monetär nur schwer quantifizieren und meist nicht in unmittelbaren Kosten-Nutzen-Analysen eines Standortes auflösen, weil sie ökonomisch schwer begründet sind und durch subjektive Präferenzen geprägt werden.

Grundsätzlich können weiche Standortfaktoren in zwei Typen differenziert werden (vgl. GRABOW et al. 1995, S. 67): *Weiche unternehmensbezogene Faktoren* beeinflussen unmittelbar den unternehmerischen Handlungsspielraum. Hierzu zählen beispielsweise das regionale Image oder Wirtschaftsklima, die Unternehmerfreundlichkeit der öffentlichen Verwaltung, die lokale Arbeitnehmermentalität oder die Aufgeschlossenheit einer Region für neuartige Technologien. *Weiche personenbezogene Faktoren* wie der Wohn- und Freizeitwert einer Region, ihre Umweltqualität oder das kulturelle oder gastronomische Angebot etc. besitzen zwar nur eine mittelbare Relevanz für die Unternehmenstätigkeit, gewinnen im Wettbewerb der Regionen um die Rekrutierung qualifizierter Arbeitskräfte mit entsprechender Entlohnung jedoch immer mehr an Bedeutung und spielen auch bei der Motivation der Mitarbeiter eine wichtige Rolle.

Wie Abbildung 2.3 zeigt, sind die Grenzen zwischen harten und weichen Standortfaktoren nicht eindeutig zu ziehen; ihre Definition hängt immer vom jeweiligen Betrachtungsausgang bzw. Unternehmenstyp ab. Grundsätzlich sind beide Arten von Standortfaktoren komplementär und decken alle für die Standortwahl eines Unternehmens relevanten Entscheidungsvariablen ab (vgl. MAIER/BECK 2000, S. 98).

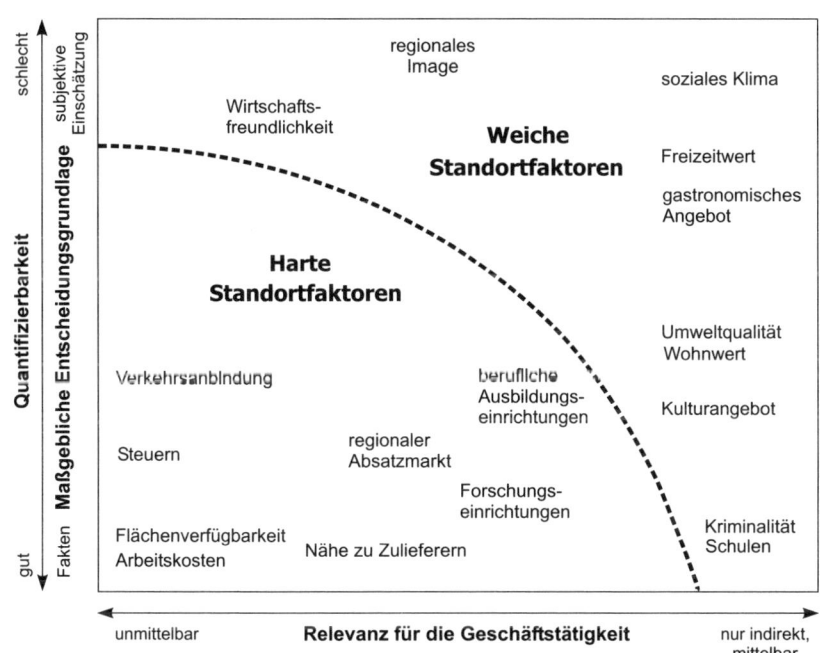

Abb. 2.3: Kontinuum der harten und weichen Standortfaktoren (GRABOW et al. 1995, S. 65, verändert).

In den Industrieländern kann eine Stärkung der unternehmerischen Wettbewerbsfähigkeit nicht primär durch Kostenreduktion bewerkstelligt werden. Maßgeblich erscheint vor allem die sukzessive Optimierung und Weiterentwicklung von Produkten, Prozessen und Organisationsabläufen. Die Voraussetzung dafür bilden individuelle oder kollektive Lernprozesse, die als unternehmerische Innovationen in Wert gesetzt werden können. Neben harten und weichen sind daher sog. **„ultraweiche" Standortfaktoren** anzuführen. Dabei fungiert die regionale Soziokultur, d.h. die regional-kulturelle und historisch gewachsene Besonderheit einer Region, als Motor für die Lern- und Innovationsfähigkeit. Exogenes Wissen und endogene Kompetenz stellen den Treibstoff dafür dar. Die Steuerung für beides erfolgt durch netzwerkartige Beziehungen der beteiligten Akteure (vgl. KIRCHNER 2001, S. 105; BUTZIN 1996, S. 19).

Beim Prozess der Standortwahl müssen unterschiedliche räumliche Ebenen in sequenzieller Reihenfolge untersucht werden. Zunächst kommt es auf der **Makroebene** vor dem Hintergrund großräumig durchgeführter Vergleiche, z.B. länderspezifischer Nutzwertanalysen, zum Ausschluss jener Länder bzw. Großregionen, in denen politische, wirtschaftliche, soziale,

Prozess der Standortwahl

infrastrukturelle etc. Mindestanforderungen nicht erfüllt werden. Im zweiten Schritt folgt auf der **Mesoebene,** d. h. innerhalb eines Landes oder einer
Großregion, die Untersuchung der Standortvor- und -nachteile der Teilre-
gionen im Einzelnen. Zu nennen sind hier vor allem die Verfügbarkeit qualifizierter Arbeitskräfte, Löhne, die Nähe zu lokalen wie überregionalen
Absatz- und Beschaffungsmärkten sowie regionalpolitische Fördermaßnahmen. Schließlich werden auf der **Mikroebene** die speziellen Ausprägungen
der Standortfaktoren der letztlich in Frage kommenden Raumeinheiten ver-
glichen und die eigentliche Standortentscheidung gefällt. Dabei spielen
neben den örtlichen Bodenpreisen, den lokalen Steuersätzen und wirt-
schaftspolitischen Maßnahmen sowie der Verkehrserschließung auch subjektive Wertschätzungen und Aspekte der Unternehmensphilosophie eine
Rolle (vgl. BROCKFELD 1997, S. 66 f.). Abbildung 2.4 reflektiert diese Überlegungen am Beispiel einer Standortwahl in Deutschland.

I Makroebene
Auswahl von Großregionen bzw.
einzelnen Ländern im Hinblick
auf politische, wirtschaftliche,
rechtliche, infrastrukturelle etc.
Mindestanforderungen

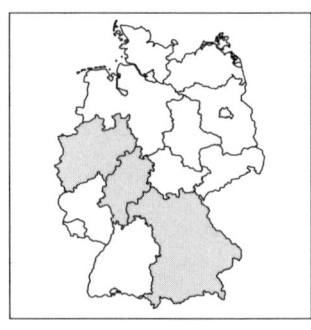

II Mesoebene
Vergleich der Standortfaktoren
auf der regionalen Ebene und
Auswahl einer Region

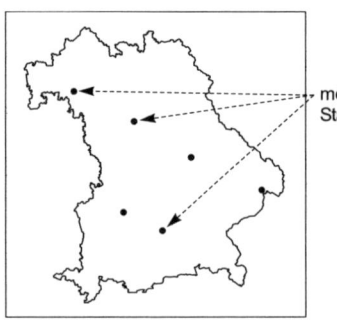

mögliche
Standorte

III Mikroebene
Vergleich der Vorteilhaftigkeit
der Mikrostandorte inner-
halb einer Region

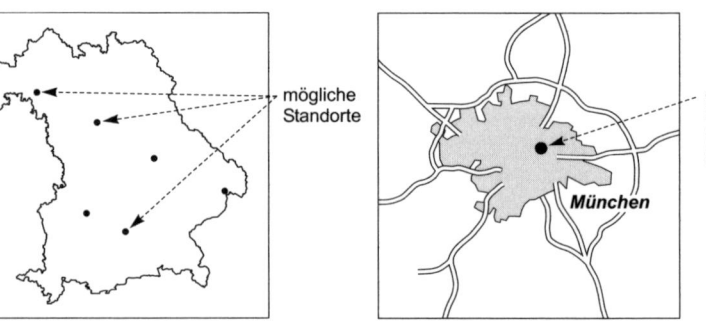

genauer
Standort
(z.B.
Stadtteil)

München

IV Standortentscheidung
Auswahl des genauen
Standortes (Mikrostandort)

Abb. 2.4:
Beispielhafter Stand-
ortwahlprozess
(eigene Darstellung).

Bei der **internationalen Standortwahl** erfolgt – wie empirische Analysen
zeigen – die Analyse der Standortfaktoren in vier Schritten (vgl. KINKEL
2004, S. 56 f.; Abb. 2.5, S. 19):

1. Analyse der Standortfaktoren, welche *vor der Standortentscheidung* als bedeutend eingeschätzt werden und von denen ein *positiver Anreiz* zur Wahl eines bestimmten ausländischen Standortes ausgeht.
2. Analyse der Standortfaktoren, die *vor der Standortentscheidung* als gewichtig wahrgenommen werden, aber einen *hemmenden Einfluss* auf die Wahl eines bestimmten ausländischen Standortes ausüben.
3. Identifizierung der Standortfaktoren, die sich *nach der Standortwahl* als hemmend herausgestellt haben und den Unternehmenserfolg *negativ* beeinflussen.
4. Identifizierung der Standortfaktoren, die sich *nach der Standortwahl* als förderlich herauskristallisiert haben und unerwartet *positiv* die Entwicklung des gewählten ausländischen Standortes beeinflussen.

Standort-faktoren	fördernde Faktoren (positiv)	hemmende Faktoren (negativ)
Faktoren, die **im Vorfeld** bedacht wurden (Analysephase, „Theorie")	- großes Marktpotenzial - günstige Arbeitskosten - Zugriff auf eingespielte Vertriebswege und -netzwerke - hohes Produktions-niveau - lokale Kooperations-partner mit innovativem Ergänzungsprofil usw. ① ②	- Marktmacht lokaler Konkurrenten - Aufwand für den Aufbau hinreichender Markt-kenntnisse - Qualifizierungs-, Trai-nings- u. Koordinations-kosten - Technologieanpassung usw.
Faktoren, die **sich im Nach-hinein** als relevant herausgestellt haben (reales Leben vor Ort, „Praxis")	④ ③ - Währunsvorteile auf der Beschaffungsseite - Subventionen u. Förder-mittel des Auslands - nachträgliche Wissens-spillovers	- Produkthaftung - Zölle, nichttarifäre Handelshemmnisse, Local-Content-Vorschrif-ten - Kosten für Kommuni-kation und Kontrolle - interkulturelles Konflikt-potenzial usw.

Abb. 2.5: Analyseprozess von Standortfaktoren im internationalen Kontext (KINKEL 2004, S. 57, verändert und erweitert).

Es gilt zu beachten, dass die Bedeutung einzelner Standortfaktoren **branchenabhängig** sehr unterschiedlich ausfällt. Je nachdem, ob es sich um ressourcen-, sachkapital-, arbeits- oder Know-how- bzw. technologieintensive Branchen handelt, existiert eine **spezifische Standortorientierung**, die den einzelnen Faktoren unterschiedliche Bedeutung zumisst (vgl. Abb. 2.6, S. 20).

Standortorientierung

In der Praxis hängt das Standortverhalten von Unternehmen stets von der **Qualität und Quantität der Informationen,** welche der Standortwahl zugrunde liegen, sowie der Fähigkeit, diese für den Entscheidungsprozess zu nutzen, ab (vgl. Kap. 3.1.3). Auch spielen immer wieder technologische Aspekte während des **Produktlebenszyklus** (vgl. Kap. 3.1.4) eine Rolle. Daneben ist der Bestand an unternehmerischen Ressourcen und damit die Unternehmensgröße ausschlaggebend.

Standortwahl und Unternehmensgröße

Groß- bzw. Mehrbetriebsunternehmen verfügen häufig über eigene Planungsabteilungen und somit **größere Kapazitäten** bei der Informationssuche und -verarbeitung als Kleinunternehmen, was auch **aufwendigere**

Standortfaktor	Begründungs-zusammenhang	Typische Branchen
Transportkosten-/ Rohstoff-orientierung	Transportkostenempfind-lichkeit von Rohstoffen und Gewichtsverlust-materialien	Eisen- und Stahlindustrie, Baustoffindustrie, Teile der chemischen u. Nahrungs-mittelindustrie
	Verderblichkeit	Nahrungsmittelindustrie (z.B. Zuckerfabriken, Mostereien, Gemüse-verarbeitung)
	Verfügbarkeit von Energierohstoffen	Elektrizitätserzeugung (u.a. Braun- und Stein-kohle, Wasserkraft), Aluminiumschmelzen
Flächenorientierung	flächenextensive Produktionsprozesse	Montanindustrie, Roh- und Grundstoffindustrie, chemi-sche Industrie, Maschinen- und Fahrzeugbau
	großräumige Verkaufs-flächen	Bestimmte Betriebsformen des Einzelhandels (Waren-häuser, Bau- u. Verbraucher-märkte etc.)
Arbeitsorientierung	billige, unqualifizierte Arbeitskräfte	Textilindustrie, Montage-prozesse in der Elektroin-dustrie
	hochqualifizierte Arbeits-kräfte („high skills")	Maschinenbau, Elektronik, Optik, Feinmechanik, IuK-Industrie, höherwertige Dienstleistungen (Banken, Versicherungen)
Agglomeriations-orientierung	Nähe zu Bildungs-, For-schungs- u. Entwicklungs-einrichtungen	Luft- u. Raumfahrt, Mikro-elektronik, Computer- und Chipindustrie, Bio- und Gentechnologie
	Nähe zu Zulieferern	Automobilindustrie
Absatzorientierung	kaufkräftige Märkte	gehobene Kosumgüter-industrie
	Kundenkontaktpotenzial	Dienstleistungen, Einzel-handel, Gastronomie
Verkehrslagen-orientierung, Erreichbarkeit	Bindung an spezielle Ver-kehrsträger (z.B. Wasser-wege, Pipelines)	Werften, Raffinerien, Petro-chemie, luftverkehrsaffine Dienstleistungen
	Zentrallagen, Interaktion mit Nachfragern	unternehmens- u. konsu-mentenorientierte Dienst-leistungen, Hauptverwal-tungen, Gastronomie, Einzelhandel
	aufgrund peripherer Lage niedrige Standortkosten, geringe Kundenkontakt-intensität	Großhandel, Speditionen, Rechenzentren, Brauereien
Rechts- und Vorschriften-orientierung	Sensibilität gegenüber gesetzlichen Vorschriften, Umweltschutz	chemische Industrie, Holz-verarbeitung, Zellstoff- und Papierindustrie, Bio- und Gentechnologie

Abb. 2.6: Branchenbezogene Aspekte der Standortorientierung (KULKE 2004, S. 75, verändert und erweitert).

Such- und Entscheidungsprozesse gestattet. Zu berücksichtigen ist in diesem Zusammenhang, dass Standort- und Investitionsentscheidungen bei großen viel häufiger als bei kleinen Unternehmen anfallen, was den Erfahrungsschatz anwachsen lässt. Eine bessere finanzielle Ausstattung erweitert die Reichweite der Informationssuche sowie den Aktionsradius der Standortwahl. Zudem fallen Mobilitätskosten im Falle der Verlagerung oder funktionalen Spaltung von Standorten sowie der Gründung von Zweigwerken nicht zu stark ins Gewicht. Komparative Standortvorteile auf der internationalen oder globalen Ebene können damit eigentlich nur von großen Unternehmen genutzt werden.

Für **kleine Unternehmen,** die oft nur aus einer Betriebsstätte bestehen, stellt sich die Frage des Standortes dagegen ganz anders dar. Das Standortproblem taucht viel seltener als bei Großunternehmen auf, meist nur in der Gründungsphase, später allenfalls bei Betriebsverlagerungen. Vor allem in der Gründungsphase ist man mehr mit Fragen der Produktentwicklung, der Verfahrenstechnik, der Finanzierung sowie des Markteintritts und – trotz gravierender langfristiger Auswirkungen – weniger mit dem Standortproblem beschäftigt. Die funktionale Ausdifferenzierung innerhalb eines kleinen Unternehmens ist schmal, so dass auch nach erfolgreichem Abschluss der Gründungsphase oft **keine Kapazitäten zur systematischen Suche und Auswertung** von Standortinformationen bestehen. Aufgrund der Dichte formeller sowie informeller sozialer und wirtschaftlicher Beziehungen und Bindungen reduziert sich der Suchprozess von vornherein meist auf das unmittelbare **lokale und regionale Umfeld** des Wohn- oder bisherigen Arbeitsortes des Unternehmensgründers (vgl. MAIER/TÖDTLING 2006, S. 28 f., 69 und 76). Durchbrochen wird diese maßstabsspezifische Sequenz in Fällen, bei denen das Internet, insbesondere im Falle von b2b-Aktivitäten ("business-to-business"-Aktivitäten), bereits eine große Bedeutung für Geschäftsbeziehungen erlangt hat.

Betrachtet man die angeführten Standortfaktoren sowie die zugrunde liegenden Maßstabsebenen allgemein, wird schnell deutlich, dass Entfernungen in verschiedensten Ausprägungen eine wichtige Rolle spielen. Entfernung alleine stellt sich jedoch vergleichsweise inhaltsleer dar. Erst durch das Begriffspaar Distanz und Nähe lässt sich eine angemessene Operationalisierung schaffen.

2.1.5 Distanz und Nähe

Distanz und Nähe beziehen sich auf die räumliche Relation zwischen lokalisierten Elementen. Doch während der Distanzbegriff auf räumliche Diversität bzw. Verschiedenartigkeiten abzielt, stellt der Nähebegriff räumliche Ähnlichkeit bzw. Gemeinsamkeiten fest (vgl. im Folgenden BATHELT/ GLÜCKLER 2002, S. 48 ff.).

Die **physische Distanz** bezeichnet die räumliche, in Kilometern (metrisch) oder Transportzeit gemessene Entfernung zwischen zwei Standorten. Die **ökonomische Distanz** umfasst die bei der Distanzüberwindung anfallenden Transportkosten bzw. die erforderliche Transportzeit. Ihre Höhe hängt neben der räumlichen Entfernung und dem Transportgewicht auch

Formen von Distanz

von der Transporttechnologie, der Reliefbeschaffenheit sowie der Natur- und Infrastrukturausstattung des Raumes ab. Die **soziale Distanz** bezieht sich auf soziale Disparitäten zwischen Personen, Gruppen oder Gesellschaften. Diese können in Bildungs-, Qualifikations- und Einkommensunterschieden, aber auch in voneinander abweichenden Werten und Lebensvorstellungen zum Ausdruck kommen.

Formen von Nähe

Analog zur Distanz lassen sich auch unterschiedliche Nähebegriffe unterscheiden. Die **räumliche Nähe,** die alle folgenden Nähebegriffe beeinflusst, bezieht sich auf eine nicht oder nur gering wahrgenommene physische Entfernung zwischen zwei Standorten, wobei hier das lokale Umfeld von Unternehmen gemeint ist. Räumliche Nähe senkt nicht nur die Kosten der Raumüberwindung und des Transports, sondern ist auch eine wichtige Voraussetzung, um Wirtschaftsakteure zusammenzubringen, Wissen zu teilen und Probleme zu bewältigen. Der Austausch von Informationen und deren Verständnis stehen dabei im Mittelpunkt. „Face-to-face"-Kontakte zwischen Entscheidungsträgern sind vor allem bei komplexen Entscheidungen oder Themen mit hohem Konfliktpotenzial besser geeignet als die Kommunikation über moderne Medien (vgl. RAMSEIER 1995, S. 87). Denn diese sind z. B. weniger gut geeignet, um Mimik, Körperhaltung oder andere nonverbale Ausdrucksweisen zu vermitteln. Die räumliche Nähe dagegen erleichtert über „face-to-face"-Kontakte den Aufbau von Vertrauensbeziehungen und die Weitergabe von Wissen (vgl. BATHELT/GLÜCKLER 2002, S. 49; SCHAMP 2000, S. 151). Besonders relevant ist dies für „tacites", d. h. an seinen Träger gebundenes Erfahrungswissen, das nur schwer weitergegeben werden kann („tacit knowledge").

Hervorzuheben ist die Bedeutung räumlicher Nähe ferner für die Entstehung und Diffusion von Innovationen (vgl. Kap. 4.1.6). Enge räumliche Radien ermöglichen hohe Kommunikationsdichten. Bei diesen kommt es zwischen den Akteuren im Innovationsprozess zu Feedback-Schleifen und einem ständigen Erfahrungsaustausch. Gemeinsame Informationsbeschaffung und -auswertung über kurze Wege hilft bei der Suche geeigneter Märkte und senkt Transaktionskosten, während der Austausch von Mitarbeitern kollektive Lernprozesse ermöglicht (vgl. BATHELT/GLÜCKLER 2002, S. 159; FRITSCH et al. 1998, S. 246; RÖSCH 1998, S. 38).

Die **kulturell-institutionelle Nähe** bezieht sich auf den Umstand, dass wirtschaftliches Handeln nicht als kontextunabhängig angesehen werden darf. Es ist von den Strukturen der sozialen Beziehungen abhängig, die sich in seinem Umfeld abspielen und in die es selbst eingebettet ist. Dabei muss man zwischen *makrosozialen Umfeldfaktoren* (z. B. Kultur, Gesellschaft, Politik, wissenschaftliche Infrastruktur, Wirtschaftsstruktur) und *mikrosozialen Umfeldfaktoren* (z. B. soziale und berufliche Biographien sowie die Eingebundenheit in Beziehungsnetzwerke) unterscheiden.

Abschließend seien noch die **organisatorische Nähe,** die mittels bestimmter Organisationsstrukturen eine fehlende räumliche oder institutionelle Nähe ausgleichen soll, sowie die **virtuelle Nähe,** die durch moderne Informations- und Kommunikationsmedien ermöglicht wird, erwähnt. Oft lassen sich direkt-persönliche, auf räumlicher Nähe beruhende Kontakte ohne weiteres aber nicht durch moderne Kommunikationsmedien ersetzen. Dies gilt vor allem für den Austausch aktueller und persönlicher Informationen, welche insbesondere bei komplexen, mit hohen Risiken und Unsicherheiten behafteten Transaktionen eine wichtige Rolle spielen. Im Gegensatz zu allgemeinen Informationen, die sich durch moderne Medien in Sekundenschnelle weltweit verbreiten lassen, sind Wissen, Erfahrung und Kreativität immer an Personen oder Institutionen gebunden.

2.2 Forschungsansätze der Wirtschaftsgeographie

Wie alle Teildisziplinen der Geographie befindet sich auch die Wirtschaftsgeographie in der Tradition geographischer Forschung. Interessen, Vorgehensweisen, angewandte Methoden und herangezogene Theorien hängen stets vom jeweiligen Fach- und Wissenschaftsverständnis, kurzum dem Forschungsansatz, d. h. der unterschiedlichen Art und Weise, wie sich Wissenschaftler an die Arbeit machen, ab. Dabei stehen folgende Fragen im Mittelpunkt (vgl. SCHAMP 1988, S. 3):

- Was ist der Gegenstand der Forschung? **(Forschungsgegenstand)**
- Unter welchen Gesichtspunkten – genauer: forschungsleitenden Fragen – soll dieser erforscht werden? **(Forschungsperspektive)**
- Mit welchen Methoden wird geforscht? **(Forschungsmethodik)**

Fragestellungen eines Forschungsansatzes

Im Weiteren werden die wichtigsten, heute mehr oder weniger gebräuchlichen **Forschungsperspektiven** der Wirtschaftsgeographie behandelt. Jede davon besitzt ihren eigenen Erklärungsanspruch und ist mit spezifischer Kritik verbunden, woraus sich aber weder ein evolutorischer Fortschritt noch eine Folgerichtigkeit ableiten lassen. Von den Forschungsmethoden soll im Folgenden weitgehend abstrahiert werden. Was den Forschungsgegenstand angeht, sind mit dem Wirtschaftsraum bereits in Kap. 2.1.2 wichtige Aussagen zum originären Betätigungsfeld der Wirtschaftsgeographie gemacht worden, wobei darauf zu verweisen ist, dass jüngere Phänomene im wirtschaftsräumlichen Kontext, wie z. B. die Globalisierung wirtschaftlicher Aktivitäten (vgl. Kap. 4.3.1), noch nicht berücksichtigt wurden bzw. werden konnten. Mittlerweile wird allerdings anerkannt, dass sich eine moderne Wirtschaftsgeographie nicht mehr nur durch die Nähe zur Geographie als Raumwissenschaft, sondern immer mehr auch zu den Sozial- und Wirtschaftswissenschaften auszeichnet.

2.2.1 Struktur- und funktionalräumlicher Ansatz

Der struktur- und funktionalräumliche Ansatz bestimmte in den 1960er-Jahren überwiegend das wirtschaftsgeographische Denken und Forschen. Im Vordergrund stand die strukturelle und/oder funktionale Charakterisierung von Wirtschaftsräumen. Der Wirtschaftsraum ist ein **verortetes Wirkungsgefüge,** ausgestattet mit bestimmten **Strukturelementen** (z. B. Siedlungen, Standorte, Unternehmen), denen eine **Funktion** für das von ihnen gebildete Ganze zugeschrieben wird und die durch **gegenseitige Wechselwirkungen,** wie z. B. Liefer- und Absatzverflechtungen oder Pendlerbeziehungen, verflochten sind (vgl. SCHAMP 1988, S. 5). In puncto Forschungs-

Strukturen, Funktionen und Wechselwirkungen

methodik dominieren sozialwissenschaftliche Verfahren der Datengewinnung und -aufbereitung.

Münchener Schule der Sozialgeographie

In den Bereich des funktionalräumlichen Ansatzes fällt auch das **sozialgeographische Raumsystem** der Münchener Schule (z. B. RUPPERT/SCHAFFER 1969, MAIER et al. 1977). Im Mittelpunkt stehen dabei die sog. **Grunddaseinsfunktionen** (in Gemeinschaft leben, wohnen, arbeiten, sich versorgen, bilden und erholen, am Verkehr teilnehmen), „die allen sozialen Schichten immanent, massenstatistisch erfassbar, räumlich und zeitlich messbar sind und sich raumwirksam ausprägen" (MAIER et al. 1977, S. 100). Träger dieser Funktionen sind **sozialgeographische Gruppen.** Dabei handelt es sich um einen Kreis von Personen, die bei der Ausübung der Grunddaseinsfunktionen ähnliche Verhaltensweisen entwickeln, vergleichbare Aktionsräume ausbilden und somit eine gleichartige Raumwirksamkeit entfalten. Im Falle des „sich versorgens" lassen sich z. B. das Einkaufsverhalten und die Präferenzierung von bestimmten Einkaufsstandorten anführen.

Kritik

Der funktionalräumliche Ansatz ist insgesamt **sehr deskriptiv** ausgerichtet. Es wird lediglich das Handeln des Menschen beschrieben (Was tut er?). Die Entscheidungen und die dahinter stehenden Beweggründe (Warum tut er das?) bleiben unberücksichtigt. Als problematisch erweist sich ferner die mangelnde **theoretische Fundierung.** Unklar bleibt, für welches Ganzes die einzelnen Funktionen erbracht werden. Schließlich unterstellt der Ansatz einen systemimmanenten Gleichgewichtszustand, der strukturelle Veränderungen im Falle konfliktärer Situationen nicht zulässt (vgl. SCHAMP 1983, S. 75). Zu beachten ist auch, dass die den einzelnen Grunddaseinsfunktionen beigemessene Bedeutung räumlich, z. B. zwischen Industrie- und Entwicklungsländern, variiert.

2.2.2 Raumwirtschaftlicher Ansatz

Räumliche Ordnung der Wirtschaft

Der raumwirtschaftliche Ansatz **(„spatial approach"),** der sich vor allem über die Lehrbücher von LUDWIG SCHÄTZL in den 1980er-Jahren besonderes Gehör innerhalb der Wirtschaftsgeographie verschafft hat, versucht, eine ökonomische Erklärung für die räumliche Ordnung der Wirtschaft zu geben. Die Wirtschaftsgeographie ist demnach die „Wissenschaft von der räumlichen Ordnung und der räumlichen Organisation der Wirtschaft" (SCHÄTZL 2003a, S. 21). Im Vordergrund stehen die **räumliche Verteilung** und die **funktionalen Verflechtungen** einzelner Elemente (z. B. Standortstrukturen, Handelsströme, Unternehmenskonzentrationen), die aufgrund räumlicher bzw. ökonomischer Gesetzmäßigkeiten beschrieben, erklärt und bewertet werden sollen.

Homo oeconomicus

Im raumwirtschaftlichen Ansatz wird vom Menschen als individueller, gesellschaftlicher Person abstrahiert und vom sog. homo oeconomicus ausgegangen. Diesem liegt die Betrachtungsweise eines von den Wirtschaftswissenschaften geschaffenen, **modellhaften Menschenbildes** zugrunde. Der homo oeconomicus entscheidet und handelt stets auf der Grundlage **vollkommener Informationen** nach dem **ökonomischen Prinzip** mit dem Ziel der **Gewinnmaximierung** („optimizing behavior") und reagiert daher ausschließlich auf materielle Anreize. Persönliche, subjektive Präferenzen spielen bei seinen Entscheidungen keine Rolle.

Die Raumwirtschaftslehre identifiziert ökonomische Erklärungsvariablen für die räumliche Ordnung der Wirtschaft, welche nicht in individuellem, unterschiedlich motiviertem menschlichem Handeln begründet liegen (vgl. SCHAMP 1983, S. 75). Zu solchen Erklärungsvariablen gehören z. B.:

- Die **Ausstattung des Raumes** mit natürlichen und vom Menschen geschaffenen bzw. in Wert gesetzten Ressourcen, welche eine Bindung ökonomischer Aktivitäten bedingen;
- **Transportkosten** als Kosten der Raumüberwindung;
- **Agglomerationsersparnisse** durch Konzentration wirtschaftlicher Tätigkeiten an einem Standort.

Der raumwirtschaftliche Ansatz betrachtet den Raum zumeist als Kostenfaktor, wodurch ökonomische Theorien in die Wirtschaftsgeographie Einzug hielten. Viele dieser Theorien wie z. B. WEBERS Industriestandorttheorie, VON THÜNENS Lagerentenmodell, CHRISTALLERS System der Zentralen Orte oder LÖSCHS Marktnetze (vgl. Kap. 3.1.1, 3.1.2) wurden bereits lange vor der Formulierung des raumwirtschaftlichen Ansatzes entwickelt und dienen heute vor allem der Veranschaulichung der konzeptionellen Grundlagen und des formal-analytischen Charakters des raumwirtschaftlichen Paradigmas der Wirtschaftsgeographie (vgl. Kap. 1.3). Insofern kann dieser Ansatz als Renaissance bzw. Reinterpretation weit früher formulierter Theorie- und Modellbildungen gesehen werden (vgl. KLEIN 2005, S. 340).

Zu den wichtigsten Aufgaben einer raumwirtschaftsorientierten Wirtschaftsgeographie zählen u. a. die ressourcenzentrierte Analyse des Nutzungspotenzials von Standorten, die Identifizierung und Erklärung von Standortmustern einzelner Wirtschaftsbranchen sowie geographischer Innovations- und Diffusionsprozesse, die Bestimmung des optimalen Standortes für ökonomische Aktivitäten, die Untersuchung der Raumwirksamkeit von Standortentscheidungen im Hinblick auf Standortgründungen, -verlagerungen und -schließungen sowie die Analyse der räumlichen Mobilität von Gütern und Produktionsfaktoren (z. B. Pendler- und Lieferverflechtungen, Technologietransfers, Ausdehnung von Kundeneinzugsbereichen).

Die Kritik am raumwirtschaftlichen Ansatz konzentriert sich vor allem darauf, dass Räume als Untersuchungsobjekt quasi personifiziert und zu Akteuren gemacht werden, während sozial- und verhaltenswissenschaftliche Parameter weitgehend ausgeblendet bleiben. Dies brachte der Wirtschaftsgeographie gelegentlich den Vorwurf ein, ausschließlich ökonomischen Kategorien verhaftet zu sein. Das unterstellte Menschenbild des homo oeconomicus beschreibt eine Norm, wie von Menschen gehandelt werden soll, bleibt aber die Erklärung, wie tatsächlich gehandelt wird, schuldig (vgl. BATHELT/GLÜCKLER 2002, S. 27; SCHAMP 1983, S. 76).

Eine Revitalisierung des raumwirtschaftlichen Ansatzes stellt die aus der **Volkswirtschaftslehre** kommende „new economic geography" dar, welche maßgeblich auf den Annahmen des raumwirtschaftlichen Ansatzes aufbaut. Der Begriff wurde zu Beginn der 1990er-Jahre durch den amerikanischen Wirtschaftswissenschaftler **PAUL KRUGMAN** (1991) geprägt. Doch bereits seit den 1970er-Jahren gelingt es der Volkswirtschaftslehre, die früheren restriktiven Annahmen von konstanten Skalenerträgen und vollkom-

Ökonomische Erklärungsvariablen

Aufgaben

Kritik

„New economic geography"

menen Märkten aufzuheben und auch Externalitäten in ihren Modellen zu berücksichtigen, woraus sich die Zweige der neuen regionalen Wachstums- und Handelstheorie entwickelten (vgl. Kap. 3.2.4).

„Geopgraphical economics"   Nach Ansicht vor allem deutscher Geographen ist der Begriff „new economic geography" irreführend, da **keine wirkliche Neuorientierung** der Wirtschaftsgeographie stattfindet und sich ihre Vertreter nur sehr selektiv mit wirtschaftsgeographischen Arbeiten auseinandersetzen. Für die „new economic geography" nach KRUGMAN ist daher aus wirtschaftsgeographischer Sicht der Terminus „geographical economics" (vgl. Kap. 3.2.4) vorzuschlagen (vgl. BATHELT 2001).

Zusätzlich merken Wirtschaftsgeographen an, dass das Neue an den „geographical economics" vor allem die **Wiederentdeckung des Raumes** in den Volkswirtschaften sei oder sich auf die neuerliche Berücksichtigung früherer Restriktionen, mit denen man nun die Perspektive Raum quantitativ abzubilden vermag, beziehe. Nicht unterstellt werden darf der Volkswirtschaftslehre jedoch, dass ihr räumliches Verständnis falsch sei; es ist nur anders als das der Wirtschaftsgeographie. Der Raum wird in seinen Dimensionen reduziert, nur durch externe Effekte und Transportkosten modelliert und nur als Strecke oder Streckennetz dargestellt (vgl. KAWKA 2003, S. 189f.). Die Wirtschaftsgeographie sollte die „geographical economics" dennoch nicht ignorieren, sondern sie vielmehr kritisch hinterfragen und sich an der Überwindung ihrer theoretischen Schwachstellen sowie ihrer empirischen Überprüfung beteiligen. Hier liegt auch eine Chance für die Wirtschaftsgeographie, kann sie dadurch doch eine Brücke zur Volkswirtschaftslehre bzw. Regionalökonomie schlagen und die Ergebnisse der „geographical economics" für ihre eigenen Belange in Wert setzen.

„Sociological turn"   Die Gegenposition zum raumwirtschaftlichen Ansatz liegt im „sociological turn", d.h. einer stärkeren Orientierung an der Wirtschaftssoziologie, die in einer **handlungs- und akteurszentrierten Perspektive** zum Ausdruck kommt, welche einzelne Akteure und deren Handeln als maßgebliche Ursache für räumliche Strukturen identifiziert. Daneben lässt sich in der allgemeinen Human- bzw. Anthropogeographie ein sog. **„cultural turn"** ausmachen, der sich mit der kulturellen Produktion räumlicher Identitäten befasst. Für die Wirtschaftsgeographie ist dies insofern relevant, als dass es den Einfluss kultureller Dimensionen und Entitäten auf das wirtschaftliche Handeln und seine räumlichen Strukturen zu erschließen gilt. Vor allem der „sociological turn" hat Eingang in den jüngeren Ansatz der **relationalen Wirtschaftsgeographie** (vgl. Kap. 2.2.4) gefunden.

2.2.3 Verhaltens- und entscheidungsorientierter Ansatz

Der verhaltensorientierte Ansatz (**„behavioral approach"**, **„behavioral geography"**) stellt die im Inneren des Menschen ablaufenden Prozesse, die einem raumwirksamen Verhalten vorgelagert sind, in den Vordergrund und führt das subjektive Handeln von Menschen als Begründung für die räumliche Differenzierung der Wirtschaft an.

„Satisfizer"   Das in der verhaltensorientierten Wirtschaftsgeographie unterstellte Menschenbild ist der „satisfizer" bzw. **„behavioral man"**. Dieses geht davon aus, dass der Mensch nicht ökonomisch rational handelt, sondern sich entsprechend seiner Bedürfnisse und deren bestmöglicher Befriedigung verhält. Im Gegensatz zum homo oeconomicus (vgl. Kap. 2.2.2) stellt der „satisfizer" die Gewinn- bzw. Nutzenmaximierung bewusst hinter andere Ziele zurück und verfolgt **anspruchsniveauorientierte Zielsetzungen.** Er handelt stets **begrenzt rational** und verfügt nur über **begrenzte Informationen,** eine stark eingeschränkte Vorstellung von seiner Umwelt und über zu **geringe Kapazitäten zur Informationsverarbeitung,** um Vor- und Nachteile aller in Frage kommenden Handlungsalternativen gegeneinander aufzurechnen. Ferner spielen **persönliche Präferenzen, subjektive Wertvorstellungen** oder **Zufälligkeiten** eine wichtige Rolle, so dass im Ergebnis häufig ökonomisch **suboptimale Entscheidungen** resultieren. Der „satisfizer" richtet sein Handeln entsprechend der Situation, wie er sie wahrnimmt, und nicht, wie sie real ist, aus (vgl. BECK 1981, S. 125). Besonders deutlich lässt sich das „satisfizer"-Verhalten bei der Standortwahl (vgl. Kap. 3.1.3) beobachten.

Der einer raumwirksamen Entscheidung vorgelagerte Verhaltensmechanismus lässt sich mit dem Schema von DOWNS (1970) erklären (vgl. Abb. 2.7).

Schema des Verhaltensablaufs

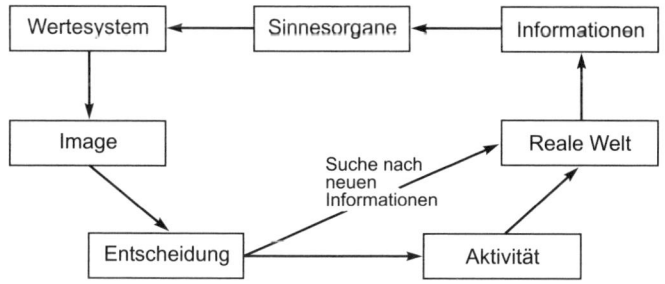

Abb. 2.7: Verhaltensablauf nach DOWNS (in Anlehnung an DOWNS 1970).

Die **reale Welt** ist die Quelle für die aus der zeitlichen und räumlichen Umwelt an das Individuum herangetragenen Informationen. Diese werden über die **Sinnesorgane** wahrgenommen. Die Wahrnehmung ist stets selektiv. Abhängig von der individuellen Ausgangssituation (Intellekt, Standort, Voreingenommenheit etc.) werden die Informationen bewusst, unbewusst oder überhaupt nicht aufgenommen. Das Individuum macht sich damit ein subjektives Bild seiner objektiv gegebenen Umwelt („mental map"; s. u.). Im Anschluss werden diese Informationen in ein **Image** (Präferenzsystem) eingeordnet, das sich auf das subjektive Umweltbild bezieht. Dabei ist zu prüfen, inwiefern die zur Auswahl stehenden Handlungsalternativen mit dem gesetzten Anspruchsniveau (individuelle Ziele und Motive) übereinstimmen, bevor eine **Entscheidung** gefällt wird, der eine **raumwirksame Aktivität** folgt. Reichen die aufgenommenen Informationen nicht aus oder wird deren Qualität als unzureichend erachtet, beginnt eine **neue Informationssuche.**

HAAS und FLEISCHMANN (1986) haben diesen Prozess auf Anpassungshandlungen bezüglich unternehmerischer Standortentscheidungen übertragen (vgl. Kap. 3.1.3) und damit eine **verhaltensorientierte Industriegeographie** mitbegründet.

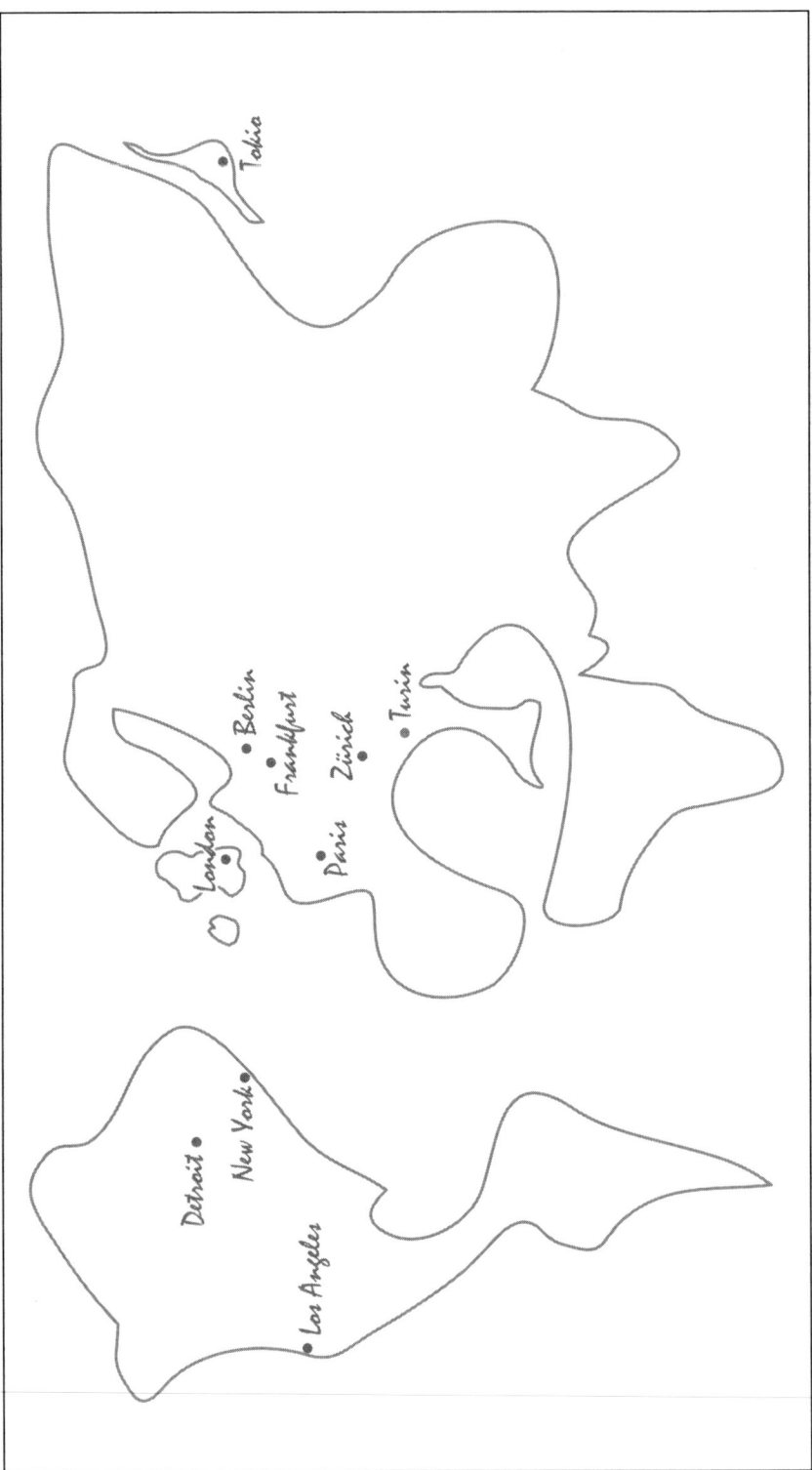

Abb. 2.8: Beispielhafte Mental Map (nach Vorlage eines mittelständischen Unternehmers).

Der Teil des obigen Prozesses, der im Inneren des Menschen abläuft, wird als **„spatial behavior"** bezeichnet. Dabei handelt es sich um das aktivitätsneutrale Verhalten des Menschen gegenüber dem Raum bzw. sein subjektives Verhältnis zu selbigem. Dagegen wird die unmittelbar raumwirksame Aktivität **„behavior in space"** genannt (vgl. WIEßNER 1978, S. 421). Der Raum ist in diesem Fall die „Bezugsfläche verhaltensgesteuerter Aktivitäten" (THOMALE 1974, S. 19).

„Spatial behavior" versus „behavior in space"

Ein wichtiges Instrument für das empirische Arbeiten im Rahmen einer verhaltensorientierten Wirtschaftsgeographie stellen „mental maps" bzw. **kognitive Landkarten** dar. Eine solche Karte ist ein **Querschnitt durch den Raum,** der die wahrgenommene Umwelt eines Menschen zu einem bestimmten Zeitpunkt in sein Inneres projiziert. Sie spiegelt die Welt so wider, wie ein Mensch glaubt, dass sie ist. Es handelt sich dabei meist nicht um eine korrekte Repräsentation der räumlichen Umwelt, vielmehr können Abweichungen und Verzerrungen gegenüber der Realität auftreten (vgl. DOWNS/STEA 1982, S. 24; JOB/MÖLLER 2001, S. 107).

„Mental maps"

Abbildung 2.8 (S. 28) zeigt ein Beispiel für eine „mental map". Dabei wurde ein mittelständischer deutscher Unternehmer gebeten, die zehn bedeutendsten Wirtschaftszentren der Welt auf eine Weltkarte einzuzeichnen. Das Ergebnis lässt sich wie folgt interpretieren: Dass sich allein sechs der zehn ausgewählten Städte in Westeuropa befinden, belegt, dass der geschäftliche Schwerpunkt auf dieser Region liegt, und bringt den Eurozentrismus des Unternehmens zum Ausdruck. Dagegen spielen seine Geschäftsbeziehungen zu den Wachstumsmärkten („emerging markets") in Südamerika, Indien, China und Südostasien – wie man erkennen kann – keine oder nur eine untergeordnete Rolle. Afrika ist aufgrund der unterproportional klein eingezeichneten Größe für ihn gänzlich uninteressant. Die Auswahl von Zürich, das objektiv nicht zu den zehn größten Wirtschaftszentren zählt, ist ein Hinweis darauf, dass dort ein wichtiger Geschäftspart-

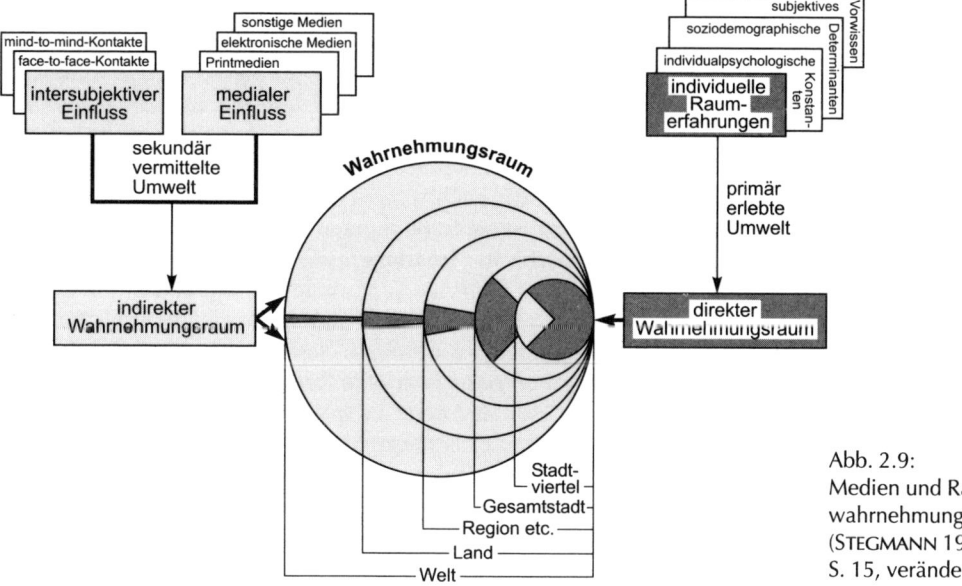

Abb. 2.9:
Medien und Raumwahrnehmung
(STEGMANN 1997, S. 15, verändert).

ner bzw. Kunde des Unternehmers sitzt, was die subjektive Bedeutung dieses Standorts erhöht. Die Aufnahme von Detroit und Turin verrät letztlich, dass der befragte Unternehmer von seiner Geschäftstätigkeit her der Automobilzulieferbranche zuzuordnen ist.

Medien und Raumwahrnehmung

Ein starker Einfluss auf die Raumwahrnehmung und letztlich auch auf das raumwirksame Handeln geht von den Medien aus (vgl. Abb. 2.9, S. 29).

Bezüglich des Medieneinflusses auf die Wahrnehmung lassen sich zwei Formen von Wahrnehmungsräumen unterscheiden (vgl. STEGMANN 1997, S. 16): Der **direkte Wahrnehmungsraum** (primär erlebte Umwelt) ist dem medialen Einfluss ausgesetzt, indem die Medien den soziologischen Bezugsrahmen für Wahrnehmungs- und Verhaltensprozesse determinieren. So werden z. B. Nutzung und Bewertung des eigenen Wohn-, Arbeits- oder Unternehmensstandortes durch die Berichterstattung in den regionalen oder überregionalen Medien mitgeprägt. Der **indirekte Wahrnehmungsraum** (sekundär vermittelte Umwelt) wird durch räumliche Informationen, vermittelte Raumbilder und Raumbewertungen aufgespannt. Er vergrößert das individuelle, subjektive Raumbewusstsein, ohne dass ein aktiver, bewegungsqualitativer Wahrnehmungsprozess ausgelöst worden wäre.

Zwischen dem Wahrnehmungseinfluss der Medien und dem Maßstab der räumlichen Bezugseinheiten besteht ein **negativer Zusammenhang.** Je größer (kleiner) der räumliche Maßstab ist, umso kleiner (größer) fällt der Medieneinfluss aus. Beispielsweise ist jemand, der ein Unternehmen gründen will, bestrebt, der Bequemlichkeit oder Gewohnheit halber den Betriebsstandort in unmittelbarer Nähe zu seinem Wohn- oder bisherigen Arbeitsort zu wählen. Mit einer solchen räumlich begrenzten Umgebung, z. B. einem Stadtviertel, ist man durch eigene Anschauung recht gut vertraut, das eigene Raumempfinden bildet damit ein Wahrnehmungskorrektiv gegenüber den durch die Medien vermittelten Rauminformationen. Erzwingen jedoch bestimmte unternehmerische bzw. betriebsbedingte Anforderungen (z. B. die Bindung an Rohstofffundorte, die Nähe zu Zulieferern und Abnehmern, verkehrsinfrastrukturelle Nutzungsanforderungen etc.) die Wahl des Standortes auf einer höheren räumlichen Ebene (Umland, Region, Land, Welt) und damit in einer entfernteren und fremderen Umgebung, werden die Raumwahrnehmung und das raumwirksame Verhalten stärker von durch die Medien verbreiteten oder erzeugten, kollektiven und unreflektierten räumlichen Fremdimages beeinflusst. Die subjektive Wahrnehmung objektiv nicht hinreichend beschriebener Tatbestände führt möglicherweise zu Fehlentscheidungen bei der Standortwahl.

Verhaltens- versus entscheidungsorientiert

Will man eine **analytische Trennung** zwischen verhaltensorientiertem und entscheidungsorientiertem Ansatz vornehmen, bieten sich zwei Möglichkeiten an. Bezogen auf die verschiedenen Bereiche menschlichen Verhaltens umfasst der verhaltensorientierte Ansatz das **„spatial behavior"** (nicht sichtbares Verhalten gegenüber dem Raum), der entscheidungsorientierte Ansatz dagegen das **„behavior in space"** (beobachtbares Verhalten im Raum). Dabei ist zu berücksichtigen, dass einerseits bereits das „spatial behavior" eine raumwirksame Komponente aufweist, andererseits auch die Entscheidung, „nichts zu tun", unter das „behavior in space" fallen kann, da auch das Ausbleiben oder Unterlassen einer Aktivität möglicherweise raumwirksame Folgen hat. Beispielsweise kann eine geplante Verlagerung eines Betriebsstandortes aus einem städtischen Siedlungsraum in eine Gemeinde des suburbanen Raums z. B. durch die dort subjektiv wahrgenommenen Agglomerationsnachteile oder Konkurrenzverhältnisse gestoppt werden, so dass alles beim „Alten" bleibt **(Standortpersistenz).** Gleichwohl kann dies aber auch raumwirksame Effekte zur Folge haben, z. B. wenn am alten Standort Erweiterungsinvestitionen vorgenommen werden müssen und gleichzeitig die bereits am neuen Standort erhofften Arbeits- und Einkommenseffekte nun doch ausbleiben.

Eine zweite Unterscheidung ergibt sich aus der Frage, ob das handelnde Subjekt ein **einzelnes Individuum** oder eine **aggregierte Gruppe** ist. Steht der einzelne Mensch mit seinen die Entscheidungsfindung beeinträchtigenden Fähigkeiten und Ressourcen im Vordergrund, handelt es sich um eine verhaltensorientierte Betrachtung. Von einer entscheidungsorientierten Perspektive wird dagegen gesprochen, wenn das Verhalten von Organisationen bzw. Großunternehmen gemeint ist. Diese verfügen über einen wesentlich breiteren Zugang zu distanzabhängigen Informationen und Ressourcen sowie über bessere Fähigkeiten, diese zu verarbeiten, und damit über ein größeres Potenzial zur Fällung fundierter Entscheidungen als ein einzelnes Individuum. Auch ist nicht mehr von einem individuellen Präferenzsystem, sondern von Unternehmensphilosophien und -strategien auszugehen.

Kritik

Der Ansatz ist **sehr deskriptiv** ausgerichtet, indem räumliches Handeln lediglich beschrieben und über seine zugrunde liegende Motivation nur mehr oder weniger plausible Vermutungen angestellt werden. Solange es nicht gelingt, die im Inneren des Menschen ablaufenden Prozesse messbar zu machen, bleibt der Ansatz **gegen jegliche empirische Kritik immun.** Die Fixierung auf das individuelle Handeln einzelner Personen und Unternehmen bewirkt eine **Abstraktion von gesamtgesellschaftlichen Umfeldbedingungen,** die das menschliche Handeln und Entscheiden beeinflussen, und schränkt somit den allgemeinen Erklärungswert stark ein (vgl. SCHAMP 1983, S. 78).

Weiterentwicklung

Modernere Ansätze der Wirtschaftsgeographie wie z. B. der **relationale Ansatz** (vgl. Kap. 2.2.4) betrachten zwar ebenfalls einzelne Akteure, betonen aber nicht mehr so stark das individualistische Moment deren Handelns, sondern begreifen – wirtschaftssoziologisch inspiriert – Handeln als „interaktiven Akt zwischen verschiedenen Akteuren, der auf der Grundlage sozialer Netzwerke stattfindet; kurz: Interaktion statt Aktion" (SCHAMP 2003, S. 149).

2.2.4 Relationaler Ansatz

„Neue Wirtschaftsgeographie"

Die relationale Wirtschaftsgeographie ist ein noch junger Forschungsansatz, der auf die deutschen Fachvertreter HARALD BATHELT und JOHANNES GLÜCKLER (2002, 2003) zurückgeht. Er baut auf einer ursprünglich im angelsächsischen Sprachraum formulierten **Gegenposition zum raumwirtschaftlichen Ansatz** auf (vgl. BARNES/GERTLER 1999; STORPER/WALKER 1989; SCOTT 1998; LEE/WILLS 1997; MASKELL/MALMBERG 1999 u. a.), die das Etikett „new economic geography" für sich beansprucht. Da dieser Begriff aber bereits durch die von PAUL KRUGMAN betonte räumliche Dimension der Volkswirtschaftlehre (vgl. Kap. 3.2.4) besetzt ist, wird hier bewusst die deutsche Bezeichnung **„neue Wirtschaftsgeographie"** gewählt, um Verwechslungen auszuschließen. Das Augenmerk dieser neuen Wirtschaftsgeographie liegt auf der Beachtung des **gesellschaftlichen, sozialen und kulturellen Umfelds** der Akteure und deren Einbindung in selbiges **(„sociological" bzw. „cultural turn")**. Dieses noch nicht geschlossene Theoriegebäude wird vom relationalen Ansatz weiterentwickelt.

Im Mittelpunkt des Forschungsinteresses stehen primär nicht mehr der Raum oder das Räumliche, sondern **ökonomisches Handeln mit seinen vielfältigen Beziehungen.** Dieses wird nicht als abstraktes, sondern als soziales, in konkrete Strukturen eingebundenes Handeln (**„embeddedness"**; s. u.) gesehen. Gegenstand der Analyse sind nicht isolierte räumliche Strukturen, sondern **akteursgebundene Aspekte in räumlicher Perspektive.** Als Forschungsobjekte dienen z. B. ökonomische Innovationen, unternehmensübergreifende Organisationsformen und Prozesse des kollektiv-institutionellen Lernens.

Relationale Grundperspektive — Das relationale Grundverständnis zeichnet sich durch drei grundlegende Merkmale aus (vgl. BATHELT/GLÜCKLER 2002, S. 36; 2003, S. 250): Die **Kontextualität** meint, dass ökonomisches Handeln als soziales Handeln immer vor dem Hintergrund eines spezifischen Handlungskontextes stattfindet. Der in diesem Zusammenhang von der Milieuforschung geprägte Begriff der **„embeddedness"** (vgl. GRANOVETTER 1985, 1992; Kap. 4.2.4) integriert eine Sichtweise des ökonomischen Handelns in eine strukturelle Perspektive des Handlungskontextes und steht für die Einbettung ökonomischer Aktivitäten in soziokulturelle Beziehungssysteme bzw. eines Unternehmens in sein soziokulturelles Umfeld. Ökonomisches Handeln ist demnach als raumzeitlich situiert anzusehen. Mit der Konstellation spezifischer Beziehungen, in welche ein Akteur eingebettet ist, lassen sich dann Aussagen treffen, zu welchem Handeln er neigt oder neigen könnte (vgl. GLÜCKLER 2001, S. 261 f.).

Da jeder Handlungskontext eine spezifische Entwicklung auslöst, transformiert sich die Kontextualität des Handelns in eine dynamische pfadabhängige Entwicklung. Aufgrund dieser **Pfadabhängigkeit** determinieren in der Vergangenheit liegende Entscheidungen und Interaktionen bedingt spezifische Handlungszusammenhänge in der Gegenwart. Möglichkeiten und Ziele des Handelns richten sich damit entlang historischer Entwicklungspfade aus.

Die **Kontingenz** bringt zum Ausdruck, dass ökonomisches Handeln keinen universellen Gesetzmäßigkeiten unterworfen ist. Aufgrund der Kontextabhängigkeit ist eine Pfadentwicklung nicht als deterministisch für die Zukunft zu begreifen, vielmehr sind Abweichungen oder der Wandel zu neuen Entwicklungspfaden möglich.

Unternehmensperspektive — Aus Unternehmensperspektive richtet die relationale Wirtschaftsgeographie ihren Blick auf Unternehmen sowie die in ihnen agierenden und die von ihren Handlungen betroffenen Menschen. Nicht eine Region determiniert die Entwicklung eines Unternehmens, sondern ein Unternehmen prägt eventuell zusammen mit anderen die Entwicklung einer Region. Damit rücken die Ziele von Unternehmen und deren Beziehungen zueinander in den Vordergrund der Betrachtung.

Für eine umfassende kritische Beleuchtung dieses noch jungen Ansatzes ist es so lange zu früh, wie seine konkrete Umsetzung und empirische Leistungsfähigkeit nicht unter Beweis gestellt wurden. Dennoch lassen sich folgende Punkte anmerken (vgl. SCHAMP 2003, S. 149 f.): Die genaue Abgrenzung zwischen Handelndem und Handlung ist unklar. Gesellschaftliche Strukturen werden nur residual im Kontext des Handelns, nicht aber als eigene Größe betrachtet. Relationales Handeln versteht sich darüber überwiegend als regional, womit die räumliche Betrachtung auf die Region reduziert wird. Institutionen, d. h. Normen und Regeln, in welche ein interaktives, auf Wiederholung angelegtes Handeln eingebettet ist, finden keine Integration in den Handlungskontext. Gerade hier besteht aber eine Herausforderung für eine moderne Wirtschaftsgeographie, was in der Forderung nach einem **„institutional turn"** zum Ausdruck kommt (vgl. MARTIN 2000, S. 77).

Kritik

2.2.5 Wohlfahrtsansatz

Der Wohlfahrtsansatz bzw. **strukturalistische Ansatz** ist eine wenig modellhafte, stark **politisch-weltanschaulich geprägte Arbeitsrichtung** der Wirtschaftsgeographie. Angesichts der Erkenntnis großer regionaler und sozialer Disparitäten gibt diese ihre **wissenschaftliche Wertfreiheit** zugunsten **moralischer Werturteile** und der Betroffenheit des Wissenschaftlers bewusst auf, um im Sinne einer „engagierten Geographie" die Lebensverhältnisse in unterprivilegierten Räumen zu verbessern. Ziel ist es – wie es auch das deutsche Bundesraumordnungsgesetz einst forderte –, „gleichwertige Lebensbedingungen" herzustellen.

„Engagierte Geographie"

Zu den Aufgaben einer solch planerisch-normativen, sich als ausgleichende Raumordnungspolitik verstehen wollenden Geographie gehören u. a. die Identifizierung unterprivilegierter Räume und benachteiligter Gruppen einer Gesellschaft, die Erforschung der Ursachen regionaler Ungleichgewichte, die Bestimmung der Abweichung von als gerecht empfundenen Lebensbedingungen sowie die Erarbeitung und Ableitung von Maßnahmen und Strategien zum Ausgleich sozialräumlicher Disparitäten. Dies ist nach wir vor das Ziel in vielen Entwicklungsländern. Auch in Wachstumsmärkten wie China nehmen die sozialen Unterschiede zwischen Stadt und Land zu.

Aufgaben

Kritisch zu beurteilen gilt es die mit der Definition gleichwertiger Lebensbedingungen verbundenen **Operationalisierungsprobleme** sowie die mit der Auswahl und Gewichtung einzelner Normwerte auftretenden Zielkonflikte. Ferner müssen eine **mangelnde theoretische Fundierung** sowie der Umstand, dass Normen zeitlich wie räumlich variieren und eine ständige Neufestlegung erforderlich machen, berücksichtigt werden (vgl. SCHAMP 1983, S. 79).

Kritik

3 Analyse und Erklärung räumlicher Strukturen und Prozesse

Eine der bedeutendsten Aufgaben wirtschaftsgeographischer Forschung besteht in der Analyse und Erklärung räumlicher Strukturen und Prozesse. Schwerpunkte stellen dabei vor allem die Standorttheorien zur Erklärung räumlicher Verbreitungs- und Verknüpfungsmuster wirtschaftlicher Aktivitäten sowie regionale Wachstums- und Entwicklungstheorien zur Erläuterung von Ursachen und Dynamik räumlicher Disparitäten im sozioökonomischen Entwicklungsprozess dar.

3.1 Standorttheorien

Die Beschäftigung mit den Standorten wirtschaftlicher Tätigkeit ist für die Geographie auch heute noch, mehr als 170 Jahre nach der Veröffentlichung der ersten bedeutenden Standorttheorie von JOHANN HEINRICH VON THÜNEN (vgl. Kap. 3.1.2), von hoher Relevanz.

Standorttheorien dienen der Erklärung der **räumlichen Verteilung von Wirtschaftsbetrieben.** Die klassische Standorttheorie geht dabei von der Annahme aus, dass die Standortwahl stets unter rationalen Gesichtspunkten erfolgt, und unterstellt das Menschenbild des vollständig rational handelnden **homo oeconomicus** (vgl. Kap. 2.2.2), der nach Gewinnmaximierung strebt. In der Realität existieren daneben weitere Determinanten, welche das Unternehmerverhalten beeinflussen. Hierzu gehören z.B. das Streben nach Wachstum, Unabhängigkeit, Sicherheit und Macht, aber auch individuelle Verhaltensweisen und subjektive Wertvorstellungen, mit denen sich **verhaltenstheoretische Erklärungsansätze** (vgl. Kap. 3.1.3) befassen.

Typen von Standort-theorien

Grundsätzlich lassen sich zwei Formen von Standorttheorien unterscheiden. Die einzel- bzw. betriebswirtschaftliche Standorttheorie **(Standortbestimmungslehre)** geht der Frage nach, welche Raumstelle der Unternehmer als Standort für seinen Betrieb wählt und „inwieweit die Lokalisierung des Unternehmens oder des Betriebes einen Einfluss auf den Betriebserfolg hat, etwa auf seine Kosten, Erträge, den Gewinn oder die Innovationsfähigkeit" (MAIER/TÖDTLING 2006, S. 19). **Standortstrukturtheorien** beruhen dagegen auf einer gesamtwirtschaftlichen Betrachtung. Dabei werden die möglichen räumlichen Strukturen aller Standorte untersucht sowie die optimale Struktur identifiziert, wobei sich zwischen gesamtwirtschaftlichen Partial- und Totalmodellen differenzieren lässt.

Die traditionellen Ansätze zur Erklärung von Standortentscheidungen und Standortstrukturen sind **punktuell-statischer Natur,** während jüngere dynamische Ansätze (vgl. Kap. 3.1.4) auch den **Faktor Zeit** einbeziehen.

3.1.1 Betriebliche Standorttheorien

Industriestandorttheorie von Alfred Weber

Die bekannteste Theorie zur Bestimmung des optimalen Standortes für einen industriellen Einzelbetrieb ist die Industriestandorttheorie von ALFRED WEBER (1909). Er entwickelte mit seiner „reinen Theorie des Standortes" das erste, weitgehend vollständige einzelwirtschaftliche Standortmodell, das als **normativ-deduktiv** einzustufen ist: Normativ, da unterstellt wird, dass sich unter genau vorgegebenen Bedingungen ein optimaler Standort für einen industriellen Betrieb finden lässt; deduktiv, da von bestimmten Annahmen betreffs der Unternehmensziele (Gewinnmaximierung) ausgegangen wird (vgl. GAEBE 1998, S. 89). | Alfred Weber

Der Theorie von WEBER liegen folgende Modellrestriktionen zugrunde, die der Vereinfachung dienen: Die Standorte der Rohmaterialien und die räumliche Verteilung des Konsums sind bekannt und gegeben; das Transportsystem ist einheitlich, d. h. die Transportkosten lassen sich lediglich als Funktion von Entfernung und Gewicht darstellen; die räumliche Verteilung der Arbeitskräfte ist bekannt und gegeben; die Arbeitskräfte sind immobil; die Löhne sind konstant, aber räumlich differenziert; bei einer gegebenen Lohnhöhe kann über eine unbegrenzte Anzahl von Arbeitskräften verfügt werden; die Homogenität des wirtschaftlichen, politischen und kulturellen Systems wird unterstellt. | Modellrestriktionen

WEBER untersucht drei Determinanten der Standortwahl hinsichtlich ihrer Auswirkungen auf den optimalen Standort eines Industriebetriebes. Zunächst analysiert er die **Transportkosten,** indem er den Punkt mit den geringsten Transportaufwendungen ermittelt. Anschließend bezieht WEBER die Wirkung räumlich differenzierter **Arbeitskosten** (s. u.) und **Agglomerationseffekte** (s. u.) in sein Modell ein. | Optimaler Standort

Zentraler Begriff der WEBERSCHEN Standorttheorie ist der Transportkosten-Minimalpunkt. Dieser **tonnenkilometrische Minimalpunkt** wird als derjenige Standort bezeichnet, an dem die Transportkosten am niedrigsten liegen. Diese sind abhängig vom Gewicht des eingesetzten Materials und der Fertigprodukte. | Transportkosten-Minimalpunkt

Die zur Produktion eingesetzten Materialien lassen sich den folgenden Gruppen zuordnen: **Ubiquitäten** sind überall vorkommende Stoffe bzw. natürliche Ressourcen, die keinen Einfluss auf den Standort eines Betriebes ausüben. Ihre Standortwirkung ist damit gleich null. Luft ist in jedem Fall eine Ubiquität. Wasser und Strom können Ubiquitäten sein, sofern sie in einem Gebiet überall in gleichen Mengen und zum gleichen Preis zur Verfügung stehen. | Materialtypen

Bei einem **Reingewichtsmaterial** liegt ein Material vor, das mit dem ganzen Gewicht in das Erzeugnis eingeht, z. B. Wasser, Mehl, Salz.

Ein **Gewichtsverlustmaterial** ist ein Material, das entweder überhaupt nicht in das fertige Produkt eingeht (z. B. Kohle, Heizöl, Gas) oder bei der Verarbeitung an Gewicht verliert (z. B. Erze). Gewichtsverlustmaterialien rücken den optimalen Produktionsstandort in Richtung des Materialfundortes.

Im Unterschied zu Ubiquitäten sind Gewichtsverlust- und Reingewichts-materialien sog. **lokalisierte Materialien,** bei denen es klare Standortab-hängigkeiten gibt.

Materialindex

Das Verhältnis zwischen dem lokalisierten Materialgewicht und dem Produktgewicht wird als Materialindex, die Summe aus den lokalisierten Materialien und dem Produktgewicht als **Standortgewicht** bezeichnet.

$$\text{Materialindex: } M = \frac{\text{Gewicht des lokalisierten Materials}}{\text{Gewicht des Fertigerzeugnisses}}$$

Standortdreieck/
Standortpolygon

Die Fundorte der lokalisierten Materialien und der Produktionsort bilden bei nur zwei lokalisierten Materialien ein **Standortdreieck** (vgl. Abb. 3.1), bei mehr als zwei Materialien ein **Standortpolygon.** Der Transportkosten-minimalpunkt ist dabei jener Ort, an dem die Kosten für den Transport der benötigten Rohmaterialen zum Produktionsort und der fertigen Erzeugnisse zum Absatzort minimal sind.

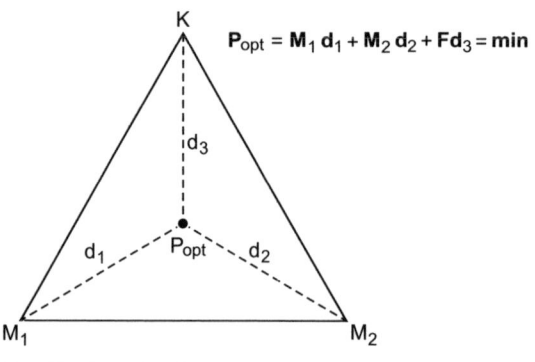

$$P_{opt} = M_1 d_1 + M_2 d_2 + F d_3 = min$$

Abb. 3.1:
Transportkosten-minimalpunkt und Standortdreieck (eigene Darstellung nach WEBER 1909).

M_1 Fundort Material 1	d Entfernungen in km
M_2 Fundort Material 2	F fertiges Erzeugnis
K Konsumort	
P_{opt} optimaler Betriebsstandort	
(= tonnenkilometrischer Minimalpunkt)	

Für den Fall eines Standortdreiecks lassen sich fünf Fälle ableiten:
1. Material 1 und Material 2 sind Ubiquitäten: Der Materialindex ist 0, der optimale Produktionsstandort der Konsumort. Da es unsinnig ist, Ubi-quitäten an einem anderen als dem Konsumort zu beschaffen, schrumpft die Standortfigur zu einem Punkt zusammen.
2. Material 1 ist eine Ubiquität, Material 2 ein Reingewichtsmaterial: Je nachdem, ob die Ubiquität in das Endprodukt eingeht, ergeben sich fol-gende Lösungen: (a) Die Ubiquität geht nicht in das Endprodukt ein. Es errechnet sich ein Materialindex von 1, die Produktion kann an jedem Ort auf der Verbindungslinie zwischen Konsum- und Fundort stattfin-den. (b) Geht die Ubiquität ganz oder teilweise in das Endprodukt ein, ergibt sich ein Materialindex zwischen kleiner 1 und größer 0. Da nur am Konsumort keine Transportkosten für das Endprodukt auftreten, ist der optimale Produktionsstandort gleich dem Konsumort.
3. Material 1 und Material 2 sind Reingewichtsmaterialien: Es ergibt sich ein Materialindex von 1. Der kostenminimale Produktionsort ist der

Konsumort, da alle Materialien bzw. das Endprodukt mir ihrem vollen Gewicht zum Konsumort transportiert werden müssen. Um unnötige Transportkosten zu vermeiden, wird man alle Materialien auf dem kürzesten Weg zum Konsumort transportieren.

4. Material 1 ist eine Ubiquität, Material 2 ein Gewichtsverlustmaterial: Wie in Fall 2 ergeben sich zwei Lösungen: (a) Geht die Ubiquität nicht in das Endprodukt ein, errechnet sich ein Materialindex von größer 1. Der Produktionsort ist somit der Fundort des Gewichtsverlustmaterials. (b) Fließen die Ubiquitäten ganz oder teilweise in das Endprodukt ein, ist bei einem Materialindex größer 1 der Produktionsort derselbe wie in Lösung 4 (a). Sobald der Materialindex kleiner 1 wird, ist der optimale Produktionsort gleich dem Konsumort. Für einen Materialindex = 1 ergibt sich schließlich eine Lösung entsprechend dem Fall 2 (a).

5. Material 1 und Material 2 sind Gewichtsverlustmaterialien: Hier handelt es sich um den kompliziertesten Fall. Es ergibt sich ein Materialindex größer 1, was auf eine Fundortorientierung des Produktionsortes hindeutet. Wenn ein Material die Summe der Gewichte der anderen Materialien und des Endproduktes erreicht, so lokalisiert sich der Produktionsort an dessen Fundort. Kann diese Bedingung nicht erfüllt werden, so befindet sich der Produktionsort zwischen den Materialorten und dem Konsumort, wobei die genaue Lage von den Materialgewichten abhängt.

Tendenziell lässt sich feststellen, dass ein hoher Materialindex eine Standortwahl nahe den Materialfundorten begünstigt, während ein niedriger Wert eher zur Produktion in Nähe der Konsumorte führt.

Die geometrische Bestimmung des optimalen Betriebsstandortes ist mit Hilfe von Isotimen, d.h. **Linien gleicher Transportkosten** für Roh- und Fertigprodukte, möglich (vgl. Abb. 3.2, S. 38).

Isotimen

Neben den Transportkosten und dem daraus bestimmten transportkostenminimalen Punkt betrachtet WEBER Abweichungen, die sich durch die Einbeziehung von Arbeitskosten sowie Agglomerationsfaktoren ergeben. Für die Arbeitskosten lässt sich folgende Regelhaftigkeit ableiten: Jeder andere als der ursprüngliche Produktionsort kommt in Betracht, solange der Transportkostenmehraufwand für Materialien und Endprodukt die Ersparnisse durch niedrigere Arbeitskosten nicht übersteigt.

Arbeitskosten

Zur Darstellung dieser Abweichungen bedient sich WEBER der kritischen Isodapane. Das ist jene Linie gleicher Transportkosten aller Materialien und des Endproduktes, entlang welcher der Transportkostenmehraufwand durch die Arbeitskostenersparnisse ausgeglichen wird. Außerhalb der kritischen Isodapane überwiegen die Transportkosten so stark, dass sie durch Arbeitskostenersparnisse nicht mehr ausgeglichen werden können. Unter Berücksichtigung der Arbeitskosten verlagert sich der bisherige optimale Betriebsstandort vom transportkostenminimalen Standort P_0 zum neuen betriebsoptimalen Standort P_{opt}. Die Arbeitskostenersparnisse an diesem Ort wiegen stärker als die zusätzlichen Transportkosten (vgl. Abb. 3.2, S. 38).

Kritische Isodapane

Die zweite Abweichung vom Grundmodell, die WEBER betrachtet, sind die Einflüsse von Agglomerationsfaktoren, die in Form externer Ersparnisse durch Ansiedlung mehrerer Betriebe am gleichen Standort einbezogen werden. Diese entstehen durch sinkende Beschaffungs- oder Produktions-

Agglomerationsfaktoren

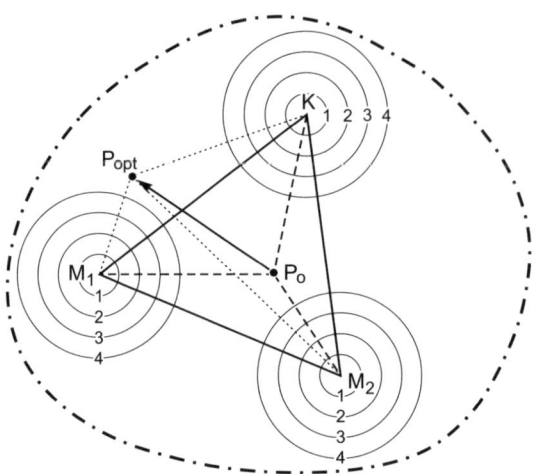

K   Konsumort

M_1 Fundort Material 1

M_2 Fundort Material 2

P_0 bisheriger kostenoptimaler Betriebsstandort

P_{opt} durch Arbeitskostenersparnisse neuer optimaler
Betriebsstandort

——— Isotime   — · — kritische Isodapane

1, 2, 3, 4,---,n   Transportkosteneinheiten

Abb. 3.2:
Standortwahl und
Arbeitskosten
(eigene Darstellung
nach WEBER 1909).

kosten, bedingt durch einen besseren Zugang zu Zuliefer- und Servicebe-
trieben. Erzielt ein Unternehmen durch die Verlagerung in einen Agglomerationsraum **Agglomerationsersparnisse,** dürfen diese durch den Transportkostenmehraufwand nicht überstiegen werden. Gemäß Abbildung 3.3 werden die Standorte der Produktionsbetriebe A, B und C dort gewählt, wo
durch die drei sich überlappenden kritischen Isodapanen (in diesem Fall
die Linien aller Orte, an dem der Transportkostenmehraufwand den Agglo-
merationsersparnissen genau entspricht) ein gemeinsames Segment, der
sog. **Agglomerationsraum,** gebildet wird. Für D wäre eine Verlagerung
dorthin dagegen suboptimal, da die zusätzlich anfallenden Transportkosten
die Agglomerationsersparnisse überstiegen.

Kritik und   Die Theorie bietet nur eine **technische Lösung,** eine wirtschaftstheoreti-
Würdigung   sche Lösung des Standortproblems kann nicht aufgezeigt werden. Die Annahme eines rational und ausschließlich gewinnmaximierend handelnden
Unternehmers **(homo oeconomicus)** kann indes nicht aufrechterhalten
werden, da sie vollständige Information und deren perfekte Umsetzung vo-
raussetzt.

Die **Höhe der Transportkosten** als Kosten der Raumüberwindung ist bei
WEBER wie auch bei VON THÜNEN, CHRISTALLER und LÖSCH (vgl. Kap. 3.1.2)
allein durch die metrischen Entfernungen bestimmt, während von der
Transportzeit abstrahiert wird. Letztere spielt in vielen Industriezweigen
mittlerweile aber eine zentrale Rolle (z. B. bei der „just-in-time"-Fertigung).
Ferner ist die Annahme, dass sich die Transportkosten proportional zu den
linearen Entfernungen entwickeln, widersinnig, da diese mit dem Zustand

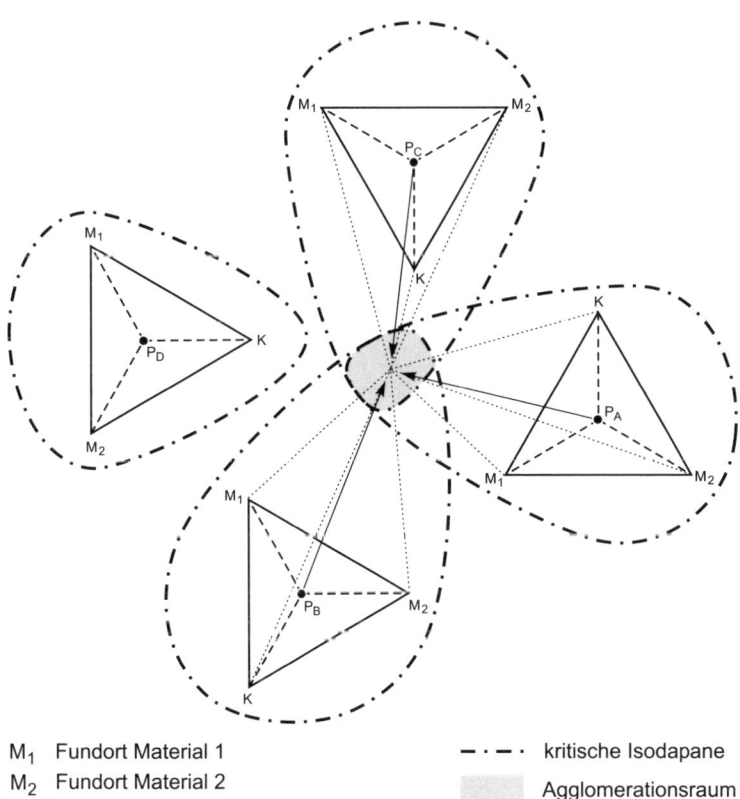

M$_1$ Fundort Material 1
M$_2$ Fundort Material 2
K   Konsumort
P$_A$, P$_B$, P$_C$, P$_D$ Standorte der Betriebe A, B, C, D

— · — ·   kritische Isodapane

Agglomerationsraum

Abb. 3.3:
Standortwahl und
Agglomerationsfak-
toren (WEBER 1909).

und der Dichte des Verkehrssystems, der Art der zu befördernden Güter (Stückgüter, Massengüter) sowie dem Frachttarif variieren. In der Praxis nimmt dieser mit zunehmender Entfernung degressiv ab.

Die Konzentration auf eine **Minimierung der Kosten** (Transportkosten, Arbeitskosten) führt zu einer Vernachlässigung erlösmaximierender Faktoren. Insbesondere die starke Betonung der Transportkosten wird in der Literatur kritisiert. Aufgrund moderner Transporttechnologien und einer – zumindest in den Industrieländern gegebenen – ubiquitären verkehrsinfrastrukturellen Erschließung nimmt die Transportkostenempfindlichkeit der Industrie tendenziell ab, der Freiheitsgrad bei der Standortwahl damit zu ("footloose industries"). Es zeichnet sich ein Trendwechsel weg von der räumlichen Konzentration hin zur räumlichen Dispersion von Industriestandorten ab. Die Bedeutung von Transportkosten als raumdifferenzierender Faktor lässt damit nach, was gleichzeitig zur Aufwertung anderer Standortfaktoren (z.B. "high skills", weiche Standortfaktoren) führt (vgl. HEINEBERG 2003, S. 163). Dies gilt insbesondere für den Elektronik- und High-tech-Bereich. Andererseits müssten Transportkosten in den heutigen Industriegesellschaften um ein Vielfaches höher liegen, wenn man ihnen auch die durch den Transport verursachten Umweltkosten zuschlägt.

Die Annahme konstanter ökonomischer, politischer, sozialer und technischer Größen führt zu einer **statischen Theorie,** die veränderte Rahmenbedingungen in den Industrieländern nicht einbeziehen kann. Ferner basiert WEBERS Theorie zum einen auf einem **einzigen Absatzort** für das Endprodukt, zum anderen auf dem Typ des **Ein-Betriebs-Unternehmens,** welches in der Frühphase der Industrialisierung den vorherrschenden Unternehmenstyp darstellte.

Schließlich werden die **Standortfaktoren** als **unbeeinflussbar** betrachtet. Neuere Erklärungsansätze gehen dagegen von Wechselwirkungen zwischen Industrieunternehmen und Standortfaktoren aus.

Trotz oder wegen dieser kritischen Einwände gilt es, den Ansatz WEBERS in einem zeitlichen Kontext zu betrachten, da er das Standortverhalten der Schwerindustrie (Eisen- und Stahlerzeugung) zur Jahrhundertwende und auch später noch recht gut zu erklären vermochte (vgl. HEINEBERG 2003, S. 161). Ferner besticht die Theorie durch eine klare Gedankenführung und das Aufzeigen von Regelhaftigkeiten. Erstaunlich ist weiterhin, dass WEBER selbst bereits einige Kritikpunkte, z. B. den geringeren Anteil der Transportkosten bei hochwertigen Produkten, in sein Kalkül einbezog.

Erweiterungen der Industriestandorttheorie

Andreas Predöhl

Die fehlende Verbindung zwischen der allgemeinen Wirtschaftstheorie und der Industriestandortlehre WEBERS erkannte ANDREAS PREDÖHL (1925) und führte das **Substitutionsprinzip** in die Standortforschung ein. Zwar werden auch in der WEBERSCHEN Theorie einzelne Faktoren durch andere substituiert (Transport durch Arbeit), dies wurde aber als eine rein technische Substitution aufgefasst, wohingegen unter einer wirtschaftlichen Substitution der Ersatz von Transportkosten des Ausgangsmaterials durch Transportkosten des Endproduktes oder von Arbeit durch Kapital oder Boden verstanden wird.

Walter Isard

WALTER ISARD (1956) zeigt – aufbauend auf den Gedanken PREDÖHLS – schließlich, wie unter Verwendung des Substitutionsprinzips eine **wirtschaftstheoretische Lösung** des Standortproblems möglich ist. Zur Ermittlung des optimalen Standortes werden die Transportkosten der einzelnen Materialien und des Endproduktes substituiert. Die Vorgehensweise ISARDS ist sehr komplex, aber es gelingt ihm, die Verbindung zwischen Standorttheorie und allgemeiner Wirtschaftstheorie sowie Integrationsmöglichkeiten aufzuzeigen.

David M. Smith

Mit seinem **realitätsbezogenen Ansatz** versucht DAVID M. SMITH (1981), die Theorie WEBERS sukzessive zu verfeinern, einzelne Restriktionen aufzuheben und andere Variablen einzuführen. Dabei macht er u. a. deutlich, dass nicht nur die Kostenseite variabel ist (d. h. es existieren neben den räumlich fixen Kosten auch andere, mit dem Standort veränderliche Kosten), sondern dass auch die Erlöse eines Betriebes, die bei WEBER noch als einheitlich betrachtet wurden, mit dem Standort variieren können.

In der Standorttheorie WEBERS stand die Suche nach dem **kostenoptimalen Betriebsstandort** im Vordergrund. Die zusätzliche Betrachtung räumlich variabler Erlöse bei SMITH lenkt den Blick stattdessen auf Zonen oder Räume, in denen ein möglichst hoher Ertrag erwirtschaftet werden kann. Innerhalb dieser Zone fällt der erzielte Gewinn unterschiedlich hoch aus, auch hier gibt es also einen optimalen Produktionsstandort (vgl. Abb. 3.4). Dennoch ermöglicht dieses Modell auch die Erklärung nicht-optimaler Standorte. Die Annahme von Smith besagt, dass Unternehmer mit ihren Aktivitäten zwar nach Gewinn streben, aber nicht notwendigerweise den maximalen Profit erzielen wollen, auch wenn sie sich über die räumliche Variabilität von Kosten und Erlösen im Klaren sind. Neben dem Gewinnstreben beeinflussen **konkurrierende Ziele** wie die Erhaltung einer bestimmten Lebensqualität oder andere persönliche Motive ebenfalls die Standortwahl.

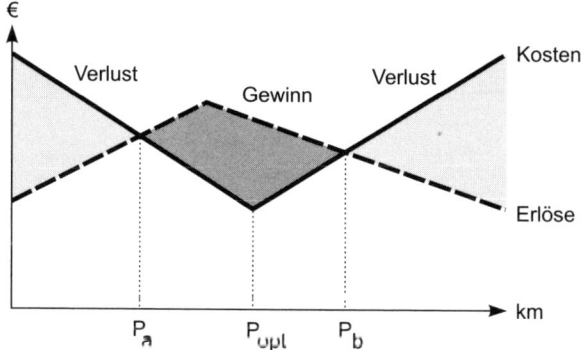

Abb. 3.4:
Räumliche Gewinnzone bei variablen Kosten und Erlösen (Smith 1981, S. 113).

P_{opt} ist der **gewinnoptimale Standort** der Produktion, an dem die Differenz zwischen Erlösen und Kosten am größten ist. P_a und P_b sind Grenzproduktionsstandorte, innerhalb derer die Gewinnzone (Erlöse größer Kosten), außerhalb derer die Verlustzone (Kosten größer Erlöse) liegt. Ein Unternehmen kann sich folglich überall innerhalb der Gewinnzone erfolgreich ansiedeln, umso mehr, als nur ein Teil der Produktionskosten lageabhängig ist. Smith unterscheidet nach Grundkosten, die an jedem Standort gleich hoch sind (z.B. die Kosten des Rohmaterials am Beschaffungsort), und standortabhängigen Lagekosten (z.B. die Transportkosten für das Rohmaterial zum Produktionsort). Für jedes Unternehmen und jede Branche sind die Grund- und Lagekosten unterschiedlich bedeutend, die Grenzen der Gewinnzone je nachdem weiter oder enger gesteckt.

Im Zuge der Entwicklung eines alternativen Ansatzes gelingt es Smith, seine Theorie industrieller Standortentscheidungen der Realität anzunähern, indem er zusätzliche Variablen wie z.B. die Wirkung von unternehmerischen Fähigkeiten und Standortsubventionen auf die Standortwahl untersucht. **Unternehmerische Fähigkeiten** sind ein wesentlicher Einflussfaktor, denn nicht alle Unternehmensleitungen besitzen diese in gleichem Maße. Je stärker diese Fähigkeiten ausgeprägt sind, desto höher ist die Freiheit der Standortwahl eines Unternehmens; die Grenzen der räumlichen Gewinnzone sind somit weiter gesteckt, als es bei Organisationen mit geringeren Fähigkeiten der Fall ist (vgl. Abb. 3.5, S. 42).

GK_0 ist die durchschnittliche räumliche **Gesamtkostenkurve** aller Unternehmen innerhalb einer Branche. P_{opt} kennzeichnet den allgemeinen kostenoptimalen Standort (die Erlöse werden als fix angenommen). GK_1 ist die Gesamtkostenkurve eines Unternehmens, das über eine überdurchschnittlich leistungsfähige Führung verfügt und daher mit geringeren Kosten als

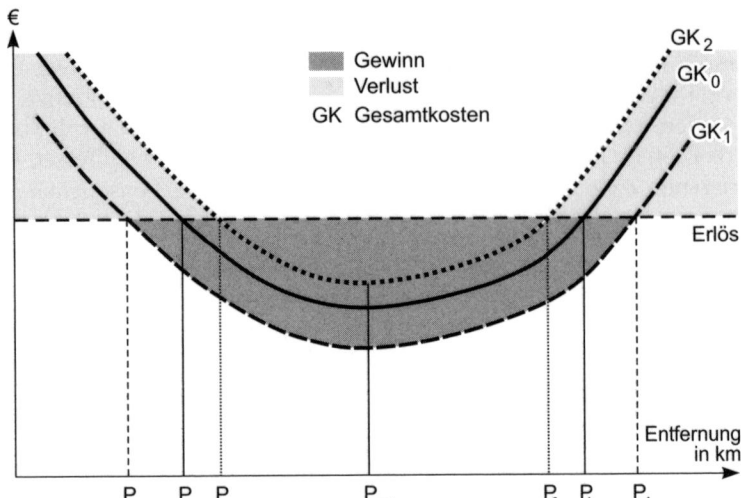

Abb. 3.5:
Einfluss der Unternehmensleistung auf die Standortwahl (SMITH 1981, S. 168).

der Branchendurchschnitt produziert. Dieses Unternehmen erzielt daher einen höheren Gewinn, seine Gewinnzone dehnt sich von der Durchschnittssituation P_aP_b auf P_cP_d aus. Umgekehrt verschiebt sich die räumliche Gesamtkostenkurve eines Unternehmens mit unzureichendem Management (GK_2) nach oben, die Gewinnzone schränkt sich auf P_eP_f ein.

Ein weiterer Aspekt, der die Standortwahl beeinflusst, sind staatliche Maßnahmen in Form von **Standortsubventionen**. Durch sie kann die Standort-Kostenkurve und damit die Gewinnzone verändert werden. Subventionen eines Unternehmens, die in vielen Staaten in wirtschaftlichen Problemregionen z. B. in Form von Investitionsbeihilfen, Bereitstellung von Infrastruktur oder Steuererleichterungen fließen, ermöglichen es dem Unternehmen, Gewinne an einem Standort zu erwirtschaften, der ansonsten aufgrund der Lagekosten geringere Profite erwarten ließe.

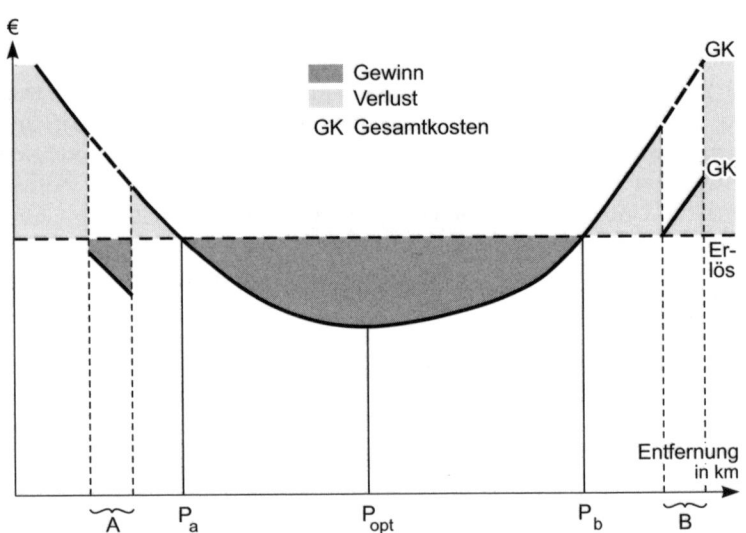

Abb. 3.6:
Einfluss von Subventionen auf die Standortwahl (SMITH 1981, S. 170).

In Abbildung 3.6 (S. 42) unterstützt der Staat die Ansiedlung von Industrien in den peripheren, außerhalb der Gewinnzone gelegenen Gebieten A und B mit Subventionen. Im Gebiet A verschiebt sich dadurch die Gesamtkostenkurve unter die Erlösgerade (die Erlöse werden als fix angenommen), so dass Unternehmen auch dort Gewinne realisieren können. Im Gebiet B, das noch weiter entfernt liegt, reicht dieselbe Höhe an Subventionen zum Ausgleich standortbedingter Wettbewerbsnachteile nicht aus. Hieraus geht die Notwendigkeit räumlich differenzierter Fördermaßnahmen des Staates hervor.

Umgekehrt zu Subventionen können regional unterschiedlich hohe Steuerbelastungen manche Standorte aus der räumlichen Gewinnzone ausschließen, die sonst profitabel wären.

Ein großes Verdienst der Standorttheorie von SMITH ist es, kostenorientierte Elemente der Standortwahl mit anderen wesentlichen entscheidungsrelevanten Faktoren verknüpft zu haben. Von besonderer Bedeutung für den Realitätsbezug dieser Theorie ist vor allem die Erkenntnis, dass andere Aspekte wie persönliche Präferenzen oder unternehmerische Fähigkeiten einen ebenso großen Einfluss auf Standortwahl und Unternehmenserfolg haben können.

3.1.2 Standortstrukturtheorien

Theorie der Landnutzung

Mit seinem erstmals 1826 veröffentlichten Werk „Der isolierte Staat in Beziehung auf Landwirtschaft und Nationalökonomie" entwickelte JOHANN HEINRICH VON THÜNEN ein Modell zur Erklärung der räumlichen Differenzierung der Art und Intensität landwirtschaftlicher Bodennutzung. | Johann Heinrich von Thünen

VON THÜNENS Standortstrukturmodell unterstellt mehrere restriktive Annahmen. Der isolierte Staat ist ein kreisförmiger, von der übrigen Welt vollständig abgeschnittener Wirtschaftsraum, umgeben von einer homogenen Ebene ohne jegliche physisch-geographische Differenzierung (überall gleiche Bodenart, Klimaverhältnisse und Transportbedingungen); das Zentrum bildet eine dominierende Stadt, die gleichsam den Wirtschaftsraum mit industriellen Gütern versorgt und Marktort für die erzeugten Agrarprodukte ist; die Landwirte streben nach Gewinnmaximierung, ihr Ausbildungsniveau ist überall gleich hoch; die Transportkosten entwickeln sich linear zur Distanz zwischen den agrarwirtschaftlichen Produktionsstandorten und dem Marktort sowie zum Gewicht der erzeugten Produkte; ferner sind sie von deren Volumen und Verderblichkeit abhängig. | Modellrestriktionen

Im Mittelpunkt der THÜNENSCHEN Theorie steht die Differenzialrente der Lage (**Lagerente**), d. h. die Differenz zwischen Ertrag und Kosten der Bodennutzung pro Flächeneinheit. Sie ist mit dem potenziellen Gewinn gleichzusetzen, den ein Produzent für ein bestimmtes Agrargut zu einem gegebenen Marktpreis erzielte, würde er über den Boden unentgeltlich verfügen. Es gilt: | Differentialrente der Lage

$$R = P - C - T(d)$$

Die Lagerente R errechnet sich aus dem Marktpreis eines Agrarproduktes P abzüglich der Produktionskosten C und der entfernungsabhängigen

Transportkosten T(d). Da sich der Marktpreis durch Angebot und Nachfrage am Marktort bildet und die Produktionskosten aufgrund der unterstellten Homogenität des Raumes überall gleich sind, bewirken variable Transportkosten eine abnehmende Lagerente bei zunehmender Entfernung vom Konsumort.

Die Lagerente steuert die Bodennachfrage der Landwirte. Die größte Nachfrage nach Boden besteht in Marktnähe, wo die Lagerente entsprechend hoch ist. Der Boden wird aber nicht umsonst zur Verfügung gestellt, sondern muss gepachtet werden. Marktnahe Flächen sind aufgrund hoher Lagerente knapper und somit teurer als marktferne. Wegen der Transportkostenersparnisse wird an marktnahen Standorten der Boden intensiver, d. h. mit höherem Einsatz der Produktionsfaktoren Arbeit und Kapital, genutzt.

Bei mehreren Gütern ist es sinnvoll, dasjenige an einem Ort zu produzieren, das dort die höchste Lagerente abwirft. Der Zusammenhang von Lagerente und Standort der landwirtschaftlichen Produktion lässt sich wie in Abbildung 3.7 darstellen.

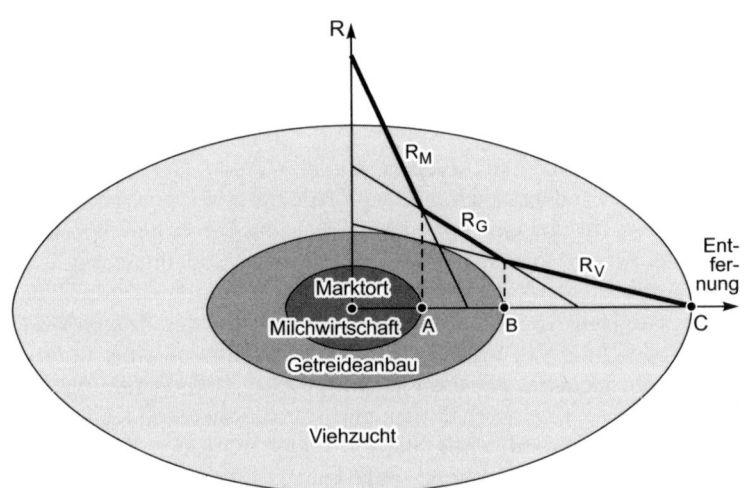

Abb. 3.7:
Lagerente und Muster der Bodennutzung (eigene Darstellung nach THÜNEN 1875).

Betrachtet werden drei Produkte: Milch (M), Getreide (G) und Vieh (V). R_M, R_G und R_V sind die jeweiligen Lagerentenlinien. Je höher die Transportkosten sind, desto steiler ist ihr Verlauf; der Schnittpunkt mit der Ordinate hängt vom Marktpreis und den Produktionskosten ab. Weil die Landwirte das Ziel der Gewinnmaximierung verfolgen, geben sie – in Abhängigkeit von der Entfernung zum Marktort – am jeweiligen Betriebsstandort dem Anbau jenes Produktes den Vorzug, das die höchste Lagerente abwirft. Die Milchwirtschaft erlaubt den höchsten Gewinn zwischen dem Marktort und dem Produktionsstandort A, der Getreideanbau zwischen A und B und die Viehzucht zwischen B und C. Rotiert man die auf der Abszisse abgetragenen Grenzproduktionsstandorte um den Marktort, erhält man konzentrische Ringe als Muster der Bodennutzung.

Diese Ringe weisen die **landwirtschaftlichen Nutzungszonen** in ihrer Abfolge so aus, wie sie sich aus der Entfernung zum Markt, d. h. unter Beachtung des Transportkostenaufwands und der Arbeitsintensität, am wirtschaftlichsten darstellen. Generelles Merkmal der THÜNENSCHEN Ringe ist die abnehmende Bewirtschaftungsintensität vom Marktzentrum aus.

Auf seinem Landgut im mecklenburgischen Tellow bei Rostock ermittelte VON THÜNEN folgende Abfolge der konzentrischen Ringe mit nach außen hin wachsender Extensität landwirtschaftlicher Bodennutzung: 1. Ring: Freie Wirtschaft (Gartenbau); 2. Ring: Forstwirtschaft; 3. Ring: Fruchtwechselwirtschaft; 4. Ring: Koppelwirtschaft; 5. Ring: Dreifelderwirtschaft; 6. Ring: Viehzucht (extensive Weidewirtschaft); 7. Ring: unkultivierte Wildnis.

Die Kritik an VON THÜNEN richtet sich in erster Linie gegen die **restriktiven Prämissen** des Modells, das die komplexe Wirklichkeit landwirtschaftlicher Bodennutzung nicht vollends zu erklären vermag. Später bezog VON THÜNEN daher selbst zusätzliche Variablen (z. B. einen schiffbaren Fluss oder die Rolle der Eisenbahn) in seine Überlegungen mit ein. Heute lassen sich mit Hilfe von Computerprogrammen die Auswirkungen einer Lockerung der Restriktionen oder des Einbezugs zusätzlicher Größen auf die Abwandlung der konzentrischen Kreise überprüfen.

Fraglich ist, ob VON THÜNENS empirisch ermittelte Zonierung der Bodennutzung Allgemeingültigkeit besitzt. Überprüfungen von Art und Intensität der Landnutzung im Europa des 19. und frühen 20. Jh. ergaben tatsächlich landwirtschaftliche Nutzungssysteme, die aus der räumlichen Lage zu den urban-industriellen Nachfragezentren resultieren. Für die Agrarräume der heutigen Industriegesellschaften hat die Erklärungskraft des THÜNEN-Modells jedoch stark nachgelassen. Sinkende Transportkosten, moderne Konservierungsmöglichkeiten und staatliche Agrarsubventionen haben zu Veränderungen der Lagerentenkurven und damit der räumlichen Struktur der Bodennutzung geführt und so zur **Verzerrung der THÜNENSCHEN Ringe** beigetragen. Dennoch lassen sich in der Intensität landwirtschaftlicher Bodennutzung auch heute noch gewisse Unterschiede zwischen zentrumsnahen und -fernen Flächen beobachten. So weist z. B. das zentrumsnahe Umfeld großer Siedlungs- und Verdichtungsräume noch nennenswerte Flächenanteile mit Intensiv- und Sonderkulturen (vor allem Gemüse- und Gartenbaukulturen) auf. VON THÜNENS Grundthese, die Lagerente bedinge eine räumliche Differenzierung in der Form und Intensität der agrarwirtschaftlichen Bodennutzung, bleibt bis heute unangetastet.

VON THÜNENS Modell der **optimalen Raumnutzung** stellt einen bedeutenden Beitrag zur Entwicklung von Modellen zur Raumnutzung dar. Seine Überlegungen fanden weit über die Landwirtschaft hinaus auch auf industrielle Betriebe oder städtische Siedlungen Anwendung (vgl. DICKEN/LLOYD 1999, S. 62 f.; GIESE 1995, S. 36 f.), weshalb von einer **universalen Raumnutzungstheorie** gesprochen werden kann. So existieren in jeder Stadt Zentren, mit denen die Grunddaseinsfunktionen (vgl. Kap. 2.2.1) in Verbindung stehen und zu denen die Transportkosten verschiedentlich hoch ausfallen. Ferner gibt es unterschiedliche Flächennutzungen mit spezifischen Kostenstrukturen, die sich miteinander in Konkurrenz befinden, wie z. B. Einzelhandels-, Büro-, Gewerbe- oder Wohnflächen (vgl. ARING 2005, S. 28 f.).

Marginalien (rechter Rand):

Thünensche Ringe

Kritik und Würdigung

Weiterentwicklungen

Im Ringmodell von KOHL (1841) nehmen jenseits des innersten Rings einer „freien Wirtschaft" – von außen kommend – die Grundstückspreise aufgrund zunehmender Nachfrage bis hin zum Stadtzentrum stark zu. ALONSO (1960) entwickelte ein Muster innerstädtischer Flächennutzungszonen. Demnach konzentrieren sich spezifische Dienstleister bei hohen Bodenpreisen in zentralen, citynahen Bezirken, da sie dort den höchsten Umsatz pro Flächeneinheit erzielen. Die Lagerentenkurve verläuft extrem steil, weil bereits geringe räumliche Abweichungen zu einem starken Absinken der Lagerente führen. Umgekehrt verhält es sich für die Grunddaseinsfunktion des Wohnens, da der Mehrwert durch eine Lage in Zentrumsnähe eher begrenzt ist, die Bodenpreise in Richtung Stadtrand gleichzeitig abnehmen.

Vergleichbare räumliche Verteilungsmuster lassen sich auch bei Betriebsformen des städtischen Einzelhandels beobachten. Warenhäuser erzielen die größte Lagerente pro Quadratmeter in Zentrumsnähe. Da der Flächenpreis hier am höchsten ist, verteilt sich das Angebot auf mehrere Stockwerke. Eine enge Bebauung intensiviert die Flächennutzung, eine hohe vervielfacht sie. Verbraucher- oder Discountermärkte am Stadtrand oder im suburbanen Raum, wo die Bodenpreise wesentlich niedriger liegen, kommen dagegen meistens in Form eingeschossiger Hallen vor. Der schlechten Erreichbarkeit – bezogen auf die Entfernung vom Zentrum – wird mit großen Parkflächen begegnet. Beide Betriebsformen sind daher als unterschiedliche Flächennutzungskonzepte aufzufassen (vgl. REICHART 1999, S. 68 f.).

Theorie der Zentralen Orte

Walter Christaller

Das von WALTER CHRISTALLER 1933 in seinem Werk „Die Zentralen Orte in Süddeutschland" publizierte Zentrale-Orte-Modell dient der Erklärung der Verteilung städtischer Siedlungen und ungleichrangiger tertiärer Versorgungszentren im Raum. Das CHRISTALLER-Modell wird im Rahmen der daraus abgeleiteten **geographischen Zentralitätsforschung** der **Stadtgeographie** zugeordnet, gleichzeitig aber auch als **raumwirtschaftliche Standorttheorie** eingestuft.

Zentraler Ort

Ein Zentraler Ort ist ein Standort, in der Regel eine Stadt oder eine städtische Siedlung, der **zentrale Güter und Dienste** von überörtlichem Bedarf anbietet. Jedes dort angebotene Gut dient der Versorgung einer bestimmten Umgebung. Dabei besteht ein **Bedeutungsüberschuss** über die Versorgung der eigenen Bevölkerung hinaus.

Modellrestriktionen

CHRISTALLER geht von einer Reihe vereinfachender Annahmen aus. Dazu gehört die Homogenität des Raumes, d. h. die Vernachlässigung räumlicher Unterschiede, wie z. B. Einkommensverteilung oder Verkehrsnetz. Weitere Prämissen sind mit zunehmender Entfernung ansteigende Transportkosten sowie die Annahme gewinn- bzw. nutzenmaximierenden Verhaltens von Anbietern und Nachfragern (homo oeconomicus, vgl. Kap. 2.2.2).

Grundaussagen des Christallerschen Modells

Mit zunehmender Entfernung der Verbraucher von einem Zentralen Ort geht die nachgefragte Menge des betrachteten Gutes zurück, da die Transportkosten ansteigen. Der Punkt, von dem an die Entfernung so groß ist, dass der Verbraucher sie zum Produkterwerb nicht mehr zurückzulegen bereit ist, markiert die **obere Grenze der Reichweite**. Die Reichweite eines Gutes korreliert mit seiner Bedarfsfrequenz und seiner Lebensdauer. Der

Punkt, bis zu dem die steigende Entfernung vom Absatzort eine Mindestabsatzmenge zur kostendeckenden Produktion zulässt, stellt die **untere Grenze der Reichweite** dar. Die **Schwellenbevölkerung** ist die für den Absatz notwendige Mindestbevölkerungsmenge innerhalb des Marktgebietes.

Was die räumliche Anordnung der Standorte angeht, ist zunächst von **kreisförmigen Marktgebieten** auszugehen. Dabei bleiben aber unversorgte Restflächen bestehen. Rücken die Kreise näher zusammen, sind sich überschneidende Gebiete die Folge, eine kostendeckende Produktionsmenge (untere Grenze der Reichweite) wird nicht erreicht. Die optimale räumliche Anordnung ist nach CHRISTALLER hexagonal. **Sechseckige Marktgebiete** erlauben die Versorgung des Gesamtraumes und minimieren gleichzeitig die Transportkosten (vgl. Abb. 3.8).

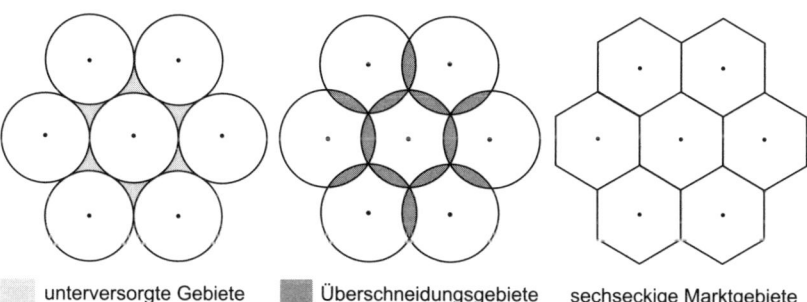

unterversorgte Gebiete   Überschneidungsgebiete   sechseckige Marktgebiete
(überversorgt)

Abb. 3.8:
Genese hexagonaler
Marktgebiete (eigene
Darstellung nach
CHRISTALLER 1933).

Ausgehend von den hexagonalen Marktgebieten wird die Betrachtung um mehrere zentrale Güter mit abnehmender Reichweite (G_1, G_2,…,G_n) erweitert. G_1 weist die höchste Reichweite auf und wird an allen A-Standorten angeboten. Zusätzlich zu G_1 wird an den A-Standorten auch G_2 angeboten, das eine niedrigere Zentralität und damit eine geringere untere Reichweite aufweist. Da das Marktgebiet des A-Zentrums aber weiter reicht als die untere Grenze der Reichweite von G_2, lassen sich Extragewinne erwirtschaften. Ausschlaggebend ist die von den Verbrauchern zwischen den unteren Reichweitegrenzen von G_1 und G_2 zusätzlich nachgefragte Menge. Auch G_3 mit der dritthöchsten Zentralität wird in den A-Zentren produziert. Die Kaufkraft der Verbraucher, die sich zwischen den Grenzen der unteren Reichweite von G_1 und G_3 befinden, entspricht jedoch gerade der Mindestabsatzmenge, welche die kostendeckende Herstellung von G_3 erlaubt. Dort, wo die Marktgebiete dreier A-Standorte aufeinander treffen, entstehen neue Angebotsstandorte (B-Zentren). Der hexagonalen Anordnung folgend ist daher jedes A-Zentrum von sechs B-Zentren umgeben. G_3, das höchstrangige Gut der B-Standorte, eröffnet damit eine neue Hierarchieebene (**hierarchisches Grenzgut**). Durch Einbezug weiterer Güter kann das System beliebig ausgeweitet werden (vgl. Abb. 3.9, S. 48).

Das System Zentraler Orte weist folgende Eigenschaften auf:
• Jeder Zentrale Ort besitzt eine eigene, hierarchisch abgegrenzte Zentralitätsstufe. Sein Rang richtet sich nach dem höchstrangigen Gut, das er anbietet.

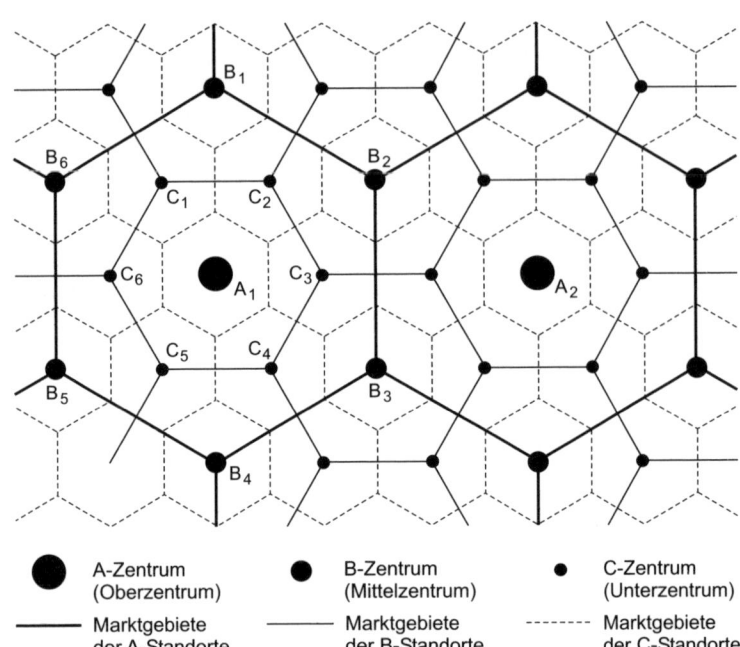

Abb. 3.9:
Das Zentrale-Orte-System (eigene Darstellung nach CHRISTALLER 1933).

● A-Zentrum (Oberzentrum)	● B-Zentrum (Mittelzentrum)	• C-Zentrum (Unterzentrum)
—— Marktgebiete der A-Standorte	—— Marktgebiete der B-Standorte	----- Marktgebiete der C-Standorte

- Jedes Zentrum bietet auch alle Güter von niedrigerem Rang an. Standorte, die auf einer gleich hohen Zentralitätsstufe liegen, weisen dasselbe Angebot aus.
- Zentrale Orte einer höheren Hierarchieebene liegen weiter auseinander als solche auf einer niedrigeren Ebene.

Zentralörtlicher Bereich Diejenigen Gebiete, für die ein Zentraler Ort funktionaler Mittelpunkt ist, d. h. die er mit Gütern und Dienstleistungen versorgt, werden als zentral-örtlicher Bereich, Ergänzungsgebiet, Einzugsgebiet, Verflechtungsbereich oder Versorgungsgebiet bezeichnet. Zwischen Zentralem Ort und zentral-örtlichem Bereich bestehen also **funktionale Verflechtungen,** insbesondere aufgrund seiner Versorgung durch den Zentralen Ort. Je nach **Hierarchie-stufe des Zentralen Ortes** bzw. den in Anspruch genommenen Versor-gungsleistungen unterscheidet man zwischen **Nahbereich, Mittelbereich** und **Oberbereich.**

Zentralörtliche Hierarchie Für die wirtschaftsgeographische Raumorganisation ist insbesondere der hierarchische Aufbau, also die zentralörtliche Hierarchie, wichtig. Dies be-deutet, dass sich die Einzugsgebiete der Zentralen Orte höherer Stufe je-weils aus mehreren Zentralen Orten der nächst tieferen Stufe mit ihren Ein-zugsbereichen aufbauen und sich somit ein geschlossenes System ergibt.

Versorgungsprinzip Der Grundsatz, wonach ein derartiges System und seine räumliche An-ordnung eine optimale Versorgung der Bevölkerung zulässt, entspringt dem Markt- oder Versorgungsprinzip, demzufolge dem Zentrum einer hö-heren Hierarchiestufe das Marktgebiet von drei Zentren der nächst niedri-geren Stufe zugeordnet wird (Zuordnungsfaktor: k = 3).

Ober-, Mittel-, Unter-und Kleinzentren In der bundesdeutschen Raumordnung unterscheidet man entsprechend dem zentralörtlichen Angebot und dem Einzugsbereich insbesondere

Ober-, Mittel- und Unterzentren mit den jeweiligen Zwischenstufen: **Oberzentren** besitzen in ihrem Einzugsgebiet die höchste Zentralität und versorgen die Bevölkerung zusätzlich zu den Angeboten des kurz- und mittelfristigen Bedarfs auch mit hoch- bis höchstwertigen Gütern und Dienstleistungen des langfristigen und episodischen Bedarfs. **Mittelzentren,** also Zentrale Orte mittlerer Stufe, gewährleisten die Versorgung ihres Einzugsgebietes mit Angeboten des mittelfristigen, gehobenen Bedarfs. **Unterzentren,** meist Kleinstädte oder Marktorte im ländlichen Raum, decken den alltäglichen bis mittelfristigen Bedarf und weisen in der Regel einen Auspendlerüberschuss auf. **Kleinzentren** schließlich erfüllen als Orte niedrigster Zentralität für ihren Einzugsbereich Aufgaben der Grundversorgung.

CHRISTALLERS Theorie hat eine ganze Reihe empirischer, regionalpolitischer und theoretischer Analysen sowie Überprüfungen ausgelöst. Die seitens der Geographie vorgebrachte Kritik richtet sich vor allem gegen die **restriktiven Annahmen**, insbesondere die Homogenitätsannahme, welche der Individualität des Raumes als zentralem wirtschaftsgeographischen Forschungsgegenstand diametral widerspricht. Ein interregionaler Austausch von Gütern, externe Agglomerationsersparnisse und die Mobilität der Produktionsfaktoren bleiben unberücksichtigt. Dennoch hat die Lockerung einzelner Annahmen, z. B. die Unterstellung einer räumlich ungleich verteilten Kaufkraft, nicht zu einer prinzipiellen Abkehr vom Hierarchiesystem der Zentralen Orte geführt.

Trotz dieser Kritik ist CHRISTALLERS Theorie zu einem elementaren Standbein für die Betrachtung der räumlichen Ordnung der Wirtschaft aus theoretischer Sicht geworden, weist aber auch eine hohe praktische Relevanz auf (vgl. BLOTEVOGEL 1996). In den 1960er-Jahren fand das Konzept Eingang in die **Raumordnungsprogramme** der deutschen Bundesländer und gilt seither als Schlüsselkonzept in der **Raum- und Landesentwicklungsplanung** in Deutschland. Die Frage, wo sich öffentliche tertiäre Einrichtungen aus den Bereichen medizinische Versorgung, Verwaltung, Ausbildung und Kultur, aber auch bestimmte private Dienstleister (z. B. großflächige Einzelhandelsstandorte) befinden bzw. entstehen sollen oder dürfen, wird im Wesentlichen durch die Logik des zentralörtlichen Systems beantwortet.

Die Festlegung und Förderung eines Systems Zentraler Orte sowie der Erhalt einer Mindestausstattung an Versorgung trägt ganz erheblich zur Schaffung und Sicherung **gleichwertiger Lebensbedingungen** in allen Teilräumen einer Gesellschaft bei. Vor allem für weniger prosperierende, insbesondere ländliche Regionen, in denen Zentrale Orte als Kristallisationspunkte die Raumstruktur entwickeln und stabilisieren, ist der Wert der Theorie unumstritten. Allgemein macht die Kombination einer rückläufigen Nachfrage und des Trends zur Vergrößerung betriebswirtschaftlicher Einheiten die Bündelung von Einrichtungen in den Zentralen Orten unerlässlich, da sich dadurch die Angebote öffentlicher und privater Versorgungsanbieter gegenseitig stützen und die Nachfrage auf diese Standorte lenken (vgl. PRIEBS 2005, S. 8 f.).

Die zwischen Ende der 1960er- und Mitte der 1970er-Jahre in den alten Bundesländern durchgeführte **kommunale Gebietsreform** folgte stark den Überlegungen CHRISTALLERS. Dies gilt auch heute noch für die Erstellung mehrerer Landesentwicklungspläne (z. B. in Nordrhein-Westfalen). Beson-

Kritik und Würdigung

dere Relevanz kommt dem Zentrale-Orte-Modell auch bei der Erschlie-ßung neu zu besiedelnder Gebiete, wie z.B. in den holländischen Polder-regionen oder im tropischen Regenwald Malaysias, zu (vgl. KULKE 2004, S. 135f.).

Es bleibt aber festzuhalten, dass das Zentrale-Orte-Modell zu einer Zeit konzipiert und in die Raumplanung übernommen wurde, deren wirtschaft-liche, soziale und räumliche Voraussetzungen nicht mit der heutigen über-einstimmen. Zur Überwindung der dem Modell vorgehaltenen Starrheit so-wie des Widerspruchs zu handlungsorientierten Planungsreformen existiert z.B. der Vorschlag, den Zentralörtlichkeitsstatus nicht ausschließlich an Gemeinden, sondern auch an Standortclustern und Metropolregionen aus-zurichten (vgl. LANGHAGEN-ROHRBACH 2005, S. 45).

Eine Relativierung erfährt die Zentralisierung von Versorgungseinrich-tungen durch die zunehmende Verbreitung **dezentraler Versorgungsange-bote** wie z.B. Shopping Malls und Factory Outlet Centers (FOC). Bei Letz-teren handelt es sich um eine Agglomeration von Verkaufsstandorten ver-schiedener, vor allem Markenhersteller, die – meist auf mehreren tausend Quadratmetern Fläche – ihre Waren deutlich günstiger als der Einzelhan-del anbieten. Die Standortwahl folgt nicht mehr der CHRISTALLERSCHEN Zent-ralörtlichkeitslogik, sondern überwiegend verkehrslagenorientiert, um ein möglichst breites Einzugsgebiet abzudecken. Auch eine Convenience-bzw. Bequemlichkeitsorientierung spielt eine Rolle.

Theorie der Marktnetze

Eng verwandt und an die Denktradition CHRISTALLERS anknüpfend ist die von **AUGUST LÖSCH** in seinem Werk „Die räumliche Ordnung der Wirt-schaft" (1940) konzipierte Theorie der Marktnetze. Ziel ist die Erklärung der räumlichen Verteilung und Spezialisierung industrieller Produktions-standorte. LÖSCH (1940, S. 90) spricht daher vom „industriellen Gegenfall zu Thünens isoliertem Staat".

Wie CHRISTALLER geht auch LÖSCH von **produktspezifischen sechseckigen Marktgebieten** aus, deren Größe der unteren Grenze der Reichweite bei CHRISTALLER entspricht. Die in ihrer Größe variierenden Marktgebiete wer-den auf eine homogene Fläche mit gleichmäßig verteilten Siedlungen über-tragen. Die Netze der Marktgebiete der einzelnen Güter werden so über-einander gelegt, dass sie einen gemeinsamen Mittelpunkt bilden und die größtmögliche Anzahl von Produktionsstandorten identisch ist. Was die Anzahl der einem Standort zugeordneten, d.h. der mit einem zentralen Gut belieferten, Siedlungen betrifft, geht LÖSCH anders als CHRISTALLER von einem **variablen Zuordnungsfaktor** aus. Das sich ergebende System der Marktnetze ist durch eine räumliche Differenzierung in städtereiche und städtearme Sektoren gekennzeichnet, in denen mit zunehmender Entfer-nung zum Zentralen Ort im Mittelpunkt die Größe der Produktionsstand-orte steigt. Durch die unterschiedliche „Maschenweite" der Marktnetze ist bei deren Rotation um den gemeinsamen Mittelpunkt eine Anpassung an die inhomogenen Raumstrukturen in der Praxis leichter möglich, als dies bei CHRISTALLERS Modell der Fall ist.

3.1.3 Verhaltensorientierte Standorttheorien

Die bisher vorgestellten, an der Denktradition des **raumwirtschaftlichen Ansatzes** der Wirtschaftsgeographie (vgl. Kap. 2.2.2) ausgerichteten Erklärungsansätze der Standortforschung unterstellen dem Handelnden, dass er sich nach den Prinzipien des **homo oeconomicus** verhält, also über vollständige Information verfügt, ausschließlich rationale Entscheidungen trifft und stets nach Gewinnmaximierung strebt, weshalb auch von „optimizer" bzw. „optimizing behavior" gesprochen wird. Auf den Sachverhalt, dass diese modellhaften Annahmen realitätsfern sind, menschliches Handeln nicht immer dem Ziel einer wirtschaftlichen Optimierung folgt, sondern auch subjektiv zufrieden stellende Ergebnisse in Kauf genommen werden **(„satisfizer" bzw. „satisfizing behavior"),** hat schon in den 1960er-Jahren ALLAN PRED hingewiesen (vgl. PRED 1967; 1969), dessen Werk den **verhaltensorientierten Ansatz** in der Wirtschaftsgeographie begründete (vgl. Kap. 2.2.3). Anders als neoklassische Ansätze arbeitet dieser stärker induktiv und nicht normativ. Im Mittelpunkt aller ökonomischen Überlegungen und Verhaltensweisen stehen dabei das Individuum sowie seine Werte, Motive, Präferenzen und Wahrnehmung (vgl. STAUDACHER 2005, S. 99).

„Optimizer" versus „Satisfizer"

Modell von Pred

Der Grundgedanke des Modells der Standortwahl von ALLAN PRED (1967) ist die Überlegung, dass Menschen **niemals vollständig rational** handeln, vielmehr spielen **irrationale Momente** bei der Entscheidungsfindung oftmals eine bedeutende Rolle. Darüber hinaus verfügt kein Mensch – also auch kein Unternehmen oder dessen Entscheidungsträger – über vollständige Informationen. Bezogen auf die Standortentscheidungen eines Unternehmens bedeutet dies, dass die betreffenden Entscheidungsträger zu keinem Zeitpunkt vollkommene Informationen über alle denkbaren Standortalternativen haben.

Unvollständige Information und Fähigkeit zur Verarbeitung

Qualität und Quantität der Informationen, über die ein Unternehmen verfügt, hängen u. a. von technischen Systemen und den Möglichkeiten der Kommunikation ab. Heute eröffnen neue Medien wie das Internet nicht nur einen schnellen Zugang zu einer enormen Menge an Informationen, sie erleichtern auch die Kommunikation und die Verbreitung von Wissen über größere Distanzen. Die Art der sozialen Beziehungen innerhalb der Unternehmen determiniert jedoch den Informationsfluss in der Unternehmung, das Verhältnis von potenziell möglicher und tatsächlicher Information variiert bei verschiedenen Personenkonstellationen.

Auch die Fähigkeit, Informationen zu verarbeiten, ist bei Entscheidungsträgern nicht einheitlich ausgeprägt. Die Ansprüche, Ziele und Werte einer Person sind stark durch Herkunft, Kultur und Umgebung geprägt und erhöhen oder verringern entsprechend die Wahrscheinlichkeit, dass die betreffende Person auf bestimmte Reize oder Informationen reagiert (vgl. HURST 1974, S. 75). Mit anderen Worten: Obwohl die nötige Information vorhanden ist, muss daraus nicht zwingend eine Reaktion erfolgen. Auch die Entscheidung des Akteurs, keine Veränderung seines Standortes vorzunehmen, ist raumwirksam (Arbeitsplätze bleiben erhalten, Flächen werden weiter genutzt, eingespielte Lieferbeziehungen bestehen fort etc.). Unterschiede in der Informationsverarbeitungskapazität liegen auch in der Unternehmensgröße begründet (vgl. Kap. 2.1.4).

Suboptimale Standortwahl

Bezogen auf Standortentscheidungen wird somit deutlich, dass aufgrund der beschriebenen Einschränkungen hinsichtlich des **Faktors Information** hieraus in nahezu allen Fällen ein **suboptimales Verhalten** resultiert. Wenige Informationen schlechter Qualität und geringe Fähigkeiten, diese Informationen zu nutzen, können dann letzten Endes zu einem Standort außerhalb der räumlichen Gewinnzone führen und damit den Unternehmenserfolg insgesamt in Frage stellen. Allerdings ist es auch vorstellbar, dass ein Unternehmen trotz schlechter Informationslage durch Zufall oder andere Faktoren einen Standort innerhalb der Gewinnzone wählt (vgl. Abb. 3.10).

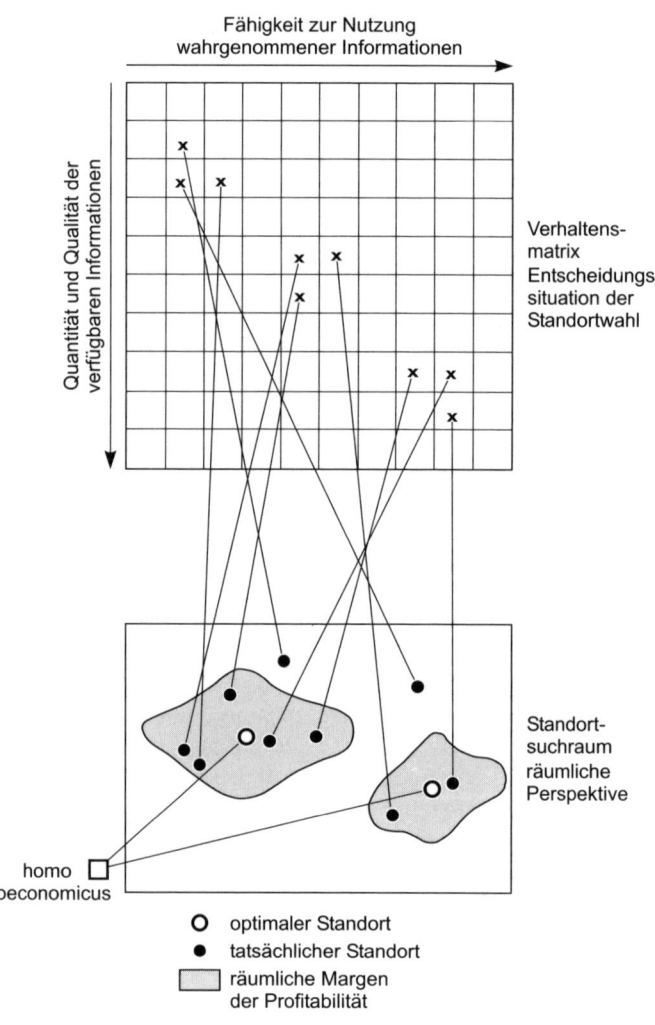

Abb. 3.10:
Verhaltensmatrix
und Standortsuchraum nach PRED
(PRED 1967, S. 92).

Modell unternehmerischer Anpassungshandlungen

Das Modell unternehmerischer Anpassungshandlungen fasst die verhaltensorientierten Elemente einer Standortentscheidung, wie z. B. begrenzte Rationalität und eingeschränkte Information, in einem prozessualen Modell zusammen (vgl. HAAS/FLEISCHMANN 1986, S. 304 ff.; 1991, S. 17).

Standortentscheidungen werden demnach durch Stressfaktoren, die auf ein Unternehmen einwirken, hervorgerufen. Diese stellen **Standortunzulänglichkeiten** unternehmerischen Handelns dar. Dabei lassen sich zwei Formen von Stressfaktoren unterscheiden: *Standortinterne Stressfaktoren,* die fehlende Expansionsmöglichkeiten, die Überalterung von Produktions-

Stressfaktoren

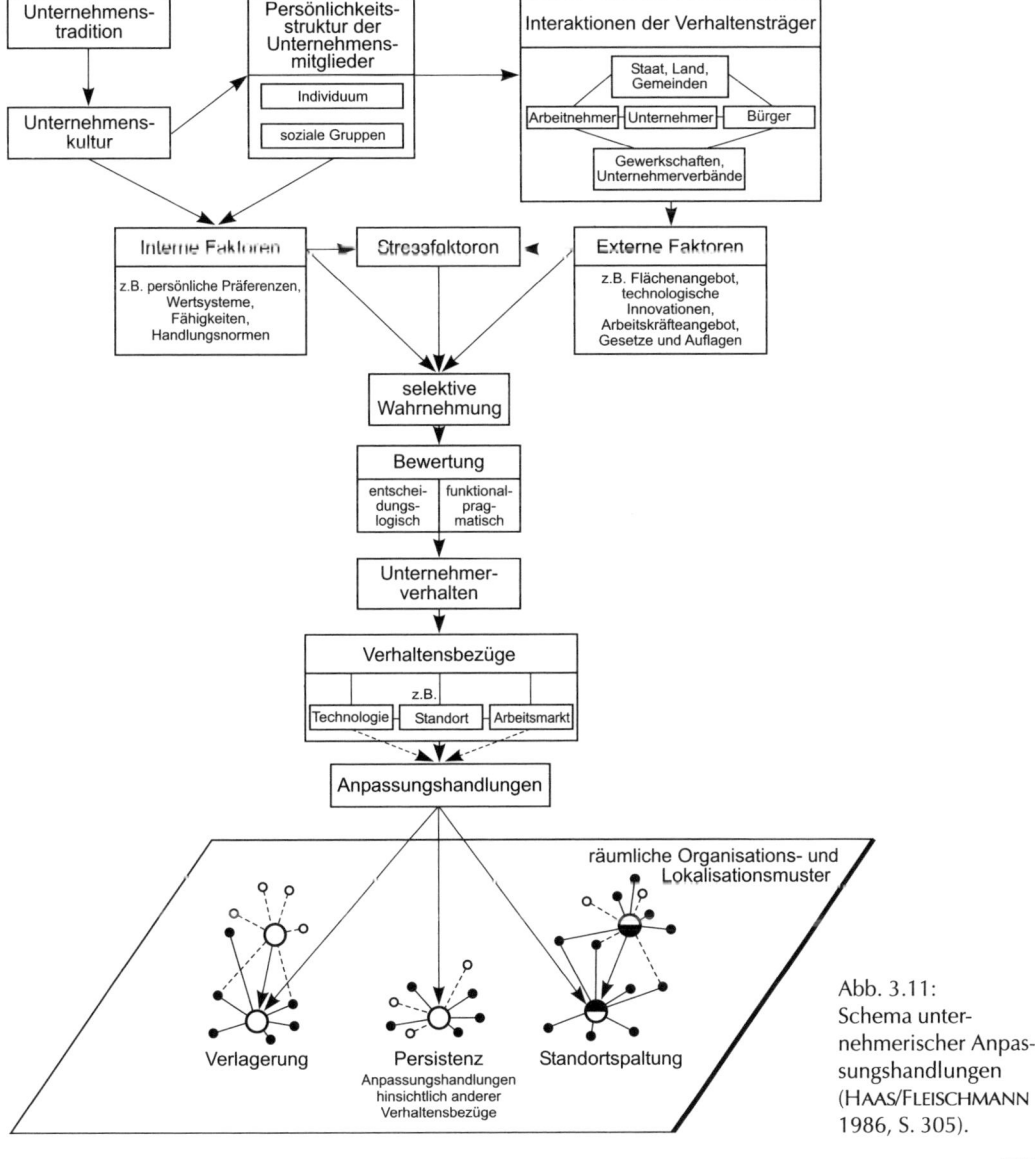

Abb. 3.11:
Schema unternehmerischer Anpassungshandlungen (HAAS/FLEISCHMANN 1986, S. 305).

53

anlagen, schlechte örtliche Verkehrverhältnisse und Umweltschutzauflagen sein können, und *standortexterne Stressfaktoren,* welche auf regionaler, nationaler und supranationaler Ebene auftreten. Beispiele sind Konjunktureinbrüche, technologische Umwälzungen oder die Konkurrenz neuer Wettbewerber auf dem Markt. Während sich interne Stressfaktoren von der Unternehmensleitung in einem gewissen Ausmaß beeinflussen lassen, ist dies bei externen Stressfaktoren kaum möglich.

Anpassungs-
handlungen

Stressfaktoren sind als Stimuli potenzieller unternehmerischer Anpassungshandlungen aufzufassen. Ihr Auftreten ruft eine Reaktion des betroffenen Unternehmens hervor. Das Spektrum dieser Reaktionen reicht von **standorterhaltenden Maßnahmen** bis hin zur **Standortverlagerung, Standortspaltung** und **Liquidation** eines Unternehmens. Der Umfang der selektiv wahrgenommenen Stressfaktoren und ihre Bewertung hängen von den persönlichen Präferenzen und Informationsverarbeitungskapazitäten des Entscheidungsträgers ab (vgl. Abb. 3.11, siehe S. 53). Wie auch im Modell von PRED wird der Mensch also nicht mehr als rational handelnder homo oeconomicus, sondern als „satisfizer" mit begrenzter Information betrachtet.

*Standort-
wahlverhalten*

Nach den verhaltenstheoretischen Ansätzen ist das Standortwahlverhalten von **charakteristischen Verhaltensmustern** geprägt. Dazu zählen die Prinzipien der Komplexitätsreduzierung, der Nähe und der Suchaufwandsminimierung. Darüber hinaus spielen räumliche, zeitliche und branchenspezifische Parameter eine Rolle.

Prinzip der Komplexitätsreduzierung

Das Prinzip der Komplexitätsreduzierung betrifft vor allem den geographischen **Maßstab einer Standortentscheidung.** Besonders bei größeren Unternehmen geht der Suchprozess mehrstufig, meist in drei Stufen, vor sich: Nach der Standortentscheidung für ein Land folgt die Entscheidung über eine bestimmte Region und letztlich die lokale Standortentscheidung (vgl. Kap. 2.1.4).

Prinzip der Nähe

Nach dem Prinzip der Nähe werden Standorte bevorzugt, die zum Wohnstandort oder zum alten Betriebsstandort nur geringe Entfernungen aufweisen. Entscheidungsträger verfügen mit ihren **„mental maps"** (vgl. Kap. 2.2.3) über Raumkenntnisse, deren Güte in der Regel mit der Entfernung rasch abnimmt. Wächst die Entfernung, so beschränken sich die Kenntnisse zunehmend auf wenige Gebiete, die durch persönliche Kontakte, Geschäftsbeziehungen oder durch die Medien dem Entscheidungsträger bekannt sind. Neugründungen werden demzufolge vorzugsweise in Wohnstandortnähe, Verlagerungen in das Umfeld des alten Betriebes vorgenommen, sofern z.B. bei der Erschließung neuer Märkte eine Standortgründung in einem weiter entfernten Umfeld, beispielsweise im Ausland, nicht zwingend geboten ist.

Prinzip der Suchaufwandsminimierung

Das Prinzip der Suchaufwandsminimierung bezieht sich insbesondere auf das Potenzial an **verfügbaren Informationen.** Unternehmen besitzen über nur wenige potenzielle Standorte ausreichend Informationen. Darauf basierend besteht eine subjektive Vorauswahl. Das weitere Sammeln und Bewerten von Standortinformationen ist zeitintensiv und verursacht zusätzliche Kosten. Aus diesem Grund reduziert sich die Zahl der potenziellen Standorte in einem weitaus größeren Maße, als dies aus objektiver Sicht geboten erscheint.

Die verhaltenswissenschaftlichen Standorttheorien zeigen den raumwirtschaftlichen Standorttheorien deutliche Grenzen auf, stoßen aber auch auf Gegenkritik: So ist es außerordentlich schwer, empirisch zu überprüfen, ob ein Unternehmer gewinnmaximierend oder suboptimal befriedigend handelt. In allen Lebensbereichen eine Befriedigung der Bedürfnisse anzustreben, kann auch als eine Form von Gewinnmaximierung betrachtet werden. Schließlich bieten diese Theorien keinen alternativen konzeptionellen Rahmen zu den klassischen Standorttheorien.

Kritik und
Würdigung

3.1.4 Dynamisch-zyklische Standorttheorien

Die sich mit einzel- und gesamtwirtschaftlichen Lokalisationsproblemen beschäftigenden Standorttheorien sind **statischer Natur.** Sie vernachlässigen den **Faktor Zeit** als dynamisches Element der Standortentwicklung. Dynamisch-zyklische Ansätze greifen eben diesen auf und erklären Standortverteilungen vor dem Hintergrund des technologischen Fortschritts in Form von **Produkt- und Prozessinnovationen.** Im Vordergrund steht an dieser Stelle die Raumentwicklung auf der **Mikroebene.** Eine makroökonomische Perspektive, die auf den strukturellen Wandel im internationalen Kontext zielt, wird mit der Theorie der Langen Wellen in Kap. 4.1.2 thematisiert.

Produktlebenszyklustheorie

Die Produktlebenszyklustheorie wurde 1966 von RAYMOND VERNON ursprünglich als **dynamischer Ansatz der Außenhandelstheorie** entwickelt, die wirtschaftsgeographische Forschung hat sich den Ansatz aber insofern zunutze gemacht, als durch ihn eine Dynamisierung einzelwirtschaftlicher Standorttheorien ermöglicht wurde. Die Produktlebenszyklushypothese leistet insbesondere einen Beitrag zur Erklärung internationaler und interregionaler Arbeitsteilung.

Produktlebenszyklus

Die Grundaussage der Produktlebenszyklustheorie lautet, dass ein Produkt einen **phasenhaften Alterungsprozess** durchläuft. In jeder der Phasen existieren charakteristische Merkmale hinsichtlich der Faktorstruktur, des Wettbewerbs, der Marktstruktur etc. Jede Phase weist spezifische Standortanforderungen auf, so dass die Bedeutung einzelner Standortfaktoren im Zeitablauf variiert und es zu Standortverlagerungen kommt (Abb. 3.12, S. 56).

In der Innovationsphase erfolgen Entwicklung, Produktion und Markteinführung eines neuen, innovativen und wenig standardisierten Produktes. Ein hoher Koordinations- und Kommunikationsbedarf, unsichere Kundenpräferenzen, der Bedarf hoch qualifizierter Mitarbeiter, die Möglichkeit der kurzzeitigen Nutzung der Quasi-Monopolstellung aufgrund fehlenden Wettbewerbs und die noch untergeordnete Rolle von Kostengesichtspunkten lassen einen Standort in **Marktnähe,** d.h. im **Heimatland,** opportun erscheinen.

Innovationsphase

In der Wachstums-/Reifephase erfolgen die Durchdringung des Heimatmarktes und die Erschließung zusätzlicher Märkte im Ausland, die nach anfänglichem Export auch über Produktionsstätten vor Ort versorgt werden. Möglich wird dies durch die fortschreitende Standardisierung und die

Wachstums-/
Reifephase

55

effiziente Gestaltung der Produktionsprozesse. Die zunehmende Bedeutung von Produktions- und Arbeitskosten bedingt eine **Standortverlagerung** weg aus den industriellen Zentren hin in **Wachstumsperipherien.**

Schrumpfungsphase   Die Schrumpfungsphase ist durch den geringen Flexibilitätsbedarf der Produktion geprägt, da die Produkte kaum noch differenziert und die Produktionsprozesse weitgehend standardisiert sind. Aufgrund der hohen Markttransparenz und Preiselastizität der Nachfrage rückt die Höhe der Produktionskosten gegenüber dem Aspekt der Marktnähe als Entscheidungskriterium für die Standortwahl und als Wettbewerbsfaktor endgültig in den Vordergrund. Durch die Nutzung von Skalenvorteilen durch Massenproduktion weitet sich die Produktion auf **Peripherien bzw. Entwicklungsländer** aus, die in puncto Arbeitskosten komparative Wettbewerbsvorteile gegenüber den Industrieländern aufweisen. Der Bedarf des Heimatlandes wird dagegen zunehmend durch Importe gedeckt.

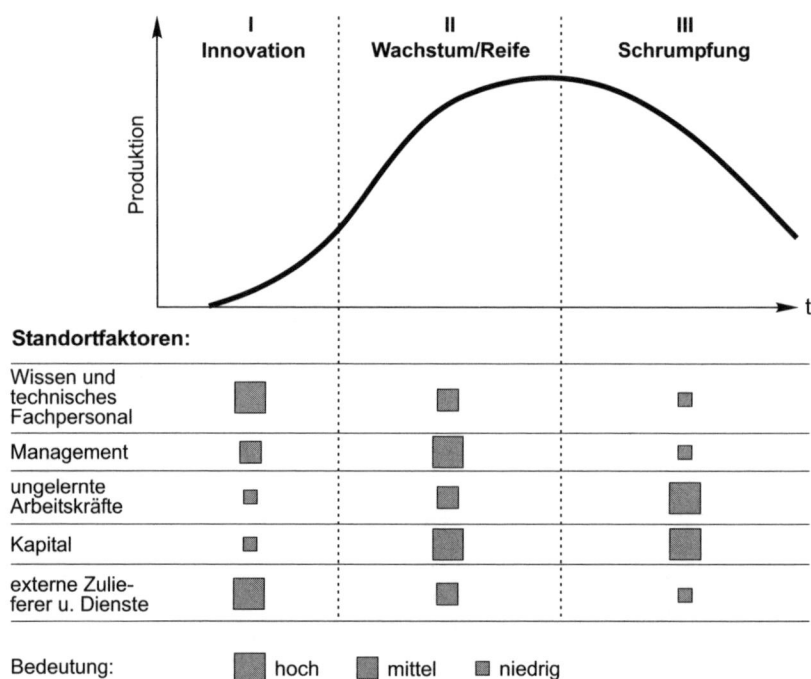

Abb. 3.12:
Produktlebenszyklus
und Bedeutung von
Standortfaktoren
(NUHN 1985,
S. 189f., verändert).

Im Laufe des Lebenszyklus besteht eine Tendenz zur intraregionalen, interregionalen und schließlich internationalen **Dezentralisierung und/oder Verlagerung der Produktion.**

Kritik   Die Produktlebenszyklustheorie ist einer Reihe von Kritikpunkten ausgesetzt (vgl. STERNBERG 1995, S. 33; TICHY 1991, S. 46ff.; HESS 1998, S. 76): Nicht alle Güter unterliegen einem regionalen Produktlebenszyklus, so dass es zu keinen Standortverlagerungen kommt: Die Produktion von **RI-CARDO-Gütern** ist an die Fundorte von Rohstoffen gebunden (Rohstofforientierung); **LÖSCH-Güter** werden nur für den lokalen Markt produziert, weshalb ihr Produktionsstandort im näheren Agglomerationsraum liegt (Marktorientierung); zur Produktion von THÜNEN-Gütern sind die Güter ausgewählter Zulieferer und spezifische Dienstleistungen erforderlich, die nur in urban-industriellen Zentren verfügbar sind („high-skill"-Orientierung).

Der den Hypothesen zugrunde liegende **Produktbegriff** ist nicht eindeutig definiert. Damit bleibt unklar, ab welchem Zeitpunkt ein neues Produkt vorliegt bzw. bis wann es sich um Produktmodifikationen handelt. Auch produzieren Unternehmen an ihren Standorten meistens mehrere Produkte aus **unterschiedlichen Lebenszyklusphasen,** weshalb eine Standortverlagerung nicht klar mit der Lebenszyklusentwicklung eines einzigen Produktes zu erklären ist. Der **technologische Determinismus** vernachlässigt die Möglichkeiten flexibler Produktion und die Bedeutung der Kleinserienfertigung.

Die Standortwahl in Agglomerationsräumen während der Innovationsphase lässt sich durch die Produktlebenszyklushypothese nicht erklären. Es gibt keine Begründung, warum bestimmte Räume neue Produkte bzw. Branchen generieren, andere aber nicht. Auch laufen Standortverlagerungen in der Realität nicht so mechanisch ab, wie es in der Theorie postuliert wird. In den urban-industriellen Zentren versuchen Gewerkschaften und Politik, eine Standort- und damit Arbeitsplatzverlagerung zu verhindern; in den Peripherien müssen zur Aufnahme der Produktion reifer Produkte innovative Unternehmer vorhanden sein.

Unberücksichtigt bleibt schließlich die durch erfolgreiche Prozessinnovationen bestehende **Möglichkeit der Rückverlagerung** des Produktionsstandortes aus der Peripherie in die industriellen Zentren.

Profitzyklustheorie

Neben dem Produktlebenszyklus existiert auch ein Profitzyklus. Die Gewinne, welche das entscheidende Motiv unternehmerischen Handelns darstellen, unterliegen wie das Produkt einer phasenhaften, zyklischen Entwicklung. An die Stelle einer zyklischen Entwicklung der Nachfrage tritt beim Konzept des Profitzyklus eine **Abfolge von fünf verschiedenen Gewinnphasen** (vgl. Abb. 3.13, S. 58) mit einem jeweils unterschiedlichen, daraus resultierenden räumlichen Verhalten der Akteure (vgl. MARKUSEN 1985, S. 27 ff.).

In der Null-Profit-Phase dominieren Forschung und Entwicklung sowie die Herstellung von Prototypen eines Produktes. Gewinne lassen sich aufgrund der hohen Einstandskosten und zunächst sehr geringer Nachfrage nicht erzielen. Der entstehende Sektor ist zunächst **räumlich stark konzentriert,** es existieren nur **wenige Regionen,** in denen sich die Branche entwickelt.

Ist die Entwicklung des Produktes abgeschlossen, beginnt eine Phase dynamischen Wachstums, in der die Gewinne der Hersteller aufgrund temporärer Monopolstellung überdurchschnittlich hoch liegen. Dieses Stadium wird als Super-Profit-Phase bezeichnet. Durch Patentschutz und das Fehlen potenzieller Wettbewerber können hohe Preise für das neue Produkt erzielt werden, die deutlich über den Herstellungskosten liegen. Im Laufe der Zeit sinken die Stückkosten weiter, durch den Markteintritt von Konkurrenten und einen damit verbundenen Preisrückgang sinken jedoch auch die Erträge je produzierte Einheit. Aus räumlicher Sicht kommt es in

Profitzyklen

Null-Profit-Phase

Super-Profit-Phase

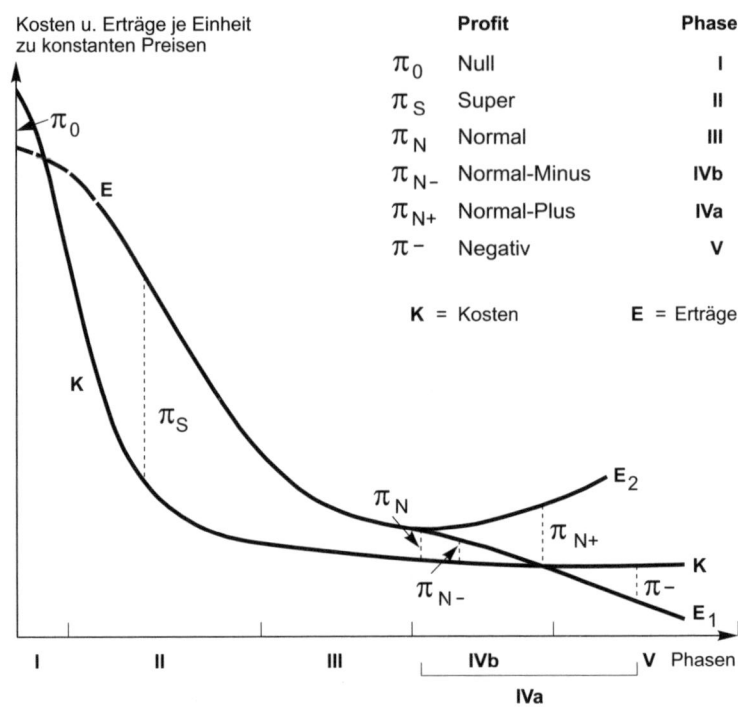

Abb. 3.13:
Das Konzept des
Profitzyklus
(MARKUSEN 1985,
S. 28, verändert).

dieser Phase überdurchschnittlicher Gewinne zu einer **Agglomeration** von Herstellern und ihren Zulieferern in den **Kernregionen** der neuen Branche, da die nach wie vor hohen Innovationsaktivitäten durch räumliche Nähe begünstigt werden.

Normal-Profit-Phase   In der Normal-Profit-Phase werden von den Unternehmen durchschnittliche Gewinne erzielt, der Markt zeigt Sättigungserscheinungen. Die Massenproduktion des Gutes ist nun ausgereift, Kostenreduktion und Preiswettbewerb spielen eine wichtige Rolle. Innerhalb der Branche dominieren inzwischen Mehrbetriebsunternehmen, deren Größe „economies of scale" (interne Ersparnisse) gewährleistet. Neben den Kernregionen werden **Peripherien** erschlossen, die Branche weist ein **disperses Standortmuster** auf.

Normal-minus- und
Normal-plus-Profit-
Phase   Das vierte Stadium eines Profitzyklus beinhaltet zwei unterschiedliche Entwicklungsmöglichkeiten bezüglich der Unternehmensgewinne. Bleibt trotz sinkender Nachfrage ein starker Wettbewerb zwischen den Herstellern bestehen, können die Erlöse bis unter die Kostendeckungsgrenze sinken (Normal-minus-Profit-Phase). Um dem entgegenzuwirken, kommt es in vielen Wirtschaftszweigen zur Oligopolbildung, wodurch auf der Basis von Marktbeherrschung höhere Gewinne erzielt werden können, als es in dieser Phase zu erwarten ist (Normal-plus-Profit-Phase). Da der Markt aber schon stark gesättigt ist, erfolgt üblicherweise keine Kapazitätsausweitung innerhalb des Sektors, sondern die durch Oligopolbildung erzielten Gewinne werden in anderen Branchen, in Maßnahmen vertikaler Integration oder in Finanzmärkte reinvestiert.

Negativ-Profit-Phase   Die Negativ-Profit-Phase als letzte Phase eines Profitzyklus schließlich ist durch anhaltende Verluste gekennzeichnet. Betriebsschließungen und

Liquidationen sind die Folge, viele Standorte werden aufgegeben oder die Produktion wird in **Billiglohnländer** verlagert.

Fasst man die wichtigsten wettbewerbsrelevanten Veränderungen im Zeitablauf zusammen, so ist nach dem Modell des Profitzyklus davon auszugehen, dass die Unternehmensgröße im Laufe der Zeit ebenso wie das Ausmaß vertikaler Integration zunimmt. Die Unternehmenskonzentration wächst stark an, so dass in einer reifen Branche nur mehr wenige Anbieter ein Oligopol bilden. Sie weisen ein dezentrales, häufig international ausgerichtetes Standortmuster auf.

Sowohl die Produktlebenszyklustheorie als auch das Modell der Profitzyklen werden als **teleologische Ansätze** bezeichnet, d.h. sie gehen a priori von einem festgelegten Endzustand aus, den Produkte und Branchen im Laufe ihrer Lebenszyklen erreichen. Die Struktur und das Standortmuster von Unternehmen werden nicht kausal, sondern allein aus ihrer zeitlichen Stellung im Alterungsprozess heraus erklärt.

Kritik und Würdigung

Trotz der angeführten Kritik sind beide Theorien für die Analyse der Standortkonfiguration vor allem international tätiger Unternehmen insofern geeignet, als damit Erklärungsbeiträge z. B. für die Standortmuster von Forschungs- und Entwicklungszentren der betreffenden Firmen oder Branchen und die Verlagerung standardisierter, wertschöpfungsextensiver Produkte in Länder mit geringeren Arbeitskosten, wie z. B. die Transformationsländer Mittel- und Osteuropas, zur Verfügung gestellt werden. Die Profitzyklustheorie erlaubt es darüber hinaus, das Phänomen industrieller Konzentration in bestimmten Branchen aus dem Reifeprozess und der Marktstruktur des betreffenden Wirtschaftszweiges heraus zu erklären.

3.2 Regionale Wachstums- und Entwicklungstheorien

Das Ziel regionaler Wachstums- und Entwicklungstheorien ist, regionale Disparitäten in der sozioökonomischen Entwicklung und ihre Dynamik aufzuzeigen und zu erklären. Unter regionalen Disparitäten versteht man die auf unausgewogene Raumstrukturen und Raumungleichgewichte zurückzuführenden **Ungleichheiten regionaler Lebensbedingungen.** Sie können als das räumliche Ergebnis sozialer Disparitäten verstanden werden. Regionale Disparitäten treten in Form von Wohlfahrtsunterschieden, der unterschiedlichen Ausstattung eines Raums mit Arbeitsplätzen, Infrastruktur und Dienstleistungen, regionalen Unterschieden in der Erwerbsstruktur sowie allgemein der räumlich differierenden Art und Konzentration ökonomischer Aktivitäten auf. Derartige Unterschiede, die auch als **Zentrum-Peripherie-Gegensätze** bezeichnet werden, zeigen sich auf allen Maßstabsebenen: *Regional* (z. B. als Stadt-Umland-Gegensätze), *subnational* (z. B. in Form eines Nord-Süd- bzw. Ost-West-Gefälles innerhalb eines Landes), *national* (z. B. innerhalb eines regionalen Integrationssystems wie der Europäischen Union) oder *international* (z. B. als Gegensatz zwischen Industrie- und Entwicklungsländern).

Regionale Disparitäten

3.2.1 Neoklassische und postkeynesianische Theorie

Gleichgewichts-
zustand

Die Grundaussage der neoklassischen Theorie ist, dass jegliche Störung eines bestehenden Gleichgewichtszustandes als Gegenreaktion Kräfte hervorruft, die in Richtung auf ein neues **Gleichgewicht des Systems** hinwirken. Kommt es in einer Wirtschaft zu Knappheiten, sind Preisunterschiede die Folge. Diese signalisieren die Möglichkeiten für die Tätigung von Investitionen, die lukrative Verlagerung von Produktionsfaktoren oder profitbringenden Handel. Die Wirtschaftssubjekte reagieren auf diese Preisdisparitäten so lange, bis diese und die sie hervorrufenden Knappheiten wieder ausgeglichen sind. Der Marktmechanismus sorgt für eine **Angleichung regionaler Disparitäten** sowohl des Pro-Kopf-Einkommens als auch der Faktorentgelte wie Löhne, Zinsen, Gewinne etc. (vgl. MAIER et al. 2006, S. 55; SCHÄTZL 1983, S. 323).

Die neoklassische Theorie geht von mehreren **Grundannahmen** aus. Hierzu gehören Gewinn- bzw. Nutzenmaximierung der handelnden Akteure, vollständige Konkurrenz, uneingeschränkte Information, die Homogenität der Produktionsfaktoren und deren Entlohnung entsprechend ihrem Grenzprodukt.

Zwei-Regionen-
Modell

In einem Zwei-Regionen-Modell werden in beiden Regionen unter gleichen technischen Bedingungen mit den Faktoren Arbeit und Kapital dieselben Produkte hergestellt. In der Region R_A, in der vergleichsweise mehr Arbeitskräfte verfügbar sind, ist das Lohnniveau niedriger als in der Region R_K, in der dafür das Kapitalangebot größer und somit das Zinsniveau geringer ist. Das unterschiedliche Lohnniveau induziert so lange eine Arbeitskräftewanderung von R_A nach R_K, bis die Löhne in beiden Regionen gleich sind und ein Gleichgewicht erreicht ist. Der umgekehrte Fall gilt für den Faktor Kapital. Man sagt, die Faktorpreisunterschiede gleichen sich durch **Faktorwanderungen** an.

Sofern den Produktionsfaktoren Immobilität unterstellt wird, erfolgt der Ausgleich über den Handel (**Faktorproportionentheorem).** In R_A, das sich auf die Produktion und den Handel mit arbeitsintensiven Produkten spezialisiert, kommt es zu einer immer intensiveren Nutzung und damit Verteuerung des Faktors Arbeit gegenüber dem Kapital. Umgekehrt verhält es sich in R_K mit dem vormals relativ billigeren Faktor Kapital. Ohne Faktorwanderungen bewegen sich in beiden Regionen die Faktorpreise aufeinander zu.

Kritik

In der Realität weisen regionale Disparitäten oft eine erstaunliche **Persistenz** auf. Immobilitäten, natürliche und institutionelle Barrieren (Normen, Gesetze, Verhaltensweisen etc.) stehen einem interregionalen Ausgleich häufig im Wege. Kritik richtet sich auch auf die **restriktiven Grundannahmen.** In der Realität existiert praktisch keine vollständige Konkurrenz. Die Produktionsfaktoren sind aufgrund von Qualitätsunterschieden häufig inhomogen. Die Annahme vollständiger Information und somit der Sicherheit ist ebenso realitätsfern. Stattdessen ist häufig ein Unsicherheit stiftendes opportunistisches Verhalten der Akteure festzustellen. Schließlich ignoriert die Neoklassik weitgehend den technologischen Fortschritt (vgl. BATHELT/GLÜCKLER 2002, S. 69).

Die neoklassische Theorie betrachtet die räumliche Dimension als statische Rahmenbedingung und degradiert sie damit quasi zu einer „Nebensache". Da der Marktmechanismus stets zum Ausgleich neigt, werden regionale Disparitäten als ein Problem behandelt, das sich – von politisch zu überwindenden Friktionen im Sinne eines partiellen Marktversagens abgesehen – von selbst löst. Dennoch verdienen die neoklassischen Theorien eine gewisse Beachtung. Zum einen weisen sie gegenüber anderen Theorien, insbesondere den Polarisationstheorien (s. Kap. 3.2.2), eine **systematische Geschlossenheit** auf. Zum anderen wurde die Regionalpolitik vieler marktwirtschaftlich orientierter Länder durch die Neoklassik indoktriniert (vgl. Buttler et al. 1977, S. 59; Schätzl 1983, S. 323).

Im Gegensatz zur angebotsorientierten Neoklassik ist die postkeynesianische Theorie **nachfrageorientiert.** Als entscheidende Determinante des wirtschaftlichen Wachstums wird die Investitionstätigkeit erachtet. Die räumlich unterschiedliche Verteilung von Investitionen führt zu folgenden Gebietskategorien (vgl. Heineberg 2003, S. 105):

Postkeynesianische Theorie

- **Wachstumsgebiete:** Konsequente Zunahme von Investitionen, überdurchschnittlich hohe Wachstumsraten des Volkseinkommens, rege Exporttätigkeit;
- **Entleerungsgebiete:** Rückläufiges industrielles Investitionsvolumen, wirtschaftlicher Schrumpfungsprozess mit Verkrustungstendenzen, selektive Abwanderung von Arbeitskräften;
- **Stagnationsgebiete:** Verharren im erreichten Entwicklungszustand.

3.2.2 Polarisationstheorien

Die Polarisationstheorien setzen an der Kritik der neoklassischen Gleichgewichtstheorien an. Sie stellen aber keineswegs eine in sich geschlossene, konsistente Gegenposition dar, sondern sind vielmehr ein Sammelbecken für gegenüber der Neoklassik kontradiktorische, aus empirischen Beobachtungen gewonnene Theoreme, die zeitlich teilweise sogar unabhängig voneinander konzipiert wurden. Sie betonen das Vorhandensein und die Persistenz regionaler Disparitäten.

In den Polarisationstheorien löst die Störung eines vorhandenen Gleichgewichtszustandes unter marktwirtschaftlichen Bedingungen einen zirkulär verursachten Wachstums- bzw. Schrumpfungsprozess aus, welcher das räumliche Ungleichgewicht verschärft.

Die Polarisationstheorien rücken von den restriktiven **Annahmen** der Neoklassik ab und unterstellen z.B. monopolistische oder oligopolistische Marktstrukturen, partielle Immobilität der Produktionsfaktoren sowie interregionale Unterschiede interner Wachstumsdeterminanten (verschiedene Faktorausstattungen, Investitions- und Konsumfunktionen).

Die Polarisationstheorien lassen sich in Ansätze der sektoralen und der regionalen Polarisation sowie in Zentrum-Peripherie-Ansätze (s. u.) unterteilen (vgl. im Folgenden Schätzl 1983, S. 323 ff.; Bathelt/Glückler 2002, S. 70 ff.; Buttler et al. 1977, S. 87 ff.).

Sektorale Polarisation

Wachstumspole
nach Perroux

Das auf FRANÇOIS PERROUX (1955) zurückgehende Konzept der **sektoralen Polarisation** nimmt ein sektoral ungleichgewichtig verlaufendes Wirtschaftswachstum an. Demnach wachsen bestimmte industrielle Wirtschaftssektoren schneller als andere. PERROUX bezeichnet diese als **motorische Einheiten** (unités motrices). Sie zeichnen sich durch eine bedeutende Größe, ein überdurchschnittlich hohes Wachstum sowie eine intensive Verflechtung mit anderen Wirtschaftssektoren aus. Auf letztere üben die motorischen Einheiten **Anstoß- und Bremseffekte** aus, welche deren Wirtschaftswachstum positiv oder negativ beeinflussen. Die sektorale Polarisation wird dadurch verstärkt.

PERROUX's Konzept fand Einzug in die regionale Planungspolitik Frankreichs, Italiens und Spaniens. Die angenommenen Polarisationseffekte sind jedoch nur sektoraler Art, die räumliche Dimension bleibt ausgeklammert.

Regionale Polarisation

Polarisationskonzept
nach Myrdal

Als Begründer des regionalen Polarisationskonzepts gilt GUNNAR MYRDAL (1957). Er stellt dem neoklassischen Ausgleichsmechanismus die Hypothese der zirkulären Verursachung eines kumulativen sozioökonomischen Prozesses entgegen, welche der Erklärung wirtschaftlicher Entwicklung oder Unterentwicklung dient. Die Variablen einer regionalen Wirtschaft stehen dergestalt miteinander in Verbindung, dass die positive bzw. negative Entwicklung einer Variablen eine analoge Veränderung bei einer anderen Variablen auslöst und ein Rückkopplungsmechanismus dafür sorgt, dass sich die Intensität der ersten Veränderung verstärkt, wodurch ein kumulativer Prozess einsetzt.

MYRDAL erläutert eine (negative) regionale Polarisation an folgendem Beispiel: In einer Gemeinde brennt eine Fabrik ab; man baut sie am selben Standort jedoch nicht wieder auf. In der Folge dieses **negativen Zufallsereignisses** werden die Beschäftigten der Fabrik arbeitslos, ihr Einkommen und damit ihre Nachfrage nach Gütern und Dienstleistungen zur lokalen Bedürfnisbefriedigung sinken. Auch in anderen Bereichen der regionalen Wirtschaft kommt es zu Entlassungen und als nächste Folge zur Abwanderung von Arbeitskräften und Unternehmen. Der Gemeinde gehen damit Steuereinnahmen verloren. Zur Erfüllung öffentlicher Aufgaben werden die Steuern erhöht, was weitere Unternehmen zur Abwanderung veranlasst. Wieder werden Einkommen vernichtet, Nachfrage und Steuern gehen weiter zurück. Ein **kumulativer Prozess** zirkulärer Verursachung ist in Gang gesetzt.

Nach MYRDAL kommt es zu einer räumlichen Differenzierung in schrumpfende und – unter der Voraussetzung, dass obige Fabrik in einer anderen Region wieder aufgebaut wird und dort einen umgekehrt positiven Kumulationsprozess auslöst – wachsende Gebiete. Dabei sind zwei Effekte zu unterscheiden: **Zentripetale Entzugseffekte** („backwash effects") beeinflussen, z.B. durch das Abwandern von Arbeitskräften, das wirtschaftliche Wachstum negativ. **Zentrifugale Ausbreitungseffekte** („spread effects") üben, z.B. durch Technologie- und Wissenstransfers, einen positiven Einfluss auf das Wirtschaftswachstum aus. Insgesamt besteht eine beharrliche **Tendenz zu regionalen Ungleichgewichten,** die umso stärker sind, je ärmer die zu betrachtende Region ist. Die Theorie erklärt die Verursachung des Kumulationsprozesses allerdings hauptsächlich durch externe Zufallsereignisse, regionsinterne Determinanten werden vernachlässigt.

ALBERT HIRSCHMAN (1958) vertritt sowohl sektorale als auch regionale Polarisationshypothesen, welche etliche Gemeinsamkeiten mit denen von PERROUX und MYRDAL aufweisen. Er geht von einem Zwei-Regionen-Modell mit einer wachsenden Nordregion und einer in der Entwicklung verharrenden Südregion aus. Die Nordregion übt auf die Südregion gleichzeitig negative **Polarisationseffekte** („polarization effects") und positive **Sickereffekte** („trickling down effects") aus – ein Begriffspaar, das mit den Ausbreitungs- und Entzugseffekten MYRDALS vergleichbar ist. Die in der Nordregion ansässigen Unternehmen investieren ihre erwirtschafteten Gewinne ausschließlich im Norden, was das regionale Ungleichgewicht verstetigt. Anders als MYRDAL nimmt HIRSCHMAN jedoch an, dass politische und ökonomische Gegenkräfte langfristig auf den Abbau der interregionalen Disparitäten hinwirken.

Polarisationskonzept nach Hirschman

Zentrum-Peripherie-Modelle

Zentrum-Peripherie-Modelle machen sich polarisationstheoretische Argumentationen zu Eigen, verfügen aber über eine eigenständige konzeptio-

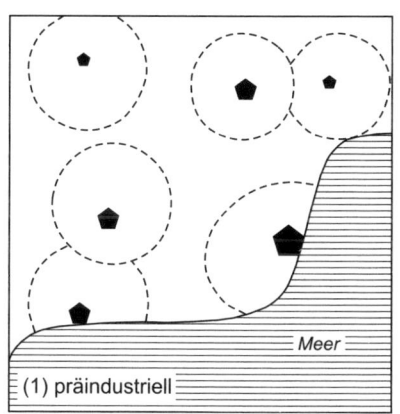

(1) präindustriell

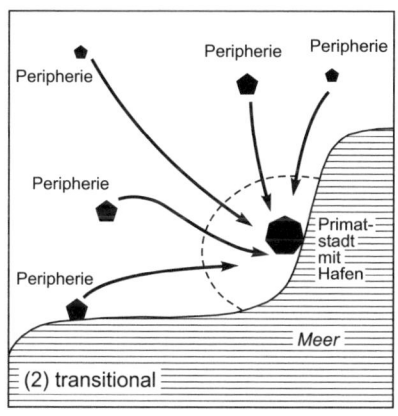

(2) transitional

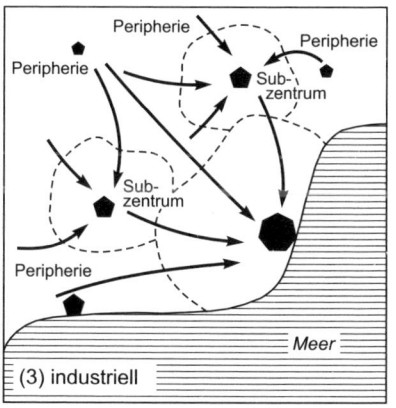

(3) industriell

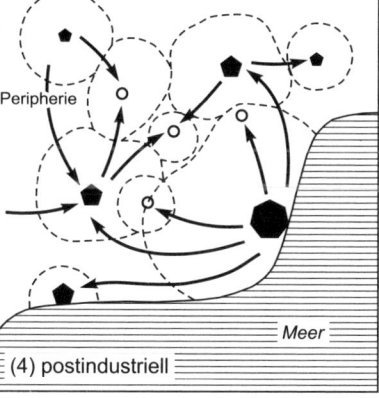

(4) postindustriell

Abb. 3.14: Raumstrukturen im Zentrum-Peripherie-Modell nach FRIEDMANN (WAGNER 1998, S. 147, verändert).

nelle Grundlage und können auch den Entwicklungstheorien, insbesondere den Dependenztheorien (vgl. Kap. 3.2.5), zugeordnet werden.

Eines der bedeutendsten Zentrum-Peripherie-Modelle stammt von JOHN FRIEDMANN (1966). Seinen Überlegungen zufolge vollzieht sich während des wirtschaftlichen Entwicklungsprozesses der **Wandel der räumlichen Organisation einer Regionalwirtschaft** in Richtung auf eine **evolutionäre Höherentwicklung** in vier Phasen mit jeweils spezifischer Raumstruktur (vgl. Abb. 3.14, siehe S. 63).

In der **präindustriellen Phase** herrscht eine stabile Struktur innerhalb eines isolierten Wirtschaftsraumes ohne markante Zentrum-Peripherie-Gegensätze vor. Dispers verteilte unabhängige Siedlungen mit limitiertem Hinterland weisen niedrige Wachstumsraten und schwach ausgeprägte gegenseitige Austauschbeziehungen auf.

Mit der **einsetzenden Industrialisierung (transitionale Phase)** bildet sich ein urbaner Verdichtungsraum heraus, der als dominierendes Zentrum das Wirtschaftswachstum der übrigen Siedlungen überflügelt. Diese sog. Primatstadt absorbiert Produktionsfaktoren (Arbeitskräfte, Kapital, Rohstoffe) aus dem Hinterland. Es entstehen dort Stagnations- und Entleerungsgebiete, welche als Peripherien bezeichnet werden und das räumliche Gleichgewicht destabilisieren.

In der **industriellen Phase** erzwingen politische Gegenkräfte die Bildung von Subzentren. Dabei handelt es sich um periphere Siedlungen, welche Entwicklungsimpulse aus der Primatstadt erhalten, wo die zunehmende Verdichtung zu Agglomerationsnachteilen, vor allem Flächenmangel, führt. Es entsteht eine Multi-Kern-Struktur. Die Produktionsfaktoren wandern gleichzeitig in das ursprüngliche Zentrum und die neuen Subzentren ab, zwischen denen sich die Austauschbeziehungen verstärken. Da noch nicht alle peripheren Gebiete in die Regionalwirtschaft integriert sind, besteht das räumliche Ungleichgewicht fort.

Das anhaltende Wirtschaftswachstum führt in der **postindustriellen Phase** zur Formung eines differenzierten hierarchischen Zentrengefüges, innerhalb dessen die regionalen Disparitäten sukzessive abgebaut werden, wodurch sich ein neuer Gleichgewichtszustand einstellt.

Zu beachten ist, dass eine für das Zentrum einseitige Vorteilslage in der Peripherie Widerstände auslösen kann, die sich unterschiedlich, z. B. durch gewaltsame Unterdrückung, Ablösung der Elite im Zentrum oder eine paritätische Machtverteilung, brechen lassen.

Ähnlichkeiten zum Ansatz von FRIEDMANN weist die Polarization-Reversal-Hypothese von HARRY W. RICHARDSON (1980) auf. Sie besagt, dass der Verdichtungsprozess in der nationalen Entwicklung zunächst in einer oder nur wenigen Regionen beginnt. Die Entstehung von Agglomerationsvorteilen in Verbindung mit dem Zustrom von Produktionspotenzial setzt einen **kumulativen Wachstumsprozess** in Gang und führt im Raum zur Bildung einer **Zentrum-Peripherie-Struktur.** Im weiteren Entwicklungsverlauf entstehen im Zentrum aber Agglomerationsnachteile. Sie führen zur Erhöhung der Produktionskosten und machen eine Auslagerung bestehender bzw. eine Ansiedlung neuer Betriebe in hierarchisch nachgeordneten Zentren im weiteren Umfeld des Hauptzentrums rentabel. Eine **intraregionale Dezentralisierung der Zentralregion** ist die Folge. In einer weiteren Entwick-

Zentrum-Peripherie-Modell von Friedmann

Polarization-Reversal-Hypothese

lungsphase beginnt eine interregionale Dezentralisierung mit der **Entstehung nationaler Subzentren.** Während sich in der Zentralregion die Agglomerationsnachteile verschärfen, entstehen an ausgewählten Orten der Peripherie Bedingungen, die einen **eigendynamischen Wachstumsprozess** ermöglichen. Schließlich wiederholt sich auch im Einzugsbereich dieser neuen Zentren ein Prozess der intraregionalen Dezentralisierung.

Kritik an den Polarisationstheorien

Als übergreifende Kritik an den Polarisationstheorien lässt sich festhalten, dass es sich dabei nicht um ein in sich geschlossenes Theoriegebäude, sondern vielmehr ein **Allerlei von Ansätzen** handelt, die nicht immer miteinander kompatibel sind. Teilweise bildet die Neoklassik, aus deren Kritik sich die Legitimation der Polarisationstheorien speist, sogar den Ausgangspunkt polarisationstheoretischer Gedankengänge, was **Widersprüchlichkeiten** bewirkt. Die Entstehung räumlicher Ungleichgewichte wird auf Rückkopplungseffekte zurückgeführt, nicht aber erklärt, weshalb diese nicht zu einem totalen Zusammenbruch eines regionalen Wirtschaftssystems führen könnten (vgl. Bathelt/Glückler 2002, S. 73).

3.2.3 Exportbasistheorie

Das Exportbasiskonzept nimmt an, dass die Wirtschaftsentwicklung einer Region von ihren **Exportaktivitäten** bzw. dem extraregionalen Exportpotenzial abhängt.

Die regionale Wirtschaft wird in zwei Sektoren unterteilt: Der **Exportsektor** („basic sector") stellt Güter und Dienstleistungen her, die aus dem regionalen Wirtschaftsraum exportiert werden und einen Einkommens- bzw. Kapitalzustrom von außen auslösen. Der **lokale Sektor** produziert dagegen

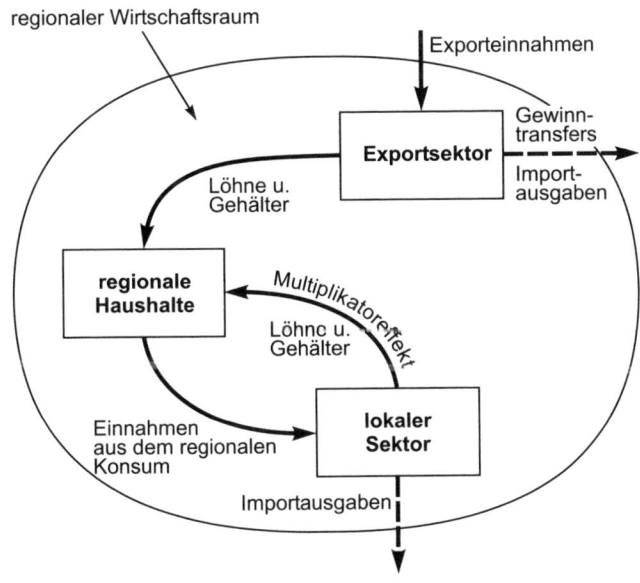

Abb. 3.15: Einkommenskreislauf und Multiplikatoreffekt im Exportbasismodell (eigene Darstellung).

65

Güter und Dienstleistungen, die für den Absatz und Konsum innerhalb des regionalen Wirtschaftsraums bestimmt sind.

Ein-Regionen-Modell

Ein Teil des durch die Exporttätigkeit in die Region geflossenen Einkommens fließt in Form von Gewinntransfers und Importausgaben wieder ab. Das in der Region verbleibende Einkommen geht an die Beschäftigten des Exportsektors, die lokale Güter und Dienstleistungen nachfragen. Das im lokalen Sektor erzielte Einkommen fließt größtenteils in Form von Löhnen und Gehältern wieder den regionalen Haushalten zu, deren Einkommensbestand damit weiter steigt. Dieser intraregionale Einkommenskreislauf ist als **Multiplikatoreffekt** zu verstehen (vgl. Abb. 3.15, siehe S. 65). Die Entwicklung der regionalen Wirtschaft hängt damit vom **nachfragebedingten Wachstum des Exportsektors** ab, das den lokalen Sektor stimuliert und über Multiplikatoreffekte das Wachstum der regionalen Wirtschaft ankurbelt (vgl. Krätke 1995a, S. 41 ff.; Maier et al. 2006, S. 33 ff.).

Kritik

Als problematisch gestaltet sich die Aufspaltung der regionalen Wirtschaft in einen Export- und einen lokalen Sektor. Ein Großteil der regionalen Wirtschaftseinheiten produziert sowohl für den regionsinternen als auch regionsexternen Bedarf. Kritisch zu hinterfragen ist auch, warum der Exportsektor für die Entwicklung der regionalen Wirtschaft prinzipiell bedeutender sein soll als der lokale Sektor. Schließlich ist anzunehmen, dass die wirtschaftliche Entwicklung nur durch die regionsexterne Nachfrage und die dadurch ausgelöste interregionale Arbeitsteilung, nicht aber durch regionsinterne Wachstumsdeterminanten wie z. B. lokale Investitionen, Staatsausgaben, technischer Fortschritt etc. bestimmt wird. Dennoch weist die Theorie, insbesondere für kleinere Regionen, einen gewissen Erklärungswert hinsichtlich des wirtschaftlichen Wachstums auf und kann der Regionalpolitik als Entscheidungshilfe dienen.

3.2.4 Ansätze der „geographical economics"

Neue Wachstums- und Außenhandelstheorie

In den volkswirtschaftlichen Modellen der Neoklassik (vgl. Kap. 3.2.1) bleiben räumliche Aspekte weitgehend unberücksichtigt. Beispielsweise können Agglomerationsräume gar nicht erst entstehen, da konstante Skalenerträge keine Vorteile durch Ballung der Produktion erlauben. Da es keine Transportkosten gibt, spielt die räumliche Nähe zu Beschaffungs- und Absatzmärkten keinerlei Rolle. Falls es räumliche Disparitäten ökonomischer Aktivitäten gibt, ist dies auf eine unterschiedliche „natürliche" Ressourcenausstattung der Standorte zurückzuführen (vgl. Heiduk 2005, S. 85).

Moderne Ansätze der Wachstums- und Außenhandelstheorie sind um die Überwindung dieser Defizite bemüht, indem sie realitätsnähere Annahmen (z. B. Konsumentenpräferenzen, steigende Skalenerträge, Existenz von Transportkosten) einführen. Zu diesen Ansätzen gehören vor allem die Arbeiten von Paul Krugman und der durch ihn inspirierten Schule (vgl. Krugman 1991, 1998; Amiti 1998; Fujita et al. 1999), die von ihren Begründern unglücklicher- und irreführenderweise als **„new economic geography"**, von der Wirtschaftsgeographie aber angebrachter als **„geographical economics"** bezeichnet werden (vgl. Kap. 2.2.2).

Die Arbeiten der Krugman-Schule sind darauf angelegt, unternehmerische Agglomerationsprozesse durch die **Kombination der Wirkung von steigenden Skalenerträgen und Transportkosten** zu erklären (vgl. MARTIN/SUNLEY 1996; MARTIN 1999). Den Ausgangspunkt für sämtliche Überlegungen bildet die Feststellung, dass wirtschaftliche Aktivitäten die Tendenz zu einer starken **räumlichen Ballung** aufweisen (vgl. im Folgenden BATHELT 2001, S. 108 ff.; BATHELT/GLÜCKLER 2002, S. 79 ff.; HEIDUK 2005, S. 86 ff.; MAIER/TÖDTLING 2006, S. 113 ff.).

Zu den unterstellten Annahmen gehören **steigende Skalenerträge** („economies of scale", „increasing returns"). Dies bedeutet, dass die durchschnittlichen betrieblichen Produktionskosten mit der produzierten Menge sinken. Die **Mobilität der Produktionsfaktoren** (Arbeit und Kapital) ist gegeben. Schließlich wird von der Existenz von **Transportkosten** ausgegangen.

Nach KRUGMANN (1991, Kap. I) konzentriert jeder Produzent aufgrund der erzielbaren Skalenerträge seine gesamte Produktion an einem Standort. Auch zur Einsparung von Transportkosten wird dieser Standort gewählt, da sich von dort aus ein großer Teil der regionalen Nachfrage befriedigen lässt. Da die Beschäftigten der betreffenden Firmen gleichzeitig auch die Abnehmer der Produkte sind, ist die Nachfrage an dem Ort am höchsten, wo die meisten Unternehmen ihren Standort haben. Der sich daraus ergebende Kreislauf sorgt dafür, dass eine existierende Unternehmenskonzentration an einem Standort fortbesteht oder sich weiter verstärkt, indem neue Unternehmen sich ebenfalls dort ansiedeln. Es entsteht somit ein **dynamischer industrieller Ballungsraum.**

Regionaler Ballungsprozess von Industrien

Durch Veränderung der unterstellten Modellannahmen kann nun untersucht werden, wann dieser Konzentrationsprozess stärker oder schwächer verläuft:

- Der Ballungsprozess entwickelt sich umso dynamischer, je bedeutender steigende Skalenerträge sind. Je höher der Fixkostenanteil einer Betriebseinheit ausfällt, umso eher ist das Bestreben gegeben, zur Begrenzung der Fixkosten die gesamte Produktion an einem Standort zu bündeln und die Kosten auf eine möglichst hohe Outputmenge umzulegen.
- Der Ballungsprozess ist umso intensiver, je weniger eine Industrie an einen fixen Fundort von Rohstoffen gebunden ist – eine These, die im Widerspruch zur traditionellen einzelwirtschaftlichen Standorttheorie (vgl. Kap. 3.1.1) steht. In dieser wird argumentiert, dass nicht an die Fundorte von Rohstoffen gebundene Industrien („footloose"-Industrien) über eine Standortwahlfreiheit mit der Konsequenz einer dispersen Verteilung von Standorten verfügen. Die Argumentation der „geographical economics" ist eine andere: Rohstoffgebundene Wirtschaftssektoren, wie z.B. die Montanindustrie, vermögen ihren Standort nicht in Richtung der Absatzorte zu verlagern, was dem Ballungsprozess natürliche Grenzen setzt. „Economies of scale" können nur bei Entfallen der Standortbindung voll wirken.
- Das Ausmaß räumlicher Ballung hängt von den Transportkosten ab. Diese entscheiden darüber, in welchem Ausmaß die unternehmerische Standortwahl Effekte jenseits der Ausstattung einer Region unterliegt. Sind die Transportkosten zu hoch oder zu niedrig, treten schnell Dispersionseffek-

te auf, da entweder sinkende Produktpreise auf dem lokalen Markt (hohe Transportkosten) oder möglicherweise steigende Faktorkosten (geringe Transportkosten) einer Agglomerationstendenz entgegenstehen. Tritt in einer derartigen Konstellation eine regionale Ungleichverteilung von Unternehmen auf, ist dies ausschließlich den Unterschieden in der regionalen Ausstattung geschuldet. Dies bedeutet im Umkehrschluss, dass geringe Veränderungen in der regionalen Faktorausstattung automatisch zu einer homogeneren Verteilung der Unternehmensstandorte im Raum führen, da nirgends überproportionale Vorteile durch die Standortwahl realisierbar sind.

Bewegen sich die Transportkosten dagegen im Mittelfeld, werden etwaige Agglomerationsnachteile kompensiert: Einerseits lassen sich räumlich entferntere Märkte profitabel bearbeiten, was den Konkurrenzdruck auf dem lokalen Markt abmildert. Andererseits beschert die Nähe zum Markt Vorteile, indem mögliche Faktorkostennachteile ausgeglichen werden können. Unter diesen Bedingungen können sich industrielle Ballungen entwickeln, deren Größenordnung über das Ausmaß hinausgeht, welches sich durch regionale Unterschiede in der Faktorausstattung erklären würde. Dabei können bereits kleinere interregionale Unterschiede weitaus größere Unterschiede in der räumlichen Verteilung der Industrie nach sich ziehen.

Die Voraussetzungen für räumliche Industrieballungen sind am ehesten bei mittleren Transportkosten gegeben. Das Wachstum solcher Agglomerationsräume hängt von der Profitabilität der von ihnen beherbergten Unternehmen im Vergleich zu regionsexternen Unternehmen ab.

Lokale Industriespezialisierungen Neben der Analyse industrieller Ballungsprozesse widmet sich KRUGMAN (1991) auch der Frage, warum Industrien an bestimmten Standorten oder in bestimmten Standortregionen starke Spezialisierungstendenzen aufweisen. Er bedient sich dabei der Arbeiten des britischen Ökonomen ALFRED MARSHALL (1920) über **Industriedistrikte** (vgl. Kap. 4.2.3). Drei Spezialisierungsursachen lassen sich anführen.

- Im Agglomerationsraum existiert ein **Pool spezialisierter Arbeitskräfte.** Dieser ermöglicht eine größere Reagibilität im Falle konjunktureller Schwankungen und zieht weitere, ähnlich qualifizierte Arbeitskräfte und Unternehmen mit entsprechender Arbeitskräftenachfrage an.
- Die Konzentration einzelner Industrien erfordert **spezifische Vor- und Zwischenprodukte.** Für spezialisierte Zulieferunternehmen, die ebenfalls „economies of scale" realisieren können, ist daher ein Ansiedlungsanreiz gegeben.
- Aufgrund der räumlichen Nähe lassen sich Informationen besser austauschen als über große Distanzen hinweg (vgl. Kap. 2.1.5). Die Wahrscheinlichkeit für **technische Spillover-Effekte** nimmt in einer von Alfred Marshall als industrielle Atmosphäre (vgl. Kap. 4.2.3) bezeichneten Konstellation zu.

Kritik und Würdigung Es ist das Verdienst der „geographical economics", räumliche Strukturen und Zusammenhänge seitens der Ökonomie aufgegriffen und thematisiert zu haben, was die Aufwertung der Wirtschaftsgeographie in der heutigen Zeit unterstreicht. Die „geographical economics" bilden ein **konsistentes Hypothesensystem,** das wegen der unterstellten Annahmen aber **kaum widerlegbar** und daher empirisch nur **schwer verifizierbar** ist.

Die „geographical economics" vermögen zwar zu erklären, wie es zu regionalen Konzentrations- und Spezialisierungsprozessen kommt. An welchen Orten dies jedoch geschieht, wird aus historischen, quasi-zufälligen und modellexogenen Ausgangsbedingungen abgeleitet. Der soziokulturelle Kontext ökonomischen Handelns im Raum und die Interaktionen zwischen den einzelnen Akteuren bleiben unbeleuchtet – ein Punkt, an dem die relationale Wirtschaftsgeographie ansetzt (vgl. Kap. 2.2.4).

Grundsätzlich zu hinterfragen ist schließlich, inwieweit die „geographical economics" wirklich einen neuen Ansatz darstellen. In diesem Zusammenhang ist auf die deutlich älteren regionalwissenschaftlichen Arbeiten zur Polarisationstheorie, z.B. von GUNNAR MYRDAL oder ALBERT O. HIRSCHMANN (vgl. Kap. 3.2.2), sowie auf Forschungen zu Agglomerationseffekten in den Industriedistrikten von ALFRED MARSHALL (vgl. Kap. 4.2.3). zu verweisen. Für Volkswirte waren diese Theorien wegen der ihnen fehlenden mathematischen Formalisierungen lange wenig interessant. Seit einiger Zeit greifen sie deren Ideengebäude aber auf und bringen sie mit neuen Methoden in formalen Gleichgewichtsmodellen unter. Einige Fachvertreter der Geographie sprechen daher von „altem Wein in neuen Schläuchen".

3.2.5 Entwicklung versus Unterentwicklung aus theoretischer Sicht

Mit den Ursachen für Unterentwicklung und Möglichkeiten bzw. Strategien zu ihrer Überwindung befassen sich die Entwicklungstheorien als elementarer Bestandteil der **Entwicklungs- bzw. Entwicklungsländerforschung.** Sie thematisieren neben regionalen vor allem **internationale Zentrum-Peripherie-Beziehungen,** die hier als Gegensätze zwischen Industrie- und Entwicklungsländern zu verstehen sind.

Entwicklungstheorien

Für die Problematik der Entwicklungsländer zeichnen viele Ursachen verantwortlich; ihre Analyse macht den Einbezug sowohl sozioökonomischer als auch historischer wie religiös-kultureller Aspekte erforderlich. Es darf nicht verwundern, dass daher viele Entwicklungstheorien nebeneinander existieren, die an unterschiedlichen Punkten ansetzen und verschiedene Denkrichtungen repräsentieren. Unter den ökonomisch ausgerichteten Theorien lassen sich grob zwei Strömungen identifizieren: Modernisierungstheorien und Dependenztheorien.

Modernisierungstheorien

Modernisierungstheorie ist der Oberbegriff für Theorieansätze, die den Prozess der Nachahmung und Angleichung von unterentwickelten an entwickelte Gesellschaften zum Inhalt haben. **Modernisierung** steht dabei für den **Entwicklungsprozess,** den die Entwicklungsländer (EL) durchmachen und für den die Industrieländer (IL) die Norm sind. Die Modernisierungstheorien gehen vom ökonomischen Leitbild der westlichen IL aus. Aufgabe der EL ist es, diesem nachzueifern. Das Bild von der industrialisierten Gesellschaft entwickelter Länder wird daher zum **normativen Zukunftsbild** der EL. Modernisierung gilt somit als direkt-evolutionärer Prozess in Richtung auf eine gesetzte Norm, die **Modernität.** Ein Abweichen von dieser Norm wird als Fehl- bzw. Unterentwicklung verstanden.

Modernisierung und Modernität

Endogene Ursachen der Unterentwicklung

Die Modernisierungstheorien gehen von endogenen Ursachen der Unterentwicklung aus: Die Verhaltens- und Lebensweisen traditioneller Gesellschaften und Kulturen gelten als die wesentlichen Hemmnisse bei der Überwindung von Unterentwicklung. Die **Kernhypothese** aller Modernisierungstheorien besagt, dass die Dritte Welt unterentwickelt ist und bleibt, weil und solange sie nicht fähig ist, sich aus den Fesseln der Tradition zu befreien. Unterentwicklung gilt erst dann als überwunden, wenn sich die Mitglieder der unterentwickelten Gesellschaften in Denken und Handeln, Produktion und Konsum den reichen Industriegesellschaften angepasst haben.

Dualistische Strukturen

Ein typisches Merkmal der Modernisierungstheorien ist die Annahme dualistisch geprägter interner Strukturen der EL. **Ökonomische Dualismen** bezeichnen das Nebeneinander eines kapitalistisch organisierten, vom Ausland dominierten und exportorientierten modernen Sektors und eines mit primitiver Technologie arbeitenden und lose in den nationalen Markt integrierten traditionellen Subsistenzsektors. **Regionale Dualismen** bedeuten das Nebeneinander zwischen industriellen Metropolen und unterentwickelten, marginalisierten Peripherien. **Soziale und kulturelle Dualismen** bestehen zwischen extrem armen und extrem reichen Schichten, zwischen einer westlich gebildeten Elite und einer analphabetischen Masse (vgl. NOHLEN 2000, S. 522 ff.; LACHMANN 2004, S. 92; COY 2005, S. 740).

Wirtschaftsstufentheorien

Ein besonderer Typ der Modernisierungstheorien sind die sog. Wirtschaftsstufentheorien. Sie beschreiben „die langfristige Entwicklung der Wirtschaft unter Berücksichtigung der Interdependenz ökonomischer, demographischer, sozialer und politischer Einflussgrößen" (SCHÄTZL 2003a, S. 168). Eine der bekanntesten Wirtschaftsstufentheorien stammt von WALT W. ROSTOW (1960). Dieser unterscheidet fünf Phasen, die eine traditionelle Gesellschaft auf dem Weg zur Modernität durchläuft (vgl. Abb. 3.16, S. 71):

1. **Die traditionelle Gesellschaft:** Dominanz des Agrarsektors, hierarchische Gesellschaftsstrukturen, geringe vertikale Mobilität;
2. **Gesellschaft im Übergang:** Anbahnung des Wirtschaftswachstums, Ansteigen der Investitionsquote, die Verhaltensweise der Bevölkerung beginnt sich zu ändern;
3. **Wirtschaftlicher Aufstieg** („take-off"): Ansteigen der Investitionsquote auf 5 bis 10%; Bildung von Leitsektoren, d.h. industrieller Wirtschaftszweige mit hohen Wachstumsraten; Schaffung politischer, sozialer und institutioneller Rahmenbedingungen; dynamische Unternehmer;
4. **Reifestadium:** Kontinuierliches Wirtschaftswachstum übertrifft das Bevölkerungswachstum, Investitionsquote zwischen 10 und 20%, neue Technologien verändern die Industriestruktur;
5. **Zeitalter des Massenkonsums:** Die Produktion konzentriert sich auf den massenhaften Konsum hochwertiger Verbrauchsgüter und Dienstleistungen. Eine so gereifte Volkswirtschaft kann dann nach äußerer Macht durch imperialistische Militär- und Außenpolitik oder der Errichtung eines Wohlfahrtsstaates streben.

Kritik

Die Stufentheorie von ROSTOW ist einer Reihe von Kritikpunkten ausgesetzt. Sie hat **rein deskriptiven Charakter** und bleibt die Antwort auf die Frage schuldig, wie es zur Stufenabfolge genau in dieser Reihenfolge kommt. Unklar bleibt, wie sich eine traditionelle Gesellschaft zur Übergangs- oder

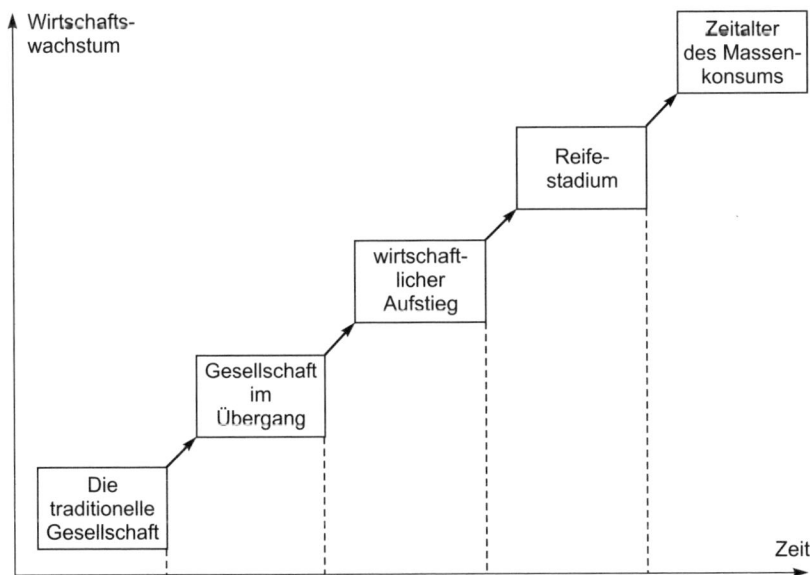

Abb. 3.16:
Wirtschaftsstufen
nach ROSTOW
(eigene Darstellung
nach ROSTOW 1960).

Take-off-Gesellschaft entwickelt. Kritisch ist auch einzuwenden, dass ROS-
TOW wie alle Modernisierungstheoretiker den sozialen, politischen und
ökonomischen Entwicklungsprozess der IL als Norm vorgibt, an der sich
die EL orientieren sollen. Ignoriert wird, dass derartige Normen in den EL
möglicherweise aber nicht auf Akzeptanz stoßen, da Modernität nach
westlichen Normen nicht die einzige Alternative zur Unterentwicklung
darstellen muss. Die Sichtweise der Modernisierungstheoretiker ist also insofern **einseitig,** als sie unter Tradition alles Nicht-Moderne subsumiert und
Modernität als Leitbild jeder Entwicklung dogmatisiert. Die Frage nach
einer exakten Definition von Modernität bleibt ungeklärt. Des Weiteren
berücksichtigt die Theorie von ROSTOW wie alle Modernisierungstheorien
keine exogenen Faktoren, sondern überbetont den endogenen sozioökonomischen Wandlungsprozess. Koloniale Hypotheken der EL und aktuelle
weltwirtschaftliche Entwicklungen werden ignoriert (vgl. WAGNER/KAISER
1995, S. 37 f.; LACHMANN 2004, S. 92; HEMMER 2002, S. 7 f.).

Dependenztheorien

Als Dependenztheorien gelten verschiedenste, in den 1960er-Jahren ursprünglich vor allem im lateinamerikanischen Raum entwickelte Theorieansätze. Sie bilden kein geschlossenes System, sondern integrieren Elemente der klassischen, von Karl Marx beeinflussten **Imperialismustheorien**
mit der auf RAÚL PREBISCH (1950) zurückgehenden **Theorie der peripheren
Wirtschaft**.

Anders als die Modernisierungstheorien sehen die Dependenztheorien
Unterentwicklung nicht als das Ergebnis endogener Faktoren, sondern führen sie auf exogene Ursachen zurück. Die Integration der EL in das System
der internationalen Beziehungen gilt als Kernursache der Unterentwicklung, die sich aus der **strukturellen Abhängigkeit** der EL (Peripherien) von
den IL (Zentren bzw. Metropolen) ergibt. Wichtige Vertreter der Depen-

Exogene Ursachen
der Unterentwick-
lung

denztheorie, wie z. B. AMIN (1974), FURTADO (1970), SUNKEL (1972), CAR-DOSO/FALETTO (1976), betonen neben der wirtschaftlichen auch die soziale, kulturelle und politische Abhängigkeit der EL von den IL. Sie betrachten Unterentwicklung nicht als Frühphase der Entwicklung, sondern als **Resultat des kapitalistischen Entwicklungsprozesses** in den IL und als Produkt des industriellen Imperialismus.

Struktureller Imperialismus

Zu den bekanntesten Dependenztheorien gehört die Theorie des strukturellen Imperialismus von JOHAN GALTUNG (1972). Dieser teilt die Welt in **Zentrums- und Peripherienationen** auf, welche wiederum in ein Zentrum und eine Peripherie aufgespalten werden. Jede Zentralnation und jede Peripherienation haben damit ein Zentrum und eine Peripherie. Die strukturelle Abhängigkeit gründet darauf, dass die Zentralnation im Zentrum der Peripherienation einen Brückenkopf in Form einer nationalen, kollaborierenden Führungselite besitzt, welche die Wertvorstellungen und Lebensformen des Westens adaptiert und mit der Zentralnation ein gemeinsames Interesse an der Aufrechterhaltung der bestehenden Zustände hat. Die Struktur des Imperialismus ist durch eine **Interessensharmonie** zwischen dem Zentrum der Zentralnation und der Peripherienation gekennzeichnet. Dagegen besteht eine **Interessensdisharmonie** innerhalb der Peripherienation und der Zentralnation sowie zwischen Peripherie der Zentralnation und Peripherie der Peripherienation (vgl. Abb. 3.17, S. 73).

Der Imperialismus beruht nach Galtung zum einen auf den **asymmetrischen Austauschbeziehungen** zwischen Zentral- und Peripherienation. Während die Außenhandelsstruktur der Zentralnation länder- und gütermäßig über eine breite Basis verfügt, ist die der Peripherienation nur auf wenige Güter und Länder ausgerichtet. Ferner nimmt sich der Warenaustausch für die Zentralnation vorteilhafter als für die Peripherienation aus. Während letztere Rohstoffe exportiert, die einfach herzustellen sind und keine besonderen Fähigkeiten erfordern, produziert die Zentralnation technologieintensive Industrieprodukte. Die ungleiche Verteilung der sich daraus ergebenden **„spinn-off"-Effekte** zementiert die Entwicklungsunterschiede zwischen Zentral- und Peripherienation (vgl. WAGNER/KAISER 1995, S. 82 ff.).

Unterentwicklung als Folge von Ausbeutung

Die Dependenztheorien attackieren scharf das verwestlichte Entwicklungsideal der Modernisierungstheorien und ihren auf die westlichen Industriegesellschaften ausgerichteten Ethnozentrismus. Den Dependenztheoretikern zufolge ist Unterentwicklung nicht das bloße Zurückbleiben der EL hinter dem Entwicklungsniveau der reichen IL oder das Ergebnis einer unzureichenden Einbindung unterentwickelter Gesellschaften in das moderne Weltsystem, sondern gerade die Folge einer über die Ausbeutungsmechanismen der IL sehr effizient funktionierenden Integration der EL in ein von den kapitalistischen Industriezentren dominiertes Weltwirtschaftssystem. Als Ausbeutung gilt der kontinuierliche **illegitime Ressourcentransfer** von den EL in die IL, die sich bestimmte Inputs der unterentwickelten Gesellschaften für den eigenen Entwicklungsprozess aneignen (vgl. HEIN 1998, S. 163 ff.).

Kritik

Den Dependenztheorien kritisch entgegenzuhalten ist die unpräzise, sehr verschiedentliche und manchmal sogar widersprüchliche Verwendung des Begriffs der Abhängigkeit (dependencia), der sich nur schwer

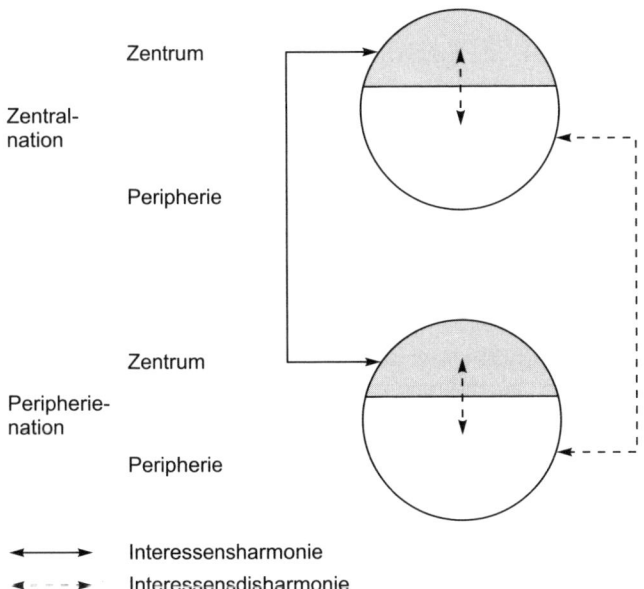

Zentrum

Zentral-
nation

Peripherie

Zentrum

Peripherie-
nation

Peripherie

→ Interessensharmonie
◄ - - - ► Interessensdisharmonie

Abb. 3.17:
Struktur des
Imperialismus nach
GALTUNG (WAGNER/
KAISER 1995, S. 83).

operationalisieren und empirisch erfassen lässt. Zwar greifen viele Depen-
denztheoretiker auf die koloniale Vergangenheit etlicher EL zurück, was
als unbestrittene Stärke dieser Theorien gilt, doch wird die Tatsache ignoriert, dass manche EL (z.B. Afghanistan, Äthiopien, Liberia, Thailand, Nepal) nie oder nur kurzzeitig kolonialisiert wurden oder nur für kurze Zeit
den Status von Kolonien hatten. Daneben gehören Länder, die sehr lange
Kolonien waren (wie z.B. Hongkong oder Singapur), aufgrund ihrer Son-
derrolle als Stadtstaaten und internationale Handelsdrehscheiben zu den
erfolgreichsten Ländern der Welt. Ferner ist die Rückführung von Unterentwicklung allein auf externe Ursachen ebenso monokausal und vereinfa-
chend wie die Betonung allein endogener Verursachungsfaktoren von Unterentwicklung durch die Modernisierungstheorien (vgl. WAGNER/KAISER
1995, S. 84f.). Dennoch hat die Dependenztheorie durch das Auftreten der
sog. Globalisierungsgegner, welche heute einen Großteil der Armut der EL
der Existenz und Politik der kapitalistischen IL zuschreiben, eine gewisse
Renaissance erfahren (vgl. LACHMANN 2004, S. 234).

4 Raumentwicklung und Organisation

Bei der Analyse von Räumen und räumlichen Systemen betrachtet eine moderne Wirtschaftsgeographie nicht nur die Gesamtheit definierter räumlicher Entitäten für sich, sondern auch die sie verbindenden sozioökonomischen Beziehungen und Aktivitäten. Dies gilt für alle Maßstabsebenen, weshalb von regionalen bis hin zu internationalen Raumsystemen gesprochen wird. In diesem Kapitel wird auf Grundlagen und Ursachen für den dynamischen wirtschaftlichen Strukturwandel eingegangen, um dann in einem weiteren Schritt Unternehmenskooperationen und betriebliche Organisationsmuster zu thematisieren, die als Folge oder Ausdruck dieses Wandels verstanden werden können. Derartige **regionale Raumsysteme,** in deren Betrachtung Unternehmen als Akteure im Mittelpunkt der Analyse stehen, betonen die kreativen Kräfte und Gestaltungsspielräume von Unternehmen, welche stets im Kontext konkreter sozioinstitutioneller Strukturen zu sehen sind.

Zum Abschluss erfolgt eine wirtschaftsgeographische Darstellung und Analyse **internationaler Raumsysteme,** zu deren Akteuren neben international agierenden Unternehmen auch Länder, Ländergruppen oder Staatengemeinschaften gehören. Durch Einbezug des Phänomens der Globalisierung und neuerer Entwicklungstendenzen im Welthandel wird eine praxisbezogene und aktuelle Einführung in dieses zunehmend bedeutende Themenfeld gegeben.

4.1 Wirtschaftlicher Strukturwandel: Evolution in räumlicher Perspektive

4.1.1 Begriff und Formen von Strukturwandel

Struktureller Wandel ist einerseits die Folge, andererseits die Bedingung für wirtschaftliches Wachstum. **Wirtschaftlicher Strukturwandel** beschreibt die dauerhafte Verschiebung der einzelnen Teile bzw. Sektoren einer Volkswirtschaft. Diese beruht nicht auf konjunkturellen Schwankungen, sondern ist die Folge eines ungleich verlaufenden Wachstums dieser Teile, bedingt durch Veränderungen auf der Angebots-, Nachfrage- und Faktorseite (vgl. KROL/SCHMID 2002, S. 377).

Sektoraler Strukturwandel   Der sektorale Strukturwandel steht für den **ökonomischen Wandel einer Volkswirtschaft** von einer Agrar- in eine Industrie- und schließlich eine Dienstleistungsgesellschaft. Die historische Erfahrung fast aller Länder, welche eine positive wirtschaftliche Entwicklung hinter sich haben, zeigen deutlich, dass es im Zuge des ökonomischen Wachstumsprozesses zu weitreichenden sektoralen Verschiebungen wirtschaftlicher Aktivitäten kommt.

Für den sektoralen Strukturwandel lassen sich spezifische Ursachen identifizieren (vgl. KROL/SCHMID 2002, S. 383 f.; PETERS 1996, S. 32 ff.; MUSsel/Pätzold 1998, S. 57 f.). Der Wandel der Bedürfnis- und Nachfragestrukturen, Produktinnovationen und -variationen, technologische und organisatorische Veränderungen im Produktionsprozess, die Änderung wettbewerbspolitischer Daten (z. B. Liberalisierungs- und Deregulierungsmaßnahmen, Beeinflussung von Marktformenstrukturen), branchenspezifisch variierende staatliche Fördermaßnahmen, gesellschaftliche Ansichten und deren Wandlungen sowie naturbedingte Veränderungen und Umbrüche kommen als Ursache in Frage.

Der regionale Strukturwandel umfasst die im Zeitablauf auftretenden **Veränderungen der regionalen Wirtschaftsstrukturen** und bezieht sich somit auf den Wandel der räumlichen Zusammensetzung der Wertschöpfung im Wirtschaftsprozess sowie der damit im Zusammenhang stehenden Arbeits- und Lebensverhältnisse in einer Region. Der regionale ist oft die Folge des sektoralen Strukturwandels. Dies ist insbesondere dann der Fall, wenn einzelne Branchen, die aufgrund veränderter Angebots- oder Nachfragebedingungen in ihrer Entwicklung stagnieren oder gar schrumpfen, in bestimmten Regionen sehr konzentriert auftreten.

Regionaler Strukturwandel

Beiden Formen strukturellen Wandels ist gemein, dass sie sich mit einem stabilen Trend entweder kontinuierlich oder diskontinuierlich vollziehen und im Gegensatz zum konjunkturellen Wandel immer aus langfristiger Perspektive und primär als irreversibel zu betrachten sind.

4.1.2 Theoretische Ansätze zur Erklärung strukturellen Wandels

Eine allgemeine und übergreifende Theorie des Strukturwandels existiert nicht. Sie müsste die Bedeutung der einzelnen Bestimmungsfaktoren und deren wechselseitige Abhängigkeiten erklären. Aufgrund der Komplexität struktureller Wandlungsprozesse ist eine allgemeine Theorie wohl auch nicht erreichbar (vgl. Krol/Schmid 2002, S. 383). Gleichwohl wurden in Literatur und Forschung aber viele Hypothesen und theoretische Erklärungsansätze entwickelt, die an unterschiedlichen Stellen ansetzen oder spezifische Teilaspekte des Strukturwandels thematisieren. Explizit befassen sich diese Theorien mit der Entwicklung wirtschaftlicher Sektoren, implizit aber auch mit der von Regionen.

Drei-Sektoren-Hypothese

Die Drei-Sektoren-Hypothese von Colin Clark (1940) und Jean Fourastié (1954) unterstellt den quasi-gesetzesmäßigen Verlauf der Anteilsverschiebungen dreier Sektoren im Zuge des wirtschaftlichen Wachstumsprozesses (vgl. Fels/Schmidt 1980, S. 188; Krol/Schmid 2002, S. 384; Pierenkemper 2005, S. 125 ff.).

Für den sektoralen Strukturwandel existieren demnach zwei Gründe: Aus angebotsorientierter Perspektive gilt der **technische Fortschritt** als strukturbestimmend. Im **primären Stadium,** in dem der Agrarsektor dominiert, wirkt sich dieser vergleichsweise nur mäßig aus. Im **sekundären Stadium,** für das die handwerkliche und industrielle Sachgüterproduktion maßgeblich ist, führen erhebliche technologisch-fortschrittlich bedingte Produktivitätssteigerungen zur Freisetzung von Arbeitskräften. Diese wer-

Angebotsorientierte Perspektive

den dann im **tertiären Stadium** vom Dienstleistungssektor aufgenommen, der eher personalintensiv und somit weniger fähig ist, den technischen Fortschritt dadurch zu steigern, dass Arbeit durch Kapital substituiert wird.

Nachfrageorientierte Perspektive

Aus nachfrageorientierter Perspektive betrachtet löst die **Einkommens-elastizität der Nachfrage** den Strukturwandel aus. Sie verschiebt sich von Nahrungsmitteln über Gebrauchsgüter und höherwertige Industrieprodukte hin zu Dienstleistungen. So gesehen haben Regionen mit hohem **Tertiärisierungsgrad** den Strukturwandel praktisch abgeschlossen. Dies gilt allerdings nur für entwickelte Gesellschaften. In Entwicklungsländern macht der Anteil von Dienstleistungen zwar auch einen großen Anteil an der regionalen Wirtschaftsstruktur aus. Da unter den tertiären Sektor dort aber vor allem die Aktivitäten des informellen Sektors als eine Art von Überlebensökonomie sowie ein personell überbesetzter öffentlicher Verwaltungsapparat fallen, ist dies weder als Entwicklung noch als struktureller Wandel zu interpretieren.

In Industrieländern gilt dagegen allgemein: Je größer die Branchenvielfalt in einer Region ist, umso schneller und erfolgreicher wird der strukturelle Wandel bewältigt. Je einseitiger diese jedoch ausfällt – z. B. im Falle von Monostrukturen wie der Stahl-, Werft- oder Textilindustrie etc. –, desto wahrscheinlicher und schneller altern Regionen und ihre Industrien (vgl. TICHY 1987, S. 5).

Theorie der Langen Wellen

Die Theorie der Langen Wellen geht ursprünglich auf die Arbeiten des russischen Wirtschaftswissenschaftlers NICOLAI KONDRATIEFF (1926) zurück und wurde vom Nationalökonomen JOSEPH SCHUMPETER (1911, 1961) maßgeblich weiterentwickelt.

Lange Wellen wirtschaftlicher Entwicklung

Diese **dynamische Theorie** versucht, die im Zeitablauf unterschiedliche, ungleichmäßige Entwicklung der Wirtschaft durch Innovationsprozesse, die wellenförmige Phasen wirtschaftlichen Auf- und Abschwungs auslösen, zu erklären. Diese Phasen erstrecken sich über Zeiträume von etwa 50 bis 60 Jahren (sog. **Kondratieff-Zyklen**), weshalb – anders als bei den deutlich kürzeren Phasen des Produktlebenszyklus (vgl. Kap. 3.1.4) – von der Theorie der Langen Wellen gesprochen wird.

Basisinnovationen

Die Ursache für die Entstehung einer Langen Welle bilden **technologische Basisinnovationen**. Diese entziehen zunächst den dominierenden, alten Produktionssystemen zunehmend Produktionsfaktoren und lösen damit einen wirtschaftlichen Abschwung aus. Es folgt eine Phase der **Stagnation,** in der vermehrt Nachahmer der neuen Technologien auftreten und sich **Multiplikatoreffekte** einstellen, die positiv auf die Gesamtwirtschaft ausstrahlen. Erst dann führt die Durchsetzung der Basisinnovationen zu einem erneuten **Aufschwung** und einer neuen Welle wirtschaftlicher Entwicklung. Die Phasen seit der Industriellen Revolution gegen Ende des 18. Jh. sind in Abbildung 4.1 (S. 77) dargestellt.

Basisinnovationen der **ersten Langen Welle** waren Entwicklungen in der Textilindustrie (mechanischer Webstuhl, Dampfmaschine), gefolgt von Neuerungen in der Eisen- und Stahlindustrie sowie der Verkehrstechnik (Dampflokomotive) der **zweiten Langen Welle**. Die **dritte Lange Welle** wurde durch die Automobil-, Elektro- und Petrochemische Industrie be-

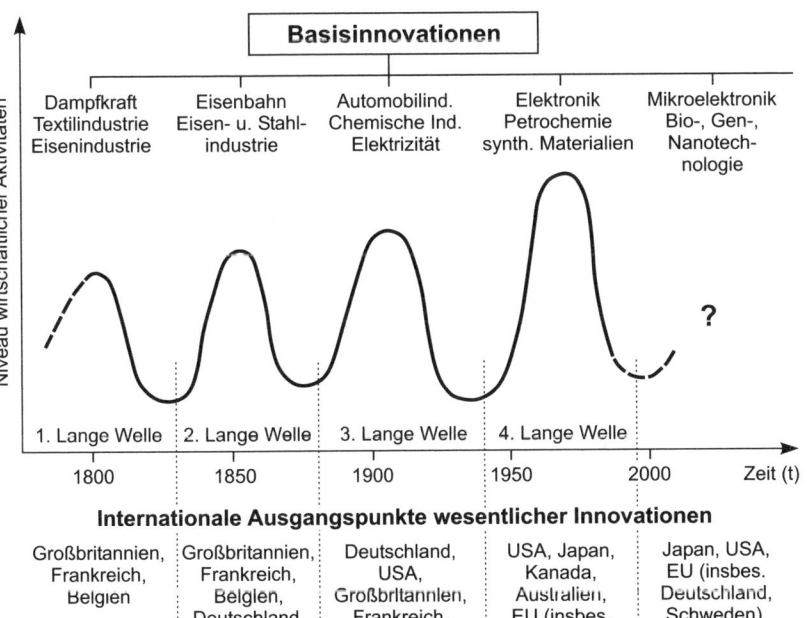

Abb. 4.1:
Die Langen Wellen
wirtschaftlicher
Entwicklung
(DICKEN 2003, S. 88,
verändert).

stimmt, während Innovationen vor allem in der Elektronikindustrie die
vierte Lange Welle bis in die Gegenwart beeinflussen. Mittlerweile existieren verschiedene Spekulationen darüber, welche Basisinnovationen Träger
der **fünften Langen Welle** wirtschaftlicher Entwicklung sein werden. Viele
Beobachter sehen das Potenzial dazu insbesondere in der Bio- und Gentechnologie, aber auch in der Mikroelektronik, der Kommunikationstechnologie sowie der Nanotechnologie.

Mit der intrasektoralen Schwerpunktverlagerung von der alten zu neuen   Räumliche Schwer-
Industrien kommt es auch zu einer **geographischen Standortverlagerung**   punktverlagerungen
(vgl. EICH-BORN 2005, S. 4f.). Durch das Aufkommen von Basisinnovatio-
nen bilden sich **neue Wachstumsregionen** mit spezifischen Standortanforderungen, so dass Standorte, die in der vorhergehenden Welle dominie-
rend waren, an Bedeutung verlieren – ein Phänomen, das Schumpeter als
„schöpferische Zerstörung" bezeichnet. Während z. B. die Standorte der
Eisen- und Stahlindustrie (zweite Lange Welle) in räumlicher Nähe zu
Kohle- und Erzlagerstätten gewählt wurden, spielt eine derartige Rohstofforientierung für Industrien der vierten (Elektronik und Petrochemie) und
fünften Langen Welle (Mikroelektronik, Bio- und Gentechnologie) kaum
mehr eine Rolle.

Auf **internationaler Ebene** zeigen sich folgende Tendenzen: Die Basisinnovationen der Industriellen Revolution (Beginn der ersten Welle) waren
zunächst ausschließlich in England lokalisiert. Der Produktionsschwer-
punkt der zweiten Welle lag neben England insbesondere in Deutschland,
während die dominierenden Wirtschaftsräume der dritten Welle vor allem

in Europa und den USA lagen. Die vierte Welle schließlich wurde neben Europa auch von den Produktionsräumen USA und Japan getragen.

Kritik Mit Hilfe des Ansatzes von Kondratieff und Schumpeter lassen sich internationale Verlagerungen von Produktionsschwerpunkten gut nachvollziehen. Der Vorteil der Theorie der Langen Wellen gegenüber vielen statischen Standorttheorien liegt dabei in der Berücksichtung des **Faktors Zeit.** Allerdings ist die Bedeutung der Theorie zur Erklärung wirtschaftlicher Entwicklung und wirtschaftsräumlichen Wandels nicht unumstritten (vgl. BATHELT 1992, S. 202). Kritikpunkte liegen u. a. in der Annahme der **Zyklizität** wirtschaftlicher Entwicklung (wellenförmiger, gleichmäßiger Verlauf von Auf- und Abschwungphasen) sowie der Festlegung der Dauer dieser Wellen (ca. 50 bis 60 Jahre). Als wesentliche Schwachstelle der Theorie wird auch ihr **technologischer Determinismus** (wirtschaftlicher Wandel ist allein abhängig von Basisinnovationen) gesehen. Dennoch hat SCHUMPETER besonders mit der Betrachtung des Prozesses „schöpferischer Zerstörung" einen Aspekt in den Vordergrund gerückt, der auch in der heutigen Diskussion um die Rolle von Innovation und innovativen Unternehmern für die wirtschaftliche Entwicklung durchaus von Bedeutung ist (vgl. HESS 2006a, S. 25).

Konzept des regionalen Lebenszyklus

Produktlebenszyklus und regionaler Lebenszyklus Vergleichbar mit einem Produkt durchlaufen auch Regionen einen evolutorischen Prozess. Der **Produktlebenszyklus** (vgl. Kap. 3.1.4) wird damit zum **regionalen Lebenszyklus.** Bezogen auf die Ebene räumlicher Entwicklungsmodelle bietet die Verbindung beider Konzepte eine Erklärung für die Auswirkungen und die Bewältigung des globalen Strukturwandels auf der regionalen Ebene (vgl. RÖSCH 2000, S. 164; SCHOLBACH 1997, S. 119). Wie im Produktlebenszyklus machen auch einzelne Regionen Phasen des Aufstiegs, der Reife und des Niedergangs durch, in denen Einkommen, Beschäftigung und Wohlstand zuerst zu- und später wieder abnehmen (vgl. Abb. 4.2).

Der Verlauf eines regionalen Lebenszyklus lässt sich idealtypisch wie folgt darstellen (vgl. RÖSCH 1998, S. 45 ff.; ebd. 2000, S. 165 f.).

Kreative Phase Die kreative Phase charakterisiert sich durch eine Vielzahl von **Unternehmensgründungen** in einem durch **aktive Netzwerkbeziehungen** und

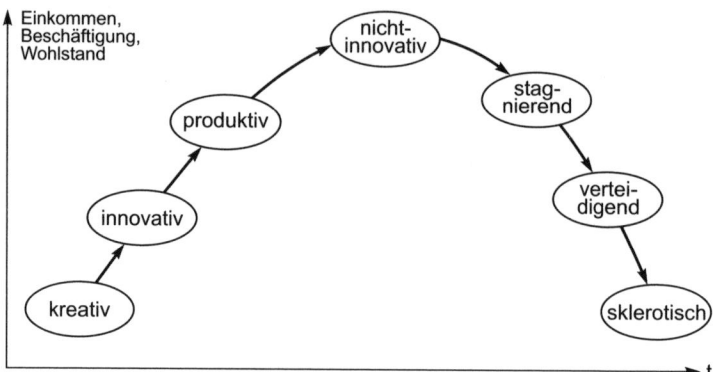

Abb. 4.2:
Phasen eines regionalen Lebenszyklus (RÖSCH 1998, S. 44, verändert).

vielfältige **persönliche Kontakte** geprägten **kreativen Umfeld.** Die Unternehmen weisen häufig nur eine **kurze Lebensdauer** auf. Weiche, die Lebensqualität bestimmende soziale und kulturelle Faktoren genießen einen besonderen Stellenwert. Als Beispiel lässt sich im Bereich der Elektronik, Informations- und Halbleitertechnik sowie Mess- und Kontrollinstrumente das kalifornische Silicon Valley der 1980er-Jahre anführen.

In der innovativen Phase haben die Unternehmen bereits erste **Produkt- und Prozessinnovationen** hinter sich. Typisch für diese Phase sind **Innovationsnetzwerke** zwischen der regionalen Wirtschaft und ansässigen Forschungs- und Bildungseinrichtungen sowie die Existenz von **Technologie- und Gründerzentren.** Beispiele sind die Route-128-Region im Raum Boston (Minicomputer, Softwareentwicklung, Bio- und Gentechnologie) oder Sophia Antipolis in Südfrankreich (Informations- und Telekommunikationstechnologie). In Theorie und Praxis der Regionalentwicklung werden die kreative und innovative Phase meist gleichgesetzt (vgl. Kap. 4.2.4). Innovative Phase

Die produktive Phase zeichnet sich durch **hohe Wachstumsraten** aus. Unter den Unternehmen, welche bereits mehrjährige Branchen- und Technologieerfahrungen haben, gilt das **Diktat der Qualitätsführerschaft.** Die regionale Entwicklungspolitik begegnet dem expansiven Wachstumsdruck, indem sie durch bestimmte Maßnahmen, z.B. die ansiedlungsorientierte Ausweisung von Gewerbeflächen, ein unternehmerfreundliches regionales Klima schafft. Einkommen, Beschäftigung und Wohlstand nehmen weiter zu. Ein Beispiel für diese Phase ist die Region Oberbayern, die immer noch zu den dynamischsten Wachstumsregionen innerhalb Europas zählt. Produktive Phase

In der nicht-innovativen Phase herrscht das **Diktat der Kostenführerschaft.** Die Unternehmen agieren in **Massenmärkten.** Innovationen sind längst nicht mehr radikal wie zu Beginn des Regionallebenszyklus, sondern nur noch flach und marginal produktdifferenzierend. Die Region ist gesättigt, d.h. das **Maximum des regionalen Wohlstands** ist erreicht, die politischen, sozialen und kulturellen Netzwerke beginnen sich zu verfestigen. Ein Beispiel ist die südwestdeutsche Industrieregion im Rhein-Neckar-Raum. Nicht-innovative Phase

In der stagnierenden Phase machen sich aufgrund der starken Konzentration von **Monostrukturen,** d.h. einer einseitigen sektoralen und funktionalen Spezialisierung des Raumes, erste **Krisensymptome** bemerkbar. Einkommen und Beschäftigung beginnen zurückzugehen. Ein klassisches Beispiel stellen **altindustrialisierte Räume** dar. Meist sind die Standortfaktoren solcher Regionen, z.B. die Qualifizierung von Arbeitskräften, Infrastruktur oder Wirtschaftsförderung, nur an wenigen, oft nur einem einzigen Industriezweig (z.B. Bergbau, Stahlproduktion, Textil- und Bekleidungsherstellung) ausgerichtet. Gerät dieser ins Wanken, droht – wenn auch nicht zeitlich kongruent – der gesamten Region der wirtschaftliche und soziale Niedergang. Stagnierende Phase

In der verteidigenden Phase kämpft eine besitzstandsorientierte Interessenskoalition aus Politik, Wirtschaftsverbänden und Gewerkschaften gegen die wirtschaftliche, technologische und soziale Erosion der Region an. **Einkommensrückgänge,** die **Abwanderung endogener Potenziale,** vor allem in Form junger und qualifizierter Arbeitskräfte, eine **Abwertung regionaler Lebensqualität** sowie die Ausbildung eines **negativen Standortimages** las- Verteidigende Phase

Sklerotische Phase

sen sich dadurch jedoch kaum vermeiden. Als beispielhaft gelten ländlich-periphere und altindustrielle Regionen in den neuen Bundesländern.

In der sklerotischen Phase schließlich kommt es durch das **Absterben der Altindustrien** und überwiegend großer Unternehmen mit einer entsprechenden Verschärfung der sozialen regionalwirtschaftlichen Situation und gravierenden Auswirkungen auf die Kulturlandschaft zur **Lähmung** der gesamten Region. Die Strukturen sind so stark verkrustet, dass sich der Strukturwandel von selbst (endogen) nicht mehr bewältigen lässt. Beispiele sind Teilräume von Montanindustrieregionen wie dem Ruhrgebiet, Nordspanien oder Mittelengland.

Unterschied zum Produktlebenszyklus

Eine Affinität zwischen Regional- und Produktlebenszyklus erscheint nach dieser Schilderung unverkennbar. Dennoch gibt es einen bedeutenden Unterschied. Bei Produkten kann die strategische Unternehmensführung zur Verlängerung ihrer Lebensdauer beitragen. Um die Entwicklung von Regionen zu erklären, reichen Innovationen, Produkte und unternehmerische Anpassungshandlungen nicht aus. Vielmehr unterliegt der regionale Entwicklungsprozess einer Wechselwirkung soziokultureller, technologischer, politischer und unternehmerischer Determinanten, die jeweils für sich alleine Auslöser raumwirksamer Strukturwandelsprozesse sein können (vgl. BUTZIN 1987, S. 196).

Modell industrieller Entwicklungspfade

Setzt man strukturellen Wandel mit der Entstehung neuer, dynamischer Wirtschaftsregionen und – analog zum Konzept des regionalen Lebenszyklus – mit dem gleichzeitigen Niedergang der bis dahin dominierenden ökonomischen Zentren gleich, liefern MICHAEL STORPER und RICHARD WALKER, die Begründer der kalifornischen Schule der Wirtschaftsgeographie (s. u.), einen Ansatz zur Erklärung des ökonomischen und raumstrukturellen Wandels.

Kalifornische Schule

Die Vertreter der kalifornischen Schule (vgl. SCOTT 1988, 1998; SCOTT/STORPER 1988; STORPER/WALKER 1989; STORPER 1995 u. a.) plädieren für einen **Paradigmenwechsel in der industriellen Standortlehre.** Sie fordern eine Abkehr von der traditionellen Denkweise, dass es die Ausstattung einer Region mit Standortfaktoren sei, die Unternehmen anzieht. Vielmehr sind es nach STORPER/WALKER die Unternehmen, die ihr standörtliches Umfeld selbst gestalten (vgl. BATHELT/GLÜCKLER 2002, S. 207). Im Mittelpunkt des Modells industrieller Entwicklungspfade steht die Frage, warum neue **Wachstumsindustrie-Ballungen** an Orten entstehen, deren Faktorausstattung dies nicht erwarten lässt, und was Unternehmen veranlasst, sich für solche Standorte zu entscheiden.

Nach STORPER/WALKER (1989, S. 70ff.) weisen industrielle Entwicklungspfade folgenden Verlauf auf (vgl. Abb. 4.3, S. 81).

Lokalisierung

Junge, schnell wachsende Industriezweige verfügen über eine hohe räumliche Wahlfreiheit bei ihrer Standortwahl, die als **„window of locational opportunity"** bezeichnet wird. Da die Unternehmen dieser Sektoren **hohe Wachstumsraten** und somit überdurchschnittliche Profite erzielen, ist es ihnen möglich, ihr eigenes Umfeld durch Schaffung und Attraktion der jeweils spezifischen Faktorausstattung (Human- und Materialressourcen) gemäß ihrer Produktionsbedürfnisse an den neuen Standorten zu generieren.

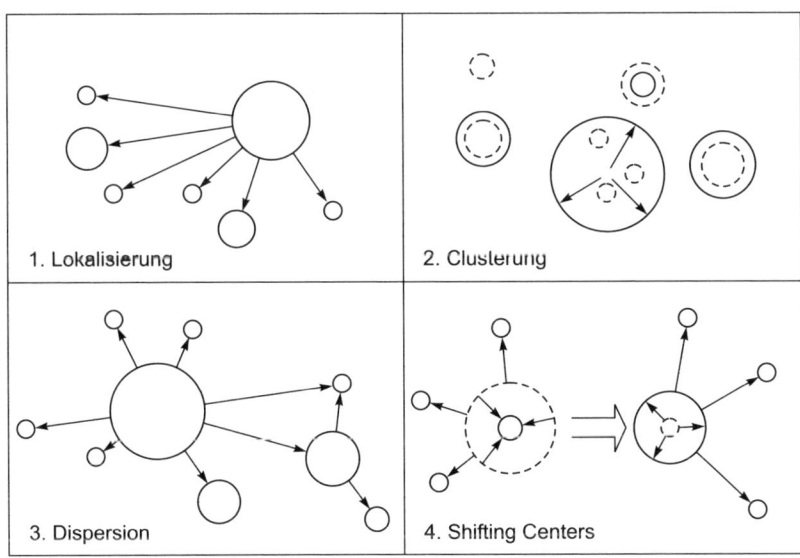

1. Lokalisierung

2. Clusterung

3. Dispersion

4. Shifting Centers

Abb. 4.3:
Das Modell der
industriellen Ent-
wicklungspfade
(STORPER/WALKER
1989, S. 71).

Dies geschieht meist abseits älterer Industriezentren, da deren Faktorausstattung und Struktur oftmals zu sehr auf Altindustrien fixiert und somit ungeeig-
net für die Standortanforderungen der neuen Unternehmen sind. Die erste
industrielle Standortwahl ist daher in der Regel ein **willkürliches Ereignis.**

Nach der Lokalisierung neuer Industrien kommt es durch die Erlangung
von Wettbewerbsvorteilen an einzelnen Firmenstandorten zu selektiven
Clusterungsprozessen. Diese verstärken sich durch die zunehmende Bereitstellung von Ressourcen (qualifizierte Arbeitskräfte, Zulieferbetriebe) und
wachsende Umsätze. Im Wettbewerb entwickeln sich aber nur wenige Industrieregionen zu **regionalen Wachstumszentren,** andere hingegen wachsen nur langsam, stagnieren oder schrumpfen. Dabei lassen sich zwei Fälle
unterscheiden: (a) Großbetriebe mit starker vertikaler Integration erzielen
durch hohe interne Ersparnisse und Massenproduktion Kostenvorteile. Sie
können einerseits weitgehend isoliert bleiben oder Zulieferbetriebe an sich
binden. (b) Vertikal desintegrierte Produktionskomplexe lassen sich auf
hohe externe Ersparnisse zurückführen und sind häufig ein Kennzeichen
für boomende Industriesektoren mit wechselnden Produktkonfigurationen
und kurzfristigen Marktveränderungen.

Von den industriellen Standortschwerpunkten lassen sich **Wachstumsperipherien** erschließen, indem neue Produktionsanlagen errichtet bzw. Kon-
kurrenzunternehmen übernommen werden. In den Wachstumsperipherien
werden neue Produktionsanlagen, Marketingabteilungen und mittlere Füh-
rungsebenen angesiedelt; die Unternehmensleitung, Forschungs- und Ent-
wicklungseinrichtungen, Serviceabteilungen sowie Teile der Produktion
verbleiben dagegen an den bisherigen Standortschwerpunkten. Dabei darf
die Dispersion der Industriesektoren nicht als Schwächung der Kernregion
aufgefasst werden, vielmehr führt sie zu einer weiteren Stärkung.

Schließlich kommt es zu einer radikalen **Verlagerung der Produktions-
standorte,** die über das Stadium der Dispersion weit hinausgeht. Derartige

Selektive Clusterung

Dispersion

Verlagerung von
Standortschwer-

81

punkten („shifting centers")

Verlagerungen von Standortschwerpunkten entstehen in erster Linie durch grundlegende Veränderungen im Produktbereich, eine Revolutionierung der Produktionsmethoden oder eine vollständige Reorganisation der Industrie. Diese neuerlichen Wachstumsphasen führen dazu, dass sich die Wahlfreiheit bei der Standortsuche wieder erhöht bzw. das „window of locational opportunity" erneut öffnet. Die neuen Industriesektoren siedeln sich hauptsächlich außerhalb der alten Standortschwerpunkte an, da dort die Zulieferbeziehungen und Produktionsbedingungen einseitig auf die alten Industriesektoren ausgerichtet sind. Für eine gewisse Zeit können beide Standortschwerpunkte nebeneinander existieren, wobei der alte nur künstlich mittels Subventionen und Protektionismus vorübergehend am Leben gehalten werden kann.

4.1.3 Grundlagen der Regulationstheorie

Die ursprünglich von französischen Sozialwissenschaftlern (AGLIETTA 1976; LIPIETZ 1985, 1987; BOYER 1988) entwickelte Regulationstheorie versucht, die Komplexität der Entwicklungsdynamik moderner kapitalistischer Industriegesellschaften in ihrer zeitlichen und räumlichen Differenzierung zu erklären. Sie wurde von zahlreichen Wirtschaftsgeographen weiter entwickelt und besitzt in der Wirtschaftsgeographie als wissenschaftliche Grundlage für verschiedene Fragestellungen mittlerweile eine hohe theoretische Relevanz.

Erklärung sozioökonomischen Wandels

Das Ziel der Regulationstheorie ist, die langfristige gesellschaftliche und wirtschaftliche Entwicklung durch eine nicht-deterministische Abfolge von stabilen **Entwicklungsphasen und -krisen** zu erklären. Im Unterschied zur Theorie der Langen Wellen wird keine Zyklizität der wirtschaftlichen Entwicklung unterstellt. Ferner gelten gesellschaftliche Rahmenbedingungen, in denen technologische Innovationen nur ein Instrument unter vielen sind, quasi als Triebfeder strukturellen Wandels (vgl. SCHAMP 2000, S. 13).

Im Vordergrund der Regulationstheorie steht das Zusammenwirken der wirtschaftlich-technischen und der gesellschaftlich-institutionellen Strukturen einer Volkswirtschaft. Abbildung 4.4 (S. 83) zeigt die Grundstruktur der Regulationstheorie.

Die Entwicklungsphasen sind durch einen in sich stimmigen gesellschaftlich-wirtschaftlichen **Entwicklungszusammenhang** charakterisiert, der zwei sich gegenüberstehende Blöcke, ein Akkumulationsregime und einen Koordinationsmechanismus, umfasst.

Akkumulationsregime

Das Akkumulationsregime **(Wachstumsstruktur)** beschreibt die Bedingungen, unter denen gesamtwirtschaftliche Wachstumsprozesse ablaufen, und beinhaltet zwei Elemente: Die **Produktionsstruktur,** deren wichtigster Bestandteil das **industrielle Paradigma** ist, umfasst die in einer Volkswirtschaft vorherrschenden Produkt- und Prozesstechnologien, aus denen eine bestimmte Branchenstruktur und zwischenbetriebliche Arbeitsorganisation hervorgehen. Das **Konsummuster** ist durch Präferenzsysteme, Einkommensverteilung, Konsumgewohnheiten, Haushalts- und Familienstrukturen sowie kulturelle Tradition gekennzeichnet. Produktionsstruktur und Konsummuster stehen über marktliche und nicht-marktbedingte Aus-

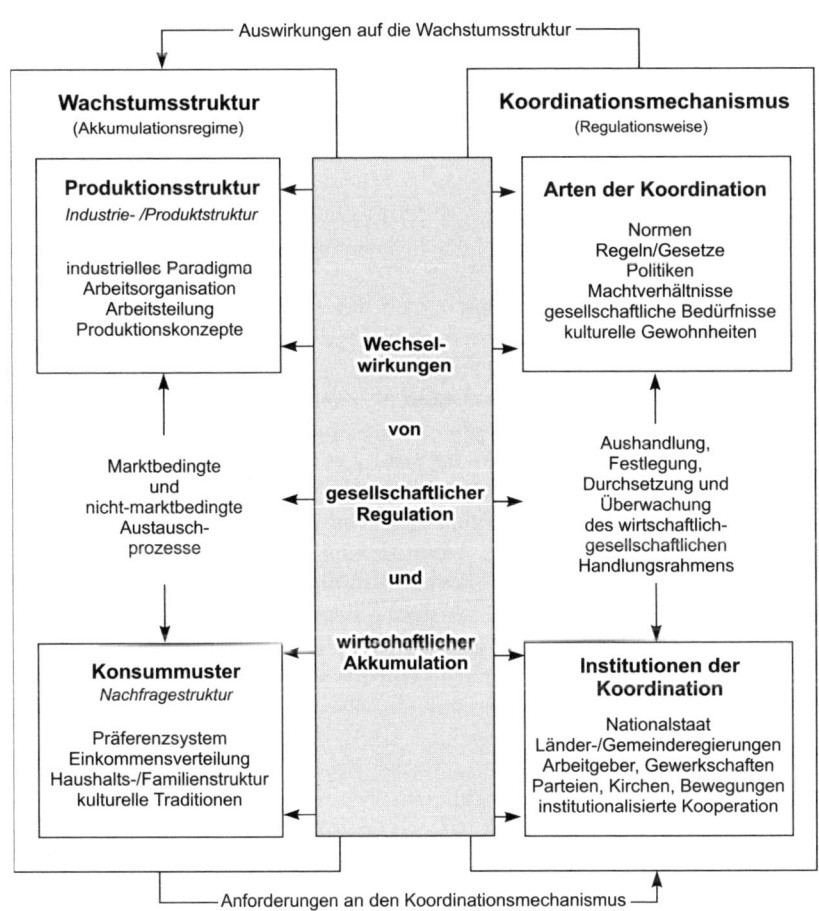

Abb. 4.4:
Regulationstheoreti-
sche Grundstruktur
der wirtschaftlich-
gesellschaftlichen
Beziehungen in
einer Volkswirtschaft
(BATHELT 1994, S. 66).

tauschprozesse miteinander in Beziehung (vgl. BENKO/DUNFORD 1991; KRÄTKE 1996, S. 9; TICKELL/PECK 1992, S. 192).

Der Koordinationsmechanismus **(Regulationsweise)** umfasst die institutionalisierten Spielregeln, d.h. die **Organisations- und Steuerungsmechanismen einer Volkswirtschaft,** die durch Normen, Gesetze, Politiken, Machtverhältnisse etc. bestimmt sind, in denen sich die Austauschhandlungen zwischen Produktion und Konsum vollziehen (vgl. DUNFORD 1990, S. 306). Auf der obersten Ebene ist dies der Nationalstaat. Es folgen auf den unteren Ebenen Parteien, Verbände, Gewerkschaften, Kirchen und nichtstaatliche Organisationen, welche durch einen konsequenten Prozess der Aushandlung, Festlegung, Überwachung und Durchsetzung konstituiert sind und somit den **sozioökonomischen Handlungsrahmen** bilden.

Koordinations-
mechanismus

Die Stabilität eines Entwicklungszusammenhangs wird mit der Zeit durch Störungen gefährdet, die möglicherweise zu einer **Entwicklungskrise** führen. Dafür kommen verschiedene Ursachen in Frage (vgl. BATHELT 1994, S. 70f.). Beispielsweise können Konjunkturzyklen, ein Wandel des industriellen Paradigmas, aber auch exogene Ursachen (z.B. Kriege, Naturkatastrophen oder Energiekrisen etc.) die Konsistenz von Akkumulationsregime und Koordinationsmechanismus gefährden. Der dadurch verursachte Zu-

Entwicklungskrisen
und deren
Überwindung

sammenbruch des bis dahin stabilen Entwicklungszusammenhangs macht eine Neudefinition der Regeln für das Zusammenwirken von Akkumulation und Koordination erforderlich. Es beginnen vielfältige Abstimmungs- und Aushandlungsprozesse zwischen den verschiedenen wirtschaftlichen und gesellschaftlichen Akteuren, deren Ergebnis neue oder veränderte Institutionen, Konsummuster und/oder Produktionsstrukturen sind. Erst dadurch werden die Voraussetzungen für das Entstehen eines neuen stabilen Entwicklungszusammenhangs geschaffen (vgl. BATHELT/GLÜCKLER 2002, S. 255).

Als beispielhaft für zwei durch eine Entwicklungskrise getrennte Entwicklungszusammenhänge lassen sich die Regime von **Fordismus** und **Postfordismus** (vgl. Kap. 4.1.4) anführen.

Räumliche Aspekte Bis auf die **Ebene des Nationalstaats** als zentraler und oberster Institution weist die Regulationstheorie keine direkte räumliche Komponente auf. Allerdings lassen sich mittelbare, aus dem Zusammenwirken von Produktionsstruktur, Konsummuster und Regulationsweise resultierende räumliche Effekte analysieren und ein Konnex (eine Verbindung) zwischen wirtschaftlich-technologischem Wandel, Arbeitsteilung und Standortstrukturen herstellen. Das dominierende industrielle Paradigma der einzelnen Entwicklungsphasen besitzt eine charakteristische Branchenstruktur und Arbeitsteilung, die unterschiedliche räumliche Organisationsformen und industrielle Verflechtungsbeziehungen begünstigen bzw. verhindern und eine entsprechende **Raumstruktur** generieren (vgl. MOULAERT/SWYNGEDOUW 1990, S. 92 f.). Eine aufkommende Entwicklungskrise bedingt räumliche Anpassungen der Produktionsstruktur. Am stärksten davon betroffen sind die bisherigen Kernregionen des wirtschaftlichen Wachstumsprozesses. Sie werden zum Brennpunkt sozioökonomischer Umstrukturierungsprozesse. Umgekehrt erhalten durch eine Veränderung der **Standortbedürfnisse** andere, bisher periphere Regionen die Möglichkeit, stärker in die ökonomischen Austauschprozesse integriert zu werden. Wie bei der Theorie der Langen Wellen, jedoch ohne Unterstellung einer Zyklizität, lassen sich dadurch Aufstieg und Niedergang von Wirtschaftsregionen erklären und bedingt Aussagen zur unternehmerischen Standortstruktur ableiten.

Kritik und Würdigung Durch die stärkere Berücksichtigung der Wechselwirkungen zwischen wirtschaftlicher und gesellschaftlicher Sphäre überwindet die Regulationstheorie den technologischen Determinismus anderer Ansätze (z. B. der Theorie der Langen Wellen). Dennoch ist sie aus verschiedenen Gründen kritisch zu beleuchten (vgl. HESS 2006a, S. 38): Die Ablösung von stabilen Entwicklungsphasen durch neue Phasen ist nicht eindeutig zu belegen, ein dauerhaftes Nebeneinander unterschiedlicher Produktions- und Regulationsweisen wird durch das Konzept der Entwicklungskrisen theoretisch ausgeschlossen. Die Regulationstheorie ist aus einer **strukturalistischen Perspektive** heraus entwickelt worden, woraus eine **unzureichende Berücksichtigung der Akteursebene** folgt. Eine generelle Schwierigkeit ergibt sich aus der empirischen Umsetzbarkeit der Regulationstheorie. Ihre umfassende, gewissermaßen **metatheoretische Konzeptionierung** macht eine Falsifizierung nahezu unmöglich.

Insgesamt lässt die Regulationstheorie innerhalb wirtschaftsgeographischer Fragestellungen oftmals mehr Fragen offen, als sie zu beantworten vermag. Unter Einbeziehung anderer Erklärungsansätze ist sie aber trotzdem ein wertvolles heuristisches Gerüst, mit dem die Komplexität wirtschaftlicher und gesellschaftlicher Entwicklungsmuster analysiert werden kann.

4.1.4 Vom Fordismus zum Postfordismus

In der sozial- und wirtschaftswissenschaftlichen Diskussion herrscht heute weitgehend Einigkeit darüber, dass in den letzten Jahrzehnten starke Veränderungen wirtschaftlicher Strukturen und unternehmerischer Organisationsformen stattgefunden haben. Es hat sich dabei zunehmend durchgesetzt, die späten 1960er- und frühen 1970er-Jahre nicht nur als Phase wirtschaftlicher und sozialer Turbulenzen innerhalb einer langfristig kontinuierlichen sozioökonomischen Entwicklung, sondern auch als grundlegenden, gewissermaßen paradigmatischen Bruch der Produktionsverhältnisse entwickelter kapitalistischer Gesellschaften zu begreifen (vgl. LIPIETZ 1985; ESSER/HIRSCH 1987).

Fordismus

Nach dem Zweiten Weltkrieg stellte sich in den nordamerikanischen und westeuropäischen Industrieländern ein bis in die frühen 1970er-Jahre stabiler Entwicklungszusammenhang ein, der – in Anlehnung an die durch Henry Ford in der Automobilindustrie initiierten Strukturen – als Fordismus bezeichnet wird (vgl. im Folgenden BATHELT 1994, S. 70 ff.).

Die fordistische Produktionsstruktur ist durch Großserien- bzw. **Massenproduktion** standardisierter Güter, Produktionskontinuität durch **Fließfertigung** sowie die Prinzipien einer **tayloristischen Arbeitsteilung** (strikte Trennung von ausführenden und konzeptionellen Tätigkeiten, Fragmentierung des Fertigungsprozesses in möglichst viele, einfach strukturierte und standardisierte Teilschritte) charakterisiert (vgl. JESSOP 1992, S. 46 ff.). Diese Merkmale führen zu **hohen Produktivitätszuwächsen** und **steigenden Skalenerträgen** („economies of scale") in hierarchisch strukturierten **Großunternehmen**. Das Konsummuster des Fordismus ist durch die **Massennachfrage nach langlebigen Verbrauchsgütern** geprägt. [Fordistisches Akkumulationsregime]

Die Konsistenz von Produktions- und Konsumstruktur basiert auf der Reproduktion des Faktors Arbeit durch die antizipatorische Kopplung der Löhne an die Erwartungen über Produktivitäts- und Preiszuwächse, was man als **fordistischen Kompromiss** bezeichnet (vgl. MAIER 2005, S. 453). Löhne und Arbeitsbedingungen werden zwischen Staat, Arbeitgeberverbänden und Gewerkschaften ausgehandelt („collective bargaining"). Der **keynesianische Wohlfahrtsstaat** trägt dafür Rechnung, dass auch vom Arbeitsprozess ausgeschlossene bzw. aus ihm ausgeschiedene Menschen (Arbeitslose und Rentner) am Konsum partizipieren können und konjunkturelle Schwankungen mit negativen Auswirkungen durch eine antizyklische Haushaltspolitik geglättet werden. Die Raumordnungspolitik ist auf den Abbau regionaler Disparitäten und die Schaffung gleichwertiger Lebensbedingungen gerichtet. [Fordistischer Koordinationsmechanismus]

Fordistische
Raumstruktur

Zur Nutzung von „economies of scale" kommt es im Fordismus zur **Konzentration der Massenfertigung** in wenigen, **vertikal integrierten Großunternehmen.** Die Kernregionen der Industrieländer weisen deutliche **Agglomerationstendenzen** auf. Die meist entwicklungsgeschichtlich geprägten Standorte lassen sich mit der Orientierung an traditionellen Standortfaktoren (z. B. Rohstofforientierung) erklären und zeichnen sich durch ein hohes Maß an **Persistenz** aus. Durch ihre wirtschaftliche Dominanz beeinflussen fordistische Großunternehmen die Standort-, Qualifikations- und Infrastruktur ihres regionalen Umfelds, woraus eine **hierarchische Raumstruktur** erwächst.

Charakteristisch für den Fordismus ist eine **räumlich-funktionale Arbeitsteilung,** welche die asymmetrischen Machtverhältnisse zwischen Stammsitz und Zweigwerken von Großunternehmen bzw. Leitungs-, Forschungs- und Produktionsstandorten widerspiegelt und sich durch vielfältige **Zentrum-Peripherie-Strukturen** auszeichnet. Diese treten von der regionalen Ebene zwischen urban-industriellen und peripheren Räumen bis zur internationalen Ebene zwischen Innovationskernen in Industrieländern und Produktions- bzw. Montagestandorten in Entwicklungsländern auf.

Die räumliche Verteilung der einzelnen Wertschöpfungsfunktionen gemäß komparativer Standortvorteile auf unterschiedliche Regionen wird – analog zur Arbeitsorganisation – als **„Taylorisierung des Raums"** bezeichnet. Der Einbezug auch ausländischer Standorte im Rahmen der **Neuen Internationalen Arbeitsteilung** (vgl. Kap. 4.3.1) hat sich unter dem Begriff **„peripherer Fordismus"** durchgesetzt (vgl. STORPER/SCOTT 1990, S. 134; MOULAERT/SWYNGEDOUW 1990, S. 94; KRÄTKE 1990, S. 34).

Fordismuskrise

Anfang der 1970er-Jahre begann sich in Nordamerika und Westeuropa ein krisenhafter Umbruch abzuzeichnen, von dem weite Teile von Wirtschaft und Gesellschaft betroffen waren und der das seit Ende des Zweiten Weltkriegs zunächst ungebrochene Wirtschaftswachstum beendete. Der einst stabile Entwicklungszusammenhang wurde von der Fordismuskrise erfasst. Aufgrund von **Starrheiten, abnehmender Produktivitätszuwächse** und **schlechter Produktqualität** stießen fordistische Produktionsprozesse zunehmend an ihre Grenzen, welche die Erzielung von Skaleneffekten mehr und mehr in Frage stellten. Die Unternehmen ließen sich wegen Größe und Komplexität kaum noch überschauen und effizient steuern, die Produktionsprozesse nur unter Inkaufnahme hoher Kosten umstellen.

Die auf den Erdölschock zurückzuführende erste weltweite **Energiekrise** führte zu allgemeinen Wachstums- und Investitionsschwächen, begleitet von **sozialen Widerständen** (z. B. Streiks und Studentenrevolten) und den verheerenden **ökologischen Auswirkungen** der Massenproduktion.

Auf der Konsumentenseite vollzog sich simultan ein grundsätzlicher Wertewandel, der sich in einer **Individualisierung** und **Fragmentierung der Nachfrage** ausdrückte, auf welche fordistisch organisierte Industrieunternehmen nicht flexibel reagieren konnten. Parallel dazu führte das Aufkommen von Konkurrenten aus den Entwicklungs- und Schwellenländern zur **Verschärfung des internationalen Wettbewerbs.** Ein ruckartiger Anstieg der Arbeitslosigkeit, ein Rückgang der realen Kaufkraft sowie die Verschärfung regionaler Disparitäten waren in den westlichen Industrieländern die unmittelbare Folge (vgl. BATHELT 1994, S. 79). Vielfältige staatliche Maßnahmen („deficit spending", Beschäftigungs- und Konjunkturprogramme, steuerliche Entlastungen, Subventionen, Protektionismus etc.) sollten die Auflosung fordistischer Strukturen verzögern, stürzten aber – gepaart mit rückläufigem ökonomischen Wachstum – den fordistischen Wohlfahrtsstaat in eine tiefe, strukturelle und inflationsbeschleunigende Haushaltskrise (vgl. MAIER 2005, S. 454).

In der räumlichen Dimension zog die Fordismuskrise die regional stark konzentrierten **Standortagglomerationen** industrieller Massenproduktion in Mitleidenschaft, während **neue Produktionsräume** jenseits der traditionellen Industriereviere und mit einem hohen High-tech-, Handwerks- und unternehmensorientiertem Dienstleistungsanteil sich leichter taten, den strukturellen Wandel zu bewältigen (vgl. BATHELT/GLÜCKLER 2002, S. 257).

Postfordismus

In der regulationstheoretischen Forschung wird die Überwindung der Fordismuskrise mit der Entstehung und Ausbreitung **flexibler Strukturen und Prozesse** erklärt, mit denen es gelingt, die Starrheiten des Fordismus aufzubrechen. Dieser neue Entwicklungszusammenhang wird als Postfordismus bezeichnet.

Das postfordistische Konsummuster zeichnet sich durch eine **Pluralisierung der Lebensstile** und eine **Individualisierung der Konsumgewohnheiten** aus. Auf der Produktionsseite erfolgt eine **Flexibilisierung der Produktionsprozesse und Arbeitsorganisation** durch die Einführung moderner Computer-, Informations- und Kommunikationstechnologien. Ausdruck dieser neuartigen Produktionsstruktur sind der Einsatz flexibler und kurzfristig umrüstbarer Maschinentypen, kleine Losgrößen, kurze Produktlebenszyklen, entsprechend der Nachfrage tiefe Produktdifferenzierungen sowie häufige Produkt- und Prozesswechsel. Die Arbeitsorganisation distanziert sich zunehmend von den Prinzipien der tayloristischen Arbeitsteilung, flexible Beschäftigungsformen und -verhältnisse (z.B. freie Mitarbeit, Teilzeitarbeit, Heimarbeit) nehmen zu (vgl. BATHELT 1994, S. 81 f.; BATHELT/GLÜCKLER 2002, S. 258). *(Postfordistisches Akkumulationsregime)*

Innerhalb des Koordinationsmechanismus lässt sich eine Schwächung des Nationalstaates von zwei Seiten ausmachen. Nationalstaatliche Aufgaben werden zum einen auf die **lokal-regionale Ebene** (in Deutschland z.B. Bildungspolitik, regionale Wirtschaftspolitik), zum anderen auf die **supranationale Ebene** (in der Europäischen Union z.B. die Währungs-, Verbraucherschutz-, Agrar-, Außenhandels-, Verkehrs-, Außen- und Sicherheitspolitik) übertragen. *(Postfordistischer Koordinationsmechanismus)*

Gleichzeitig setzen sich mit der **Privatisierung** vormals staatlicher Aufgabenbereiche (z.B. im Verkehrs-, Versorgungs- und Gesundheitswesen), der **Deregulierung** auf einzelnen Märkten (z.B. durch den Abbau von Monopolen und Subventionen) sowie der **Entbürokratisierung** des Staatsapparates neoliberale Politikansätze durch, die auf eine Zurückdrängung von Staatsinterventionismus und einen Rückbau des Wohlfahrtsstaates gerichtet sind (vgl. BATHELT 1994, S. 83; HIRSCH 2001, S. 188 f.).

Es wird angenommen, dass postfordistische Strukturen wesentlich flexibler sind als jene des Fordismus und diese Flexibilität im Wesentlichen auf Aspekten wie kleinen Unternehmensgrößen, modernen Formen der Arbeitsteilung, geringer vertikaler Integration sowie der Neubewertung des *(Nebeneinander von Fordismus und Postfordismus)* regionalen und lokalen Potenzials ökonomischer Aktivitäten gründet (vgl. SABEL 1994). Danach müssten es vor allem kleine und mittlere Unternehmen (KMU) sein, die – basierend auf nicht-hierarchischen Beziehungen und eingebettet in regionale Produktionskreisläufe – nun als selbstständige Akteure das wirtschaftliche Wachstum tragen.

Die These eines paradigmatischen Bruchs zwischen den skizzierten Entwicklungsphasen ist allerdings umstritten. Nicht eindeutig geklärt ist bisher, ob die Krise des Fordismus wirklich zu dessen Überwindung führt oder ob nicht vielmehr das alte Produktionssystem den veränderten Wettbewerbsbedingungen angepasst wird. Wie sonst ließe sich die heute mehr denn je evidente Bedeutung von Großunternehmen erklären, die vor allem in einer wachsenden Unternehmenskonzentration durch Fusionen und Akquisitionen sowie der zunehmenden internationalen Verflechtung ökonomischer Aktivitäten zum Ausdruck kommt. In der Realität sind daher fordistische und postfordistische Strukturen häufig nebeneinander anzutreffen (vgl. HUDSON 1992, S. 79):

- In den westlichen Industriestaaten war, wie z. B. in der Investitionsgüterindustrie, niemals die gesamte Produktion fordistisch organisiert. Umgekehrt ist es verfrüht, das Ende fordistischer Massenproduktion in allen Wirtschaftsbereichen vorherzusagen.
- Viele Großunternehmen besitzen die Fähigkeit, flexibel zu produzieren. Oftmals sind Konzentrationsprozesse die Voraussetzung für eine flexiblere Reorganisation und Restrukturierung der Produktion. Kleine und mittlere Unternehmen andererseits agieren nicht per se flexibler als Großunternehmen, zumindest wenn man berücksichtigt, dass sie oftmals in Wertschöpfungsketten eingebunden sind, in denen sie sich den Vorgaben der Endhersteller unterordnen müssen.
- Schließlich werden viele kleine Produktionsbetriebe kaum in lokale oder regionale Produktionskomplexe integriert, während dies bei Großunternehmen nicht generell auszuschließen ist.

Raumstruktur des Postfordismus

Die sich abzeichnenden Raumstrukturen des Fordismus sind widersprüchlich. Einerseits begünstigen die Liberalisierung der Waren-, Finanz- und Kapitalmärkte sowie die Einführung neuer Kommunikations- und Transporttechnologien den Prozess der **Globalisierung,** deren Träger vor allem transnational operierende Unternehmen sind (vgl. Kap. 4.3.1). Andererseits kommt es durch die verstärkte räumliche Konzentration industrieller Unternehmen und die Bildung von eher kleinräumigen, territorial begrenzten Produktionsräumen (Cluster, Industriedistrikte, kreative Milieus u. a.) zur Aufwertung und Neuausrichtung regionaler Qualitäten und Identitäten. In diesem Prozess der **Regionalisierung,** d. h. der Bildung regionaler Raumsysteme (vgl. Kap. 4.2), gewinnt vor allem der Faktor der räumlichen Nähe mehr und mehr an Bedeutung (vgl. BATHELT 1994, S. 85).

4.1.5 Flexible Organisations- und Produktionsstrukturen

Ein wesentlicher Bestandteil der Diskussion um den mit der Fordismuskrise einhergehenden industriellen Strukturwandel und das postfordistische Akkumulationsregime sind Szenarien einer **flexiblen Produktion,** welche unterschiedliche Formen flexibler Arbeitsteilung und entsprechenden Technologieeinsatzes miteinander verbinden und es erlauben, auf veränderte Marktstrukturen und Wettbewerbsbedingungen flexibel und schnell zu reagieren. Dabei tauchen vor allem zwei Konzepte, das der flexiblen Spezialisierung und das der dynamischen Flexibilisierung, immer wieder auf (vgl. Hess 2006b, S. 570 ff.).

Die technologischen Voraussetzungen für das von Piore/Sabel (1989) vertretene Szenario der flexiblen Spezialisierung liegen insbesondere in der zunehmenden Verbreitung **computergestützter Produktionsmethoden.** Dadurch wurde es möglich, die Rüstzeiten für Maschinen zu verkürzen und somit auch die Kosten für Kleinserien- und Einzelfertigung zu reduzieren. Piore/Sabel sehen darin vor allem einen Vorteil für **kleine und mittlere Unternehmen.** Die erzielten **„economies of scope"** bzw. Verbundvorteile versetzen diese in die Lage, gegen große Unternehmen, die aus der Massenfertigung **„economies of scale"** bzw. Größenersparnisse erzielen, zu konkurrieren und wettbewerbsfähig zu sein.

Der räumliche Ausdruck der flexiblen Spezialisierung sind entlang der Wertschöpfungskette integrierte **Industriedistrikte** (vgl. Kap. 4.2.3) aus kleinen und mittleren Unternehmen. Räumliche Nähe fördert dabei die Kommunikations- und Abstimmungsprozesse und senkt die Transaktionskosten (vgl. Bathelt/Gluckler 2002, S. 258).

Die Argumentation, die Einführung computergestützter Fertigungstechnologien käme vor allem Kleinbetrieben zugute, hat auch Widerspruch erfahren. So zeigen empirische Untersuchungen, dass die Adaptionsrate flexibler Produktionssysteme entgegen der Annahme der flexiblen Spezialisierung mit der Unternehmensgröße wächst (vgl. Harrison 1994, S. 58 ff.). Zu hinterfragen ist ebenfalls die unterstellte grundsätzliche Überlegenheit von „economies-of-scope"-Effekten flexibler kleiner und mittlerer Unternehmen gegenüber „economies-of-scale"-Effekten großer Unternehmen. An diesen Kritikpunkten setzt das Modell der dynamischen Flexibilisierung von Coriat (1991, 1992) an.

Unter dynamischer Flexibilisierung ist ein iterativer Prozess kontinuierlicher Veränderungen zu verstehen, der sowohl Produkt- als auch Prozessinnovationen betrifft und eine **flexible Massenproduktion in Großbetrieben** möglich macht. Produktwechsel und Produktmodifikationen werden durch kostengünstige Wechsel des Produktionsprozesses erreicht. Voraussetzung dafür ist die entsprechende Qualifikation der Arbeitskräfte im Unternehmen (vgl. Coriat 1992, S. 150). Der entscheidende Vorteil liegt darin, dass im Unterschied zur fordistischen, starren Massenproduktion die **Lernkurveneffekte,** d.h. der negative Zusammenhang zwischen den durchschnittlichen Kosten der Produktion und der kumulierten Produktionsmenge, wesentlich höher sind. Dadurch wird die Wettbewerbsfähigkeit von Großunternehmen, welche im Szenario der flexiblen Spezialisierung für zu unbeweglich gehalten werden, deutlich erhöht.

Die dynamische Flexibilisierung führt zu **räumlichen Konzentrationsprozessen,** wobei eine Reduzierung der Fertigungskosten und die Besinnung auf Kernkompetenzen gegenüber fordistisch strukturierten Standortregionen zur **Verschlankung der Standortsysteme** führen. Die räumlichen Organisationsmuster zeigen dabei unterschiedliche Auswirkungen. Die

Flexible Spezialisierung

Dynamische Flexibilisierung

89

Belieferung spezifischer Systemkomponenten im Rahmen einer „just-in-time"-Fertigung generiert die räumliche Konzentration von Zulieferern. Handelt es sich dagegen um standardisierte Komponenten, wirkt eine globale Beschaffungsstrategie („global sourcing") der Ausbreitung lokaler Produktionssysteme entgegen (vgl. BATHELT/GLÜCKLER 2002, S. 258f.).

4.1.6 Räumliche Innovations- und Diffusionsmodelle

Seit der Industriellen Revolution stellen technologische Innovationen einen integralen Bestandteil und Motor wirtschaftlicher Entwicklung dar. Markt und Wettbewerb verankern Innovationen als strukturelles Element im Wirtschaftssystem. Mit dem in den 1970er-Jahren einsetzenden wirtschaftlichen Strukturwandel sind Innovationen zu einem zentralen Wettbewerbsfaktor geworden (vgl. THOMI/WERNER 2001, S. 202). Sie stehen für neue und erfolgreiche unternehmerische Aktivitäten, welche sowohl das Resultat des technologischen Fortschritts als auch der Auslöser ökonomischen, sozialen und strukturellen Wandels sind.

Innovation   Innovationen sind „Ideen, Tätigkeiten oder Objekte, die von einem Individuum oder einer sozialen Gruppe als neu angesehen werden. Dabei ist unbedeutend, ob es sich wirklich um neue Ideen, Tätigkeiten oder Objekte handelt. Entscheidend ist allein, ob sie dem Individuum oder der Gruppe bislang bekannt waren" (WINDHORST 1983, S. 4).

Innovationstypen   Die gebräuchlichste Einteilung von Innovationen ist die folgende: **Produktinnovationen** umfassen das Wissen, wie ein neues Produkt hergestellt und marktfähig gemacht wird; **Prozessinnovationen** sind neue Verfahren, ein bekanntes Produkt zu produzieren; **organisatorische Innovationen** beziehen sich auf die Art und Weise, den Wertschöpfungsprozess, eine Betriebsstätte oder ein Unternehmen neu zu organisieren.

Ferner lässt sich zwischen **erweiternden Innovationen,** welche Repertoire und Aktionsradius von Menschen um bisher nicht da gewesene Dinge oder Ideen erweitern (z. B. Luft- und Raumfahrt), und **verdrängenden Innovationen,** die neue Lösungen für alte Probleme vorsehen (z. B. Kunststoffbeschichtung von Weißblechdosen anstatt teurer Verzinnung), unterscheiden (vgl. RITTER 1998, S. 130). Besonders hervorzuheben gilt es die in SCHUMPETERS Theorie der Langen Wellen (vgl. Kap. 4.1.1) eine zentrale Rolle spielenden **Basisinnovationen** (z. B. Dampfkraft, motorisierter Straßenverkehr, Mikroelektronik), „die auf lange Sicht einen so grundlegenden Umbau der bestehenden Strukturen bringen, dass dazu eine ganze Serie zusätzlicher Innovationen in ergänzenden Problemfeldern nötig wird" (RITTER 1998, S. 131).

Invention   Während die Invention allgemein die **Erfindung** neuer Problemlösungen, die **Entdeckung** neuer Ideen oder eine Neuinwertsetzung bzw. mehrwertschaffende Neukombination von bereits Bekanntem darstellt, ist die Innovation die erstmalige Umsetzung von Erfindungen bzw. Realisierung von Ideen.

Innovationsrelevante Standortfaktoren   Zu den wichtigsten Standortfaktoren für die Generierung von Innovationen gehören hoch qualifizierte Arbeitskräfte, der Zugang zu Informationen und Beratungsdienstleistungen, Kooperationsmöglichkeiten, Agglomerationsvorteile, ein guter Marktzugang, die Verfügbarkeit von Risikokapital und eine entsprechende Kommunikationsinfrastruktur (vgl. MAIER 2005, S. 471).

Erfolgreiche Innovationen sind nicht als Ergebnis der Genialität eines einzelnen schöpferischen Individuums oder Unternehmens, sondern als **Kombination von internem und externem Wissen,** das durch eine enge gegenseitige Rückkopplung von Forschung, Anwenderbedürfnissen und dem Markt gewonnen wird, zu begreifen. Bedeutend ist daher vor allem das **netzwerkartige Zusammenwirken** mit anderen Unternehmen, Institutionen und weiteren Entscheidungsträgern eines regionalen Systems, welches ein Unternehmen mit dynamischen Impulsen versorgt und durch zwischenbetriebliche Interaktionen reproduziert wird. **Interaktionen,** zu verstehen als Austausch materieller und immaterieller Ressourcen zwischen Innovationsakteuren über räumliche Entfernungen hinweg, stellen daher das Bindeglied zwischen Innovation und Raum dar (vgl. MAIER 2005, S. 471; KOSCHATZKY 2001, S. 61f.). Da Innovationsprozesse eine intensive Abstimmung zwischen den beteiligten Akteuren erforderlich machen und sich nicht als reine Markttransaktionen abbilden lassen, ist **räumliche Nähe** oft von besonderer Bedeutung. Dies gilt vor allem dann, wenn (vgl. KOSCHATZKY 2001, S. 59f.):

- die Innovation als mit **hoher Unsicherheit** behaftet gilt, was vor allem bei der Bildung neuer technologischer Paradigmen sowie in der Anfangsphase von Innovationsprozessen, welche auf radikale Neuerungen zielen, der Fall ist;
- die Innovation eine **hohe Wissenschaftsbindung** aufweist, d.h. sich durch eine enge Beziehung zwischen wissenschaftlich-universitärer und praxisbezogen-industrieller Forschung auszeichnet, wie es insbesondere bei jungen Technologien üblich ist;
- Wissen und Informationen an **spezifische Raumstellen** gebunden sind;
- der Innovationsprozess eine **enge Zusammenarbeit** zwischen den Anbietern und Nutzern neuer Technologien erforderlich macht;
- es sich um **implizites,** d.h. nicht kodifizierbares **Wissen** („tacit knowledge") handelt, das sich nur über direkte Kontakte austauschen lässt. Während die Transportkosten für **explizites Wissen** in Form von Informationen aufgrund von modernen Kommunikationsmedien invariant gegenüber Entfernungen sind, nehmen die Kosten für die Vermittlung impliziten Wissens mit der Entfernung zu, da dieses an Personen gebunden ist (vgl. STRACKE 2006, S. 45).

Auf der wirtschaftsregionalen Ebene sind Innovationsprozesse in ein sozioinstitutionelles Umfeld eingebettet (**„embeddedness",** vgl. Kap. 4.2.4), das den Aufbau gemeinsamer Einstellungen, Vertrauen und Routinen fördert, die Entstehung einer gemeinsamen Wissensbasis begünstigt und regionale Lern- und Innovationsprozesse ermöglicht. Räumlich zum Ausdruck kommen diese Zusammenhänge in Industriedistrikten, Clustern und kreativen Milieus (vgl. Kap. 4.2; BATHELT/DEPNER 2003, S. 129 und 138).

Unter Diffusion versteht man den Prozess der von einem Zentrum ausgehenden **Ausbreitung** einer Innovation in einem sozialräumlichen System. Der ⇨ Diffusionsprozess hängt davon ab, inwieweit die Innovation von anderen Produzenten bzw. Konsumenten verwertet bzw. übernommen wird, was man als **Adoption** bezeichnet.

Diffusion

Diffusionsprozess

Gegenstand der **geographischen Diffusionsforschung**, die ein wichtiges Arbeitsgebiet der raumwirtschaftsorientierten Wirtschaftsgeographie (vgl. Kap. 1.3, 2.2.2) darstellt, ist die Erklärung und Beschreibung des **raumzeitlichen Ausbreitungsprozesses** von Innovationen.

Logistische Kurve

Die logistische Kurve zeigt die **zeitliche Ausbreitung** von Innovationen anhand der **Adoptionsrate.** Diese gibt den kumulierten prozentualen Anteil der Bevölkerung bzw. der potenziellen Adoptoren an, der die Innovation zu einem bestimmten Zeitpunkt in einer Raumeinheit übernommen hat. Als erste Ableitung der Normalverteilungskurve, welche die Anzahl der Adoptoren je Zeiteinheit erfasst (vgl. Abb. 4.6, S. 93), weist die logistische Kurve einen S-förmigen Verlauf mit einer flachen Anfangsphase, einer steilen Mittel- bzw. Expansionsphase und einer wiederum flachen Auslauf- bzw. Sättigungsphase auf (vgl. Abb. 4.5).

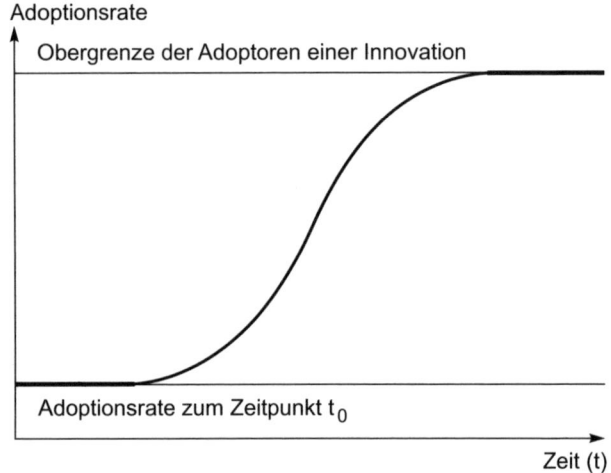

Abb. 4.5:
Logistische Kurve
(WINDHORST 1983, S. 91).

Die logistische Kurve kann als „graphischer Ausdruck des Widerstandes gegenüber der Annahme und Anwendung einer Innovation in einer bestimmten Bevölkerung" (WINDHORST 1983, S. 91) interpretiert werden. Zu beachten ist, dass unterschiedliche Innovationen zu Modifikationen des S-förmigen Kurvenverlaufs führen können. Innovationen, die sich schnell durchsetzen, zeigen im Mittelteil der Kurve einen sehr steilen Verlauf; Innovationen, die sich nur langsam behaupten, weisen einen abgeflachten Verlauf auf.

Adoptorkategorien

Die Verteilung der Anzahl der Adoptoren zu einem bestimmten Zeitpunkt folgt einer annähernd normalverteilten Kurve. Über das Maß der Standardabweichung vom mittleren Zeitpunkt der Innovationsaufnahme lassen sich fünf verschiedene Adoptorkategorien bilden (vgl. ROGERS 1962, S. 159ff.):

- **Innovatoren,** deren wichtigste Eigenschaft ihre Innovationsfreude ist, verfügen für den Fall, dass die Innovation scheitert, über einen gewissen finanziellen Spielraum. Sie sollten die Fähigkeit besitzen, komplexes technisches Wissen zu verstehen und anzuwenden.
- **Frühe Adoptoren** sind stark in die lokale Gesellschaft integriert, übernehmen dort eine Vorbildfunktion und werden nach ihrer Meinung gefragt.

Als Meinungsbildner kommt ihnen besondere Bedeutung für den Diffusionsprozess zu.

- Die **frühe Mehrheit** stellt den Durchschnitt dar. Diese Gruppe weist keine besonderen Eigenschaften auf, spielt aber eine entscheidende Rolle für die Legitimation einer Innovation.
- Die **späte Mehrheit** ist ebenfalls als durchschnittlich zu bezeichnen, gilt aber als eine von Skepsis gezeichnete Gruppe, die sich durch eine niedrige Innovationsbereitschaft charakterisiert. Der Anstoß für die Adoption ist hier in wirtschaftlicher Notwendigkeit oder sozialem Druck zu suchen.
- **Zauderer** sind Mitglieder einer lokalen Gemeinschaft, die sich am meisten traditionsgebunden zeigen. Sie treffen ihre Entscheidungen nach Wertvorstellungen aus früheren Zeiten. Entschließen sie sich sehr spät zur Adoption, kann der Verdrängungsprozess durch die nächste Innovation schon eingesetzt haben.

Den einzelnen Adoptorkategorien lassen sich unterschiedliche Diffusionsphasen zuordnen (vgl. Abb. 4.6).

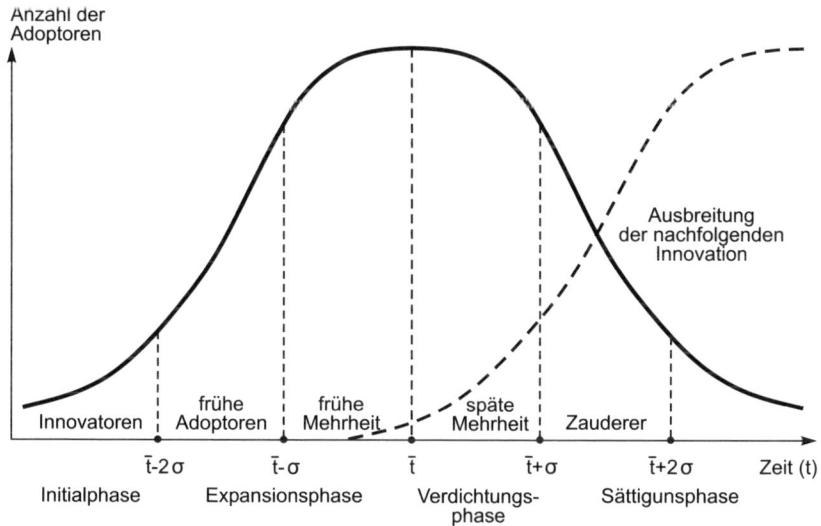

Abb. 4.6: Adoptorkategorien und Diffusionsphasen (WINDHORST 1983, S. 93; RITTER 1998, S. 131, verändert).

Die Adoptorkategorien können als **sozialgeographische Gruppen** (vgl. Kap. 2.2.1) identifiziert werden, die – je nach Innovationsbereitschaft, Verhaltensnormen sowie der Nutzung unterschiedlicher Informations- und Kommunikationssysteme – ein unterschiedliches raumwirksames Verhalten zeigen (vgl. WINDHORST 1979, S. 242 ff.).

Hinsichtlich der räumlichen Dimension der Innovationsdiffusion lassen sich zwei Ausbreitungstypen unterscheiden (vgl. WINDHORST 1983, S. 95 ff.): Beim **Nachbarschaftseffekt** breitet sich die Innovation – einer ansteckenden Krankheit ähnelnd – über persönliche Kontakte aus. Eine Person, welche die Innovation bereits übernommen hat, veranlasst durch Berichte im Rahmen von **„face-to-face"-Kontakten** andere Personen zur Adoption. Die Häufigkeit persönlicher Kontakte und damit die Anzahl potenzieller Adoptoren nimmt mit zunehmender Entfernung vom Ursprungsort ab und ist damit **distanzabhängig.** Durch den Nachbarschaftseffekt brei-

Nachbarschafts-
versus
Hierarchieeffekt

tet sich eine Innovation von einem Zentrum in dessen Umfeld **wellen-förmig** aus. Man spricht auch von einer **Expansionsdiffusion.**

Beim **Hierarchieeffekt** breitet sich die Diffusion **distanzunabhängig-sprunghaft** und entlang einer **hierarchischen Ordnung,** wie z. B. dem System Zentraler Orte (vgl. Kap. 3.1.2) oder der Kompetenzabfolge von Institutionen, von einer höheren auf eine niedrigere Stufe aus.

Welcher räumliche Diffusionstyp vorliegt, hängt zunächst von der räumlichen **Maßstabsebene** ab: Während sich in einem lokalen Umfeld eine Innovation vor allem über direkte zwischenmenschliche Kontakte ausbreitet, gewinnt auf höheren Maßstabsebenen (überregionale, nationale, internationale Dimension) die hierarchische Diffusion an Bedeutung (vgl. WIRTH 1979, S. 202 ff.). Zu beachten ist auch der technologische **Stand der Kommunikationsinfrastruktur.** Moderne Medien, insbesondere das **Internet,** lassen die Überwindung räumlicher Distanzen zunehmend obsolet werden und begünstigen die Voraussetzungen für eine hierarchische bzw. an individuellen Netzwerken orientierte Innovationsdiffusion. Durch besonders aktive Netzwerkbeziehungen und das Internet können Diffusionsmuster globaler Dimension heute schneller entstehen als in derselben Zeit Ausbreitungsmuster auf regionaler bzw. nationaler Ebene.

Diffusionsbarrieren

Zu beachten ist, dass der Diffusionsprozess stets durch sog. Diffusionsbarrieren gehemmt werden kann. Während sich **natürlich-physische Barrieren** (z. B. Gebirge oder Ozeane) durch moderne Kommunikationsmedien praktisch ausschalten lassen, können **sprachliche Barrieren** den Diffusionsprozess erheblich lähmen oder räumlich einengen, **soziokulturelle Barrieren** (z. B. interkulturell oder religiös bedingte Normen oder Antipathien) ihn zum Erliegen bringen.

Hägerstrand-Modell

Einen Meilenstein in der geographischen Innovations- und Diffusionsforschung stellen die Arbeiten des schwedischen Geographen TORSTEN HÄGERSTRAND (u. a. 1967) dar. Er beschäftigte sich ursprünglich mit der Ausbreitung landwirtschaftlicher Innovationen in Schweden (z. B. Methoden zur Diagnose von Rindertuberkulose, Subventionen zur Melioration von Weideland). Seine Arbeiten bildeten später vor allem in den USA den Vorläufer vieler weiterer praktischer Forschungsvorhaben. HÄGERSTRAND fragt danach, wie es um die **räumliche Strukturierung des Kommunikationsverhaltens** eines Individuums und die **Verteilung von Informationen** innerhalb einer vorgegebenen Bevölkerungsmenge im Raum zu verschiedenen Zeitpunkten bestellt ist.

Durchschnittliches Informationsfeld

Im Modell Hägerstrands breitet sich eine Innovation durch **persönliche Kontakte** zwischen dem ursprünglichen Innovator bzw. den Personen, welche die Innovation bereits übernommen haben, und den potenziellen Adoptoren aus. Mit dem Moment der Kontaktaufnahme bekommt die Diffusion eine **entfernungsabhängige Wahrscheinlichkeitskomponente.** Mit zunehmender Distanz vom Ausgangsort nimmt die Kontaktwahrscheinlichkeit ab. Jeder potenzielle Adoptor weist in seiner räumlichen Umgebung ein durch seine Kommunikationsgewohnheiten strukturiertes durchschnittliches Informationsfeld **("mean information field"),** d. h. ein Feld oder Gebiet, in dem es zu Kontakten kommen kann, auf. Informationen über Innovationen, welche in dieses Feld eindringen, werden dem potenziellen Adoptor mit relativ hoher Wahrscheinlichkeit bekannt, während die Wahrscheinlichkeit, jenseits dieses Feldes etwas über die Innovation zu erfahren, vergleichsweise stark abnimmt. Sobald die Innovation übernommen ist, wird das durchschnittliche Innovationsfeld des Adoptors zum Herd der weiteren Diffusion.

Während sich das Hägerstrand-Modell ausschließlich mit der Adoptoren- bzw. Nachfrageseite des Diffusionsprozesses befasst, berücksichtigt das „market and infrastructure model" von BROWN (1979) explizit die **Angebotsseite,** auf der sog. **Propagatoren** den Diffusionsprozess unterstützen bzw. beschleunigen. Die Propagatoren werden durch sog. **Diffusionsagenturen** (z. B. Supermärkte, Kaufhäuser, Dienstleister, Versandhandel) verkörpert. Es sind die Lokalisation (Standortwahl) der Diffusionsagenturen und die zeitliche Abfolge ihrer Errichtungen, welche über die raum-zeitliche Struktur des Diffusionsprozesses entscheiden.

Für die Auswahl von Zeitpunkt und Standort der Errichtung bzw. Belieferung eines Kaufhauses oder Supermarktes als Diffusionsagentur sind nach BROWN ursprünglich vor allem **Marktpotenzial** und **Erreichbarkeit** (Verkehrsinfrastruktur) ausschlaggebend. Aus heutiger Sicht ist jedoch anzumerken, dass der Faktor „Erreichbarkeit" durch die zunehmende Nutzung moderner, internetbasierter Diffusionsagenturen (Online-Shops) und die daraus resultierende Ausbreitung des E-Commerce eine sehr starke Relativierung erfährt. Ebenso tragen zunehmend aggressivere Werbemethoden in modernen Medien zu einer raumzeitlichen Beschleunigung der Diffusion bei.

„Market and infrastructure model"

4.2 Regionale Raumsysteme: Unternehmenskooperation und Organisation in räumlicher Perspektive

4.2.1 Regionale Unternehmenskonzentrationen und Netzwerke

In der heutigen Zeit sind nachhaltige unternehmerische Wettbewerbsvorteile in einem immer größeren Ausmaß auf der regionalen Maßstabsebene verortet. Sie liegen in Kenntnissen, Fähigkeiten und informellen Beziehungen, die räumlich entfernte Wettbewerber nicht aufweisen. Immer häufiger wird in der wirtschaftsgeographischen Forschung daher der Bildung **regionaler Unternehmenskonzentrationen** Aufmerksamkeit gewidmet, da diese einen maßgeblichen Einfluss auf die regionale Wettbewerbsfähigkeit ausüben. Das wissenschaftliche Augenmerk wendet sich dabei zunehmend von „harten" ökonomischen Gegebenheiten ab und betont dagegen immer mehr „weiche" soziokulturelle Faktoren, wie z. B. sozial-mentale Nähe, Einbettung in ein gemeinsames kulturelles Milieu sowie den daraus resultierenden netzwerkartigen Wissensaustausch, was als Indiz für das sich Hinwenden zu einer stärker sozialwissenschaftlich begründeten Wirtschaftsgeographie (**„cultural bzw. sociological turn"**; vgl. Kap. 1.3.3, 2.2.2, 2.2.4) gewertet werden kann (vgl. ARNDT 2001, S. 46).

Regionale Wettbewerbsvorteile

Wirtschaftsgeographische Studien zum Phänomen der räumlichen Ballung unternehmerischer, meist industrieller Wertschöpfungsaktivitäten haben – je nach Untersuchungsgegenstand und Forschungsziel – eine sehr

Erforschung regionaler Entwicklung

breite, teilweise verwirrende Begriffsvielfalt hervorgebracht. Diese reicht von territorialen Produktionskomplexen, Industrie- und Technologiedistrikten, lokalen Industriesystemen und Industriedistriktnetzwerken über regionale innovative bzw. kreative Milieus sowie regionale Produktionswelten bis hin zu „new industrial spaces" und vernetzten bzw. lernenden Regionen. Anders als es die Begriffswahl suggeriert, sind die Unterschiede zwischen diesen Begriffen aber gar nicht so groß und die hinter ihnen stehenden Konzepte meist identisch, beschreiben sie doch im Prinzip alle dasselbe empirische Phänomen: Die räumliche Konzentration von Unternehmen und die sich daraus ergebenden Vorteile als Auslöser einer erfolgreichen und zukunftsorientierten regionalen Entwicklung (vgl. KIRCHNER 2001, S. 74; SAUTTER 2005, S. 20).

Netzwerkbegriff Dabei ist zu beachten, dass ökonomisches Handeln und erzielte Ergebnisse in der Wirtschaft nicht isoliert, sondern immer im Zusammenhang mit den sozialen Beziehungen der Akteure zu betrachten sind. Damit rückt weniger das einzelne Unternehmen als abgeschlossene Einheit in den Mittelpunkt des Interesses, sondern das Unternehmen in seinem Beziehungsgeflecht zu anderen Unternehmen und Akteuren im Umfeld der Wirtschaft, wodurch hochkomplexe und vielschichtige **Netzwerke** entstehen.

Der Netzwerkbegriff beinhaltet eine Vielzahl **zwischenbetrieblicher Organisationsformen,** welche zwischen Markt und Hierarchie, d. h. dem Kontinuum zwischen marktbasierter und unternehmensinterner bzw. -eigener Leistungserstellung und -koordination, angesiedelt sind. In diesem Zusammenhang wird auch häufig von Strategischen Allianzen, Joint Ventures und weiteren Formen kooperativer Arrangements gesprochen. Im Folgenden orientiert sich die Verwendung des Terminus „Netzwerk" an den Arbeiten von JARILLO (1988, 1993) bzw. JARILLO/RICART (1987). Danach sind Netzwerke durch die engen Beziehungen der Teilnehmer und die Absicht, für alle Beteiligten gewinnbringend zu sein, charakterisiert. Die durch das Netzwerk verbundenen Unternehmen sind rechtlich selbstständig. Diese Selbstständigkeit kann jedoch durch eine entstehende wirtschaftliche Abhängigkeit während der Zusammenarbeit eingeengt werden. Eines der Unternehmen übernimmt dabei die Rolle des zentralen Koordinators, welcher die Güter- und Informationsströme zwischen den unabhängigen Unternehmen im Netzwerk lenkt, um so auf effiziente Weise das vom Abnehmer gewünschte Produkt herstellen zu können. Das Führungsunternehmen wird in diesem Zusammenhang auch als **fokales Unternehmen** bezeichnet.

In diesem Kapitel werden mit Clustern, Industriedistrikten und kreativen Milieus die bedeutendsten netzwerkartigen Kooperationen in räumlicher Perspektive vorgestellt.

4.2.2 Unternehmenscluster

Als Oberbegriff für die o. g. Termini, die regionale Unternehmensnetzwerke beschreiben, empfiehlt sich der im Folgenden vorgestellte neutrale Begriff „Cluster". Im Anschluss daran werden mit dem Industriedistrikt und dem kreativen Milieu zwei besondere Formen einer räumlichen Unternehmenskonzentration erläutert.

Seit mehreren Jahren stößt das Clusterkonzept über den wissenschaftlichen Bereich hinaus in der **Wirtschaftsförderung** und der **Regionalentwicklung** auf so große Aufmerksamkeit, dass der Clusterbegriff innerhalb regionaler Entwicklungskonzepte – in Agglomerationen oder entlang von Entwicklungsachsen ebenso wie in ländlichen Räumen – zu einem regelrechten Zauberwort mutiert ist (vgl. KIRCHNER 2001, S. 75). Wörtlich übersetzt bedeutet Cluster soviel wie „Haufen", „Menge" oder „Gruppe", was auf eine größere Anzahl von Unternehmen hinweist. Gleichzeitig kommen dadurch sowohl die **räumliche Nähe** der Unternehmen untereinander als auch der Umstand, dass diese einen **„gemeinsamen Nenner"** haben müssen, zum Ausdruck (vgl. ROSENFELD 1997, S. 3f.).

Umfassend kann ein Cluster definiert werden als „geographische Konzentration von miteinander verbundenen Unternehmen und Institutionen in einem bestimmten Wertschöpfungsbereich. Er umfasst eine Reihe vernetzter Branchen und weitere für den Wettbewerb relevante Organisationseinheiten. Dazu gehören etwa die Lieferanten spezieller Einsatzgüter wie Komponenten, Maschinen und Serviceleistungen sowie die Anbieter spezieller Infrastruktur" (PORTER 1999a, S. 52).

Als räumliche Zusammenballung von Menschen, Ressourcen, Ideen und Infrastruktur stellt sich ein Cluster als **hochkomplexes Netzwerk** mit **dynamischen internen Interaktionen** dar, das nicht zwingend mit administrativen Grenzen kongruent sein muss. Die Grundüberlegung ist, dass räumliche Nähe die wirtschaftliche Entwicklung sowie die Entstehung von Wissen und Innovationen fördert.

Neben komplementären und konkurrierenden Unternehmen sind in Clustern auch staatliche Behörden und sonstige Einrichtungen angesiedelt. Universitäten, berufliche Bildungsorganisationen, Forschungsinstitutionen, normsetzende Instanzen, Handelskammern usw. können Elemente eines solchen **Standortverbundes** sein (vgl. PORTER 1999a, S. 51; ebd. 1999b, S. 209f.).

Ohne den Ausführungen über Industriedistrikte (s. Kap. 4.2.3) und kreative Milieus (s. Kap. 4.2.4) vorzugreifen, lässt sich bereits hier festhalten, dass Cluster in mehrfacher Hinsicht den unternehmerischen Erfolg positiv beeinflussen: Sie tragen über Agglomerationseffekte zur **Steigerung der Produktivität** der in einer Region ansässigen Unternehmen bei, ermöglichen durch räumliche Nähe die **Stärkung und Erhaltung der unternehmerischen Wettbewerbsfähigkeit** und üben einen spürbaren **Anreiz auf Unternehmensgründungen** aus, was den regionalen Unternehmenswettbewerb stärkt und dynamisiert.

Cluster divergieren hinsichtlich ihrer Größe, Bandbreite und ihres Entwicklungsstandes. Sie bestehen häufig aus **kleinen und mittleren Unternehmen** (z. B. der italienische Schuhmodencluster oder der Möbelcluster im US-Bundesstaat North Carolina), umfassen gegebenenfalls aber auch **größere Unternehmen** (z. B. das kalifornische Silicon Valley oder Hollywood). Die standorträumlich verbundenen Unternehmen können modernen **Hochtechnologiebranchen** entstammen. Beispiele sind u. a. der Softwarecluster im indischen Bangalore sowie die Informations- und Telekommunikationstechnologie-Cluster in Oulu/Finnland und Sophia Antipolis/Südfrankreich. Es kann sich aber auch um **konventionelle Branchen** wie

Clusterbegriff

Clustereffekte

Clustertypen

z. B. die Textilindustrie auf der Schwäbischen Alb, die Messerwarenindustrie in Solingen, die Uhrenindustrie im Schweizer Jura, die Spielzeugindustrie in Sonneberg, die Hohlglasindustrie in Wertheim am Main oder den Standortverbund des kalifornischen Weinanbaus handeln.

Die **räumlichen Grenzen und Maßstabsebenen** eines Clusters sind nicht eindeutig zu ziehen. Sie treten in großen und kleinen Wirtschaftsräumen, in ländlichen, städtischen oder suburbanen Gebieten auf. Sie können von wenigen zusammenhängenden Häuserblocks bis zu Großregionen reichen. In manchen Fällen weisen sie einen raumübergreifenden Charakter auf, indem sie sich über regionale, bundesstaatliche oder nationale Grenzen hinweg erstrecken. Grundsätzlich verschieben sich die Grenzen eines Clusters, sobald neuartige Wirtschaftszweige entstehen oder etablierte Branchen zu schrumpfen beginnen (vgl. NEUMAIR 2006c, S. 419f.).

Clusterdimensionen   Es lassen sich folgende Dimensionen eines Clusters unterscheiden (vgl. BATHELT/GLÜCKLER 2002, S. 212f.):

- Die **horizontale Dimension** beschreibt die gleichzeitige Präsenz von Unternehmen, die ähnliche Produkte herstellen und daher in Konkurrenz stehen. Zwar unterhalten sie keine intensiven Kontakte zueinander, profitieren aber von der Kopräsenz an einem Standort, welche sie in die Lage versetzt, sich über Produkte und Produktionsbedingungen der Wettbewerber zu informieren. Dies ist vor allem bei räumlicher Nähe möglich, über längere Distanzen dagegen nur schwer zu erreichen.

- Die **vertikale Dimension** meint die Konzentration vor- und nachgelagerter Unternehmenseinheiten. Sobald ein spezifischer industrieller Cluster existiert, besteht für Zulieferer, Abnehmer und Dienstleister der Anreiz, sich in derselben Region niederzulassen, um Agglomerationsvorteile auszuschöpfen. Der Ansiedlungsanreiz ist dabei umso stärker ausgeprägt, je intensiver die Arbeitsteilung innerhalb der Wertschöpfungskette des Clusters ist.

- Die **institutionelle Dimension** bezieht sich darauf, dass regionale Konzentrationsprozesse die Bildung eines spezifischen Regel- und Normensystems begründen. So teilen die Clusterakteure dieselben bzw. sich ergänzende Technikvorstellungen und Arbeitswerte, so dass sich feste Beziehungen und Konventionen bilden, welche die Grundlage für Zuverlässigkeit und Vertrauen in die gegenseitige Leistungsfähigkeit sind.

- In der **externen Dimension** kommt zum Ausdruck, dass die Offenheit eines Clusters nach außen von substanzieller Bedeutung ist. Die kontinuierliche Integration externer Impulse gilt als unabdingbare Voraussetzung für die Sicherstellung der Reproduktivität und die Generierung von Innovations- und Wachstumsprozesse über clusterinterne Netzwerke.

Kritik am   Zu beachten ist, dass die länder- und regionsspezifisch sehr unterschied-
Clusterkonzept   liche Orientierung und Verankerung des Clusterkonzepts zu stark divergierenden Profilen sowie unterschiedlichen Betrachtungs- und Herangehensweisen in punkto Clusterförderung führt. Die Folge sind eine zunehmende Unschärfe sowie ein flüchtiger, verwässerter Charakter, was Kritiker das Clusterkonzept auch unter die sog. „**fuzzy concepts**" einreihen lässt (vgl. REHFELD 2005, S. 24f.). Das Überangebot an wissenschaftlichen Studien unterschiedlicher Fachrichtungen und die Vielfalt clusterorientierter Ansätze in der Praxis lassen weder ein homogenes theoretisches Grundkon-

zept noch ein einheitliches Vorgehen bei der Identifizierung von Clustern und deren Förderung erkennen (vgl. GUTGESELL 2006, S. 2).

Anzumerken ist auch, dass eine auf Clusterbildung zielende Wirtschaftspolitik häufig eine reine Branchenorientierung aufweist, indem sie nur auf wachstumsdynamische Wertschöpfungsbereiche als solche ausgerichtet ist und die räumlich-regionale Komponente dabei oft zu kurz kommt.

Eine Cluster fördernde Wirtschaftspolitik befindet sich schließlich mit anderen Politikbereichen tendenziell in einem **Zielkonflikt.** Außer Frage steht, dass aufgrund einer ganzen Reihe von Effekten, insbesondere Beschäftigungs-, Einkommens- und Kaufkrafteffekte, Cluster zunehmend als Voraussetzung für regionalen Wohlstand empfunden werden. Gerade deshalb widerspricht die staatliche Förderung von Clustern aber den Zielen einer auf einheitliche Lebensverhältnisse hinwirkenden Raumordnungspolitik. Denn das Konzept lokaler branchenspezifischer Cluster zielt nicht auf eine Gleichverteilung ökonomischer Aktivitäten über Regionen, sondern vielmehr auf deren Konzentration ab. Regionale Cluster bewirken damit eine Ungleichverteilung ökonomischer Aktivitäten, weil nicht alle Regionen über die Voraussetzungen zur Clusterbildung verfügen. Gerade die gezielt-selektive Förderung einzelner Regionen und deren Konkurrenz untereinander können Spannungen aufkommen lassen. In diesem Fall steht die Clusterförderung mit dem Ziel einer Vereinheitlichung der Lebensverhältnisse in Konflikt (vgl. BRENNER/VORNAHL 2002, S. 8f.).

4.2.3 Industriedistrikte

Die ersten Überlegungen zu Ursachen, Anreizen und Effekten räumlicher Unternehmenskonzentrationen gehen auf den britischen Ökonomen ALFRED MARSHALL (1920) zurück, der die industrielle Entwicklung in den Regionen Sheffield (Stahlwarenproduktion) und Lancashire (Wollwarenherstellung) untersuchte und dort eine Spezialisierung kleiner und mittlerer Unternehmen auf bestimmte Produkte feststellte. Auf diese Beobachtungen bauend begründete MARSHALL sein Konzept der **„industrial districts"** als **räumlichen Produktionsverbund** kleiner und mittlerer Produktionseinheiten.

Als für den Erfolg von Industriedistrikten ausschlaggebend erachtet Marshall **externe Agglomerationsersparnisse** durch einen in der Region verfügbaren und gemeinsam nutzbaren Pool an Know-how, Dienstleistungen und Infrastruktur, was die unternehmerischen **Transaktionskosten** – also die Kosten für die Anbahnung, Aushandlung, Überwachung und Kontrolle von Verträgen und geschäftlichen Beziehungen – senkt. Eine besondere Bedeutung kommt einem **gemeinsamen Wissen** und **gegenseitigen Vertrauen** zwischen den Unternehmen („mutual knowledge and trust") sowie einer sich daraus ergebenden **industriellen Atmosphäre** („industrial atmosphere") zu, d.h. der Einbettung des Produktionsverbundes in einen gemeinsamen, ein spezifisches regionales Bewusstsein schärfenden kulturellen Hintergrund (vgl. HESS 1998, S. 32f.).

Diese Charakteristika aufgreifend lässt sich ein Industriedistrikt als ein **regionales Produktionsnetzwerk kleiner und mittlerer Unternehmen** be-

Industrie-
distriktbegriff

99

schreiben. Dieses ist durch eine flexible Spezialisierung (vgl. Kap. 4.1.5), eine Mischung aus Konkurrenz und Kooperation („Koopkurrenz"), räumliche Nähe, soziokulturelle Verbundenheit sowie ein dichtes Netz an Beziehungen gekennzeichnet.

Drittes Italien   Die Überlegungen MARSHALLS wurden seit Ende der 1970er-Jahre vor allem von italienischen Wissenschaftlern im Rahmen der Forschung zum sog. Dritten Italien aufgegriffen und erweitert. Dieser maßgeblich durch den italienischen Soziologen ARNALDO BAGNASCO (1977) geprägte Begriff steht für Teile Mittelitaliens, vor allem den **Nordosten Italiens.** Dort hat sich seit den 1970er-Jahren eine vom altindustrialisierten Nordwesten (vor allem das „triangolo industriale" mit den Eckpunkten Mailand-Turin-Genua) und dem peripheren Süden Italiens (Mezzogiorno) abweichende Wirtschaftsstruktur in kleinräumig und territorial abgrenzbaren, aus kleinen und mittleren Unternehmen bestehenden Industriedistrikten („distretti industriali") entwickelt. Beispiele sind u.a. Prato (Textilien), Como (Seide), Cantù (Möbel), Murano (Glas), Belluno (Brillen), Montebelluna (Sportschuhe), Riviera del Brenta (Schuhe). Das Dritte Italien bringt zum Ausdruck, dass Italien nicht nur aus einem reichen Norden und einem armen Süden besteht, sondern vielmehr **dreigeteilt** ist und einen **starken interregionalen Kontrast** zwischen Großindustrie und Mittelstand aufweist.

Die im Dritten Italien angesiedelten Industriedistrikte zeichnen sich durch einen **hohen Spezialisierungsgrad** und eine **geringe vertikale Tiefe** der Betriebe aus. Diese führen jeweils nur wenige Fertigungsschritte aus und bilden bis zum jeweiligen Endprodukt untereinander eine lange Wertschöpfungskette, während Forschungsaufgaben, Exportförderung sowie der Einkauf von Grundstoffen zumeist von lokalen Industrievereinigungen durchgeführt werden.

Die Industriedistrikte haben wichtige **regionalwirtschaftliche Impulse** gesetzt, wesentlich zu den Exporterfolgen Italiens beigetragen und sich lange Zeit als relativ unempfindlich gegenüber externen Einflüssen erwiesen. Jüngere Entwicklungen brachten die Erfolgsgeschichte des Dritten Italien allerdings ins Wanken. So führt der Globalisierungsprozess (vgl. Kap. 4.3.1) immer mehr zu einer Auflösung dieser traditionellen lokalen Produktionssysteme, indem verstärkt externe Zulieferer in die Industriedistrikte integriert werden und die Produktion teilweise in kostengünstiger produzierende mittel- und osteuropäische Schwellen- bzw. Transformationsländer abwandert (vgl. z.B. LODA 1989; TZERMIAS 2002).

Merkmale von Industriedistrikten   Die Ergebnisse der Forschung zum Dritten Italien berücksichtigend werden folgende Bedingungen als konstituierend für ein **klassisches Industriedistrikt** angesehen (vgl. DIGIOVANNA 1996, S. 374f.; SCHAMP 2000, S. 73f.; KIRCHNER 2001, S. 78):

- Die Produktion richtet sich direkt oder indirekt an demselben Absatzmarkt aus. Die Region ist dabei auf ein **spezielles Produkt** oder eine **bestimmte Produktpalette** sowie auf die Herstellung **spezifischer Komponenten** innerhalb des Produktionsverbundes spezialisiert. Den Unternehmen ist es dadurch möglich, trotz der geringen Betriebsgrößen **„economies of scale"** zu erwirtschaften.
- Industriedistrikte sind durch ein hohes Maß an **Produktivität** und **Flexibilität,** d.h. häufige Produktwechsel und kurze Lebenszyklen der einzelnen

Produkte, gekennzeichnet. Es werden **kontinuierlich Produkt- und Prozessinnovationen** erzeugt.

- Es besteht eine sehr starke **intraregionale und zwischenbetriebliche Arbeitsteilung.** Abbildung 4.7 zeigt dies schematisch am Beispiel des lokalen Produktions- und Wertschöpfungsverbundes der Strick- und Wirkwarenindustrie im südwestdeutschen Albstadt.
- Zwischen den Unternehmen existieren gleichsam kooperative und konkurrierende, in jedem Fall aber stabile, auf **Reziprozität** und **Vertrauen** basierende Beziehungen. Es werden **kollektive Werte** geteilt und ein **gemeinsamer Wissensbestand** genutzt, was sich dämpfend auf die **Transaktionskosten** auswirkt.
- Die im Distrikt agierenden Unternehmen stehen durchaus in einem **Wettbewerbsverhältnis** zueinander, das sich aber nicht ausschließlich über Preis und Kosten, sondern vielmehr über die **Qualität** der erzeugten Produkte definiert.
- Unterstützende **regionale Institutionen und Organisationen** balancieren Wettbewerb und Kooperation zwischen den Unternehmen aus und erleichtern eine Neukombination der regionalen Wertschöpfung.
- Der Industriedistrikt generiert in der Wertschöpfungskette **vor- und rückwärts gerichtete Effekte** mit signifikant positiven einzel- und regionalwirtschaftlichen Folgen.

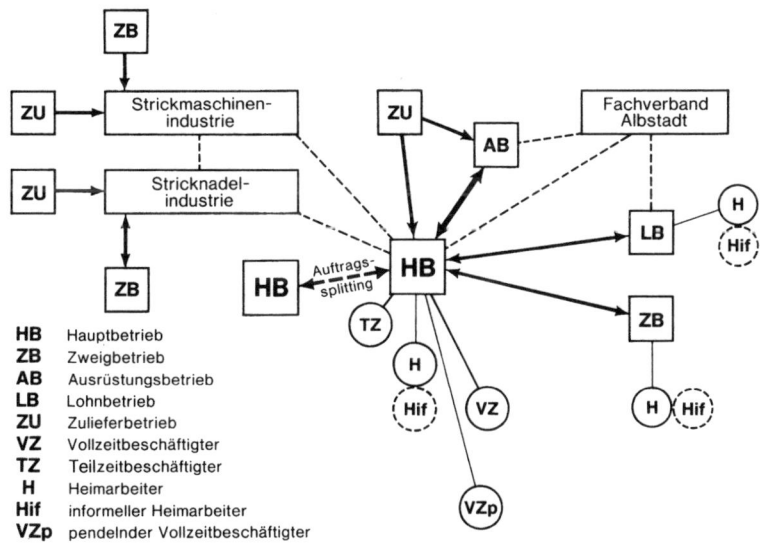

HB Hauptbetrieb
ZB Zweigbetrieb
AB Ausrüstungsbetrieb
LB Lohnbetrieb
ZU Zulieferbetrieb
VZ Vollzeitbeschäftigter
TZ Teilzeitbeschäftigter
H Heimarbeiter
Hif informeller Heimarbeiter
VZp pendelnder Vollzeitbeschäftigter

Abb. 4.7:
System und Organisation des Albstädter Produktionssystems der Wirk- und Strickwarenindustrie 1976 (HAAS et al. 1983, S. 55).

Die hier beschriebenen Merkmale gelten in erster Linie für den klassischen Industriedistrikt nach MARSHALL. Als Beispiele hierfür werden in der Literatur u. a. immer wieder High-tech-Regionen wie das kalifornische Silicon Valley (Informationstechnik, Mess- und Kontrollinstrumente, Software und Halbleitertechnologie) in seiner frühen Entwicklung oder eher handwerklich orientierte lokale Produktionssysteme wie das Dritte Italien (z. B. der Textildistrikt von Prato) angeführt. Nun haben aber – entgegen den o. g. Annahmen zum MARSHALLSCHEN Industriedistrikt – bestimmte jüngere Ent-

Typen und Abwandlungen von Industriedistrikten

wicklungen, vor allem der zunehmende Einfluss von Großunternehmen, verbunden mit einer immer intensiveren überregionalen Ausrichtung von Produktions-, Absatz- und Beschaffungsbeziehungen, zu einer gewissen Degeneration des Industriedistriktkonzepts in seiner Reinform geführt. So hat beispielsweise im Dritten Italien der Aufstieg des Modeunternehmens Benetton eine starke Hierarchisierung des Produktionssystems bewirkt, wobei zwar immer noch viele kleine zuliefernde Unternehmen in der Region angesiedelt sind, deren einseitige Abhängigkeit jedoch stark zugenommen hat. Ähnliches gilt für das Silicon Valley, wo das rasche Wachstum einiger Unternehmen (z.B. Hewlett Packard, Intel, Cisco Systems) und wachsende internationale Verflechtungen zu einer gewissen **Abwandlung vom klassischen Industriedistrikt** geführt haben (vgl. HESS 1998, S. 39f.).

Es erscheint daher angebracht, neben dem Industriedistrikt nach MARSHALL zwei weitere Organisations- und Raummuster (vgl. Abb. 4.8) zu unterscheiden (vgl. MARKUSEN 1996, S. 302ff.). Beim **Hub-and-Spoke-Distrikt** ist ein großes, vertikal integriertes Schlüsselunternehmen, das für die regionale Wirtschaft eine Naben- bzw. Ankerfunktion ausübt, umgeben von einer Vielzahl kleiner Unternehmen (z.B. Zulieferer, Dienstleister), die wie die Speichen eines Rades um die Nabe angeordnet sind. Es existieren sowohl regionale als auch überregionale Beziehungen. Als Beispiele lassen sich Toyota City in Japan und Boeing City in Seattle/USA (Automobil- bzw. Flugzeugbau) anführen. Eine daraus abgeleitete Sonderform ist das **State-anchored-Distrikt,** bei dem der Anker in Form einer öffentlichen oder staatlichen Einrichtung, z.B. einer Militärbasis, eines Behördenkomplexes oder einer Universität, auftritt. Beispiele sind Colorado Springs (Hauptquartier des militärischen Weltraumkommandos der USA, Luftwaffenakademie, zahlreiche Universitätsinstitute) sowie Boulder (University of Colorado,

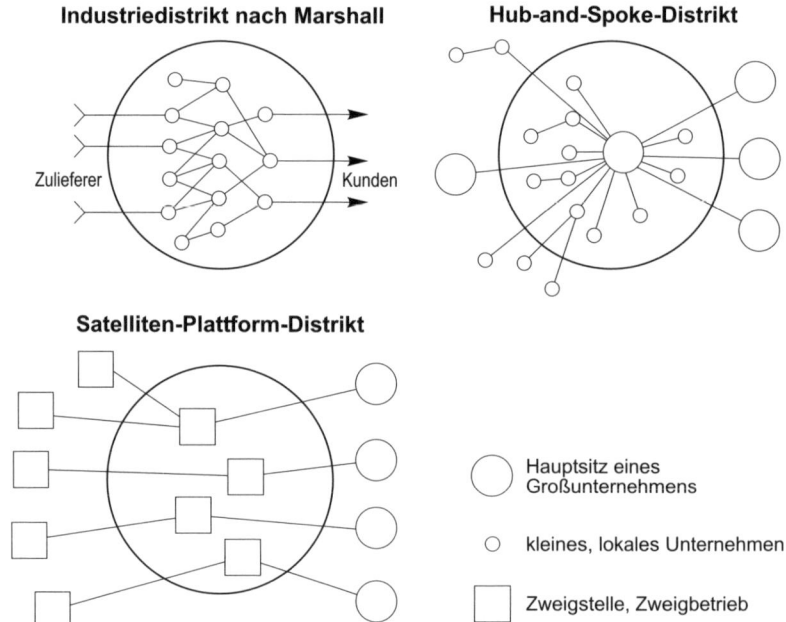

Abb. 4.8:
Typen von Industrie-
distrikten
(HESS 1998, S. 44).

Elektroindustrie), beide im US-Bundesstaat Colorado gelegen. Solche Konstellationen induzieren regionales Wachstum durch die Entstehung von Zulieferbeziehungen, regionale Verflechtungen wie beim ersten Typ treten jedoch kaum auf.

Beim **Satelliten-Plattform-Distrikt** handelt es sich um eine meist außerhalb von Ballungsräumen befindliche Standortgemeinschaft von Zweigbetrieben (verlängerte Werkbänke) regionsexterner, multinationaler Unternehmen, die durch geringe regionale Verflechtungen gekennzeichnet ist. Ein Beispiel ist das Research Triangle in North Carolina (Elektronik, Telekommunikation, Life Science). Oft ist ein derartiger Industriedistrikt auch das Resultat staatlicher Förderinitiativen zur Belebung des Wirtschaftswachstums in peripheren Regionen.

4.2.4 Kreative Milieus

Das Konzept des kreativen Milieus betont die besondere Bedeutung einer **regionalen Netzwerkarchitektur** für die Regionalentwicklung und bündelt wichtige Fragen zur Dynamik regionaler Wirtschaftsräume. Es macht einerseits die Wechselwirkung zwischen Innovationen bzw. Technologien und den regionalen Akteuren, andererseits die raumlichen und zeitlichen Ausprägungen, welche diese Prozesse annehmen, deutlich. Der Ansatz beschreibt einen raumgebundenen Komplex, der mit seinem Technologie- und Marktumfeld nach außen geöffnet ist und Know-how, Regeln, Normen und Werte sowie ein „Kapital" an sozialen Beziehungen nach innen integriert und beherrscht (vgl. CREVOISIER 2001, S. 247).

Geprägt wurde der Begriff des kreativen Milieus durch die sog. **GREMI-** **Gruppe** („Groupe de Recherche Européen sur les Milieux Innovateurs"). Seit 1984 forscht diese Gruppe vor allem französischer Soziologen und Regionalwissenschaftler (u. a. AYDALOT 1986; CAMAGNI 1991; MAILLAT/PERRIN 1992; MAILLAT et al. 1993; BRAMANTI/RATTI 1997) nach den Ursachen für die Unterschiede in der Innovationsfähigkeit und -tätigkeit verschiedener Regionen und nach den lokalen Bedingungen, die den „gemeinsamen Nenner" von Regionen bilden, die als innovativ gelten und verantwortlich für einen endogen erzeugten regionalen Wohlstand und unternehmerische Vitalität sind (vgl. FROMHOLD-EISEBITH 1995, S. 31).

GREMI

GREMI unterscheidet drei verschiedene Milieu-Ansätze (vgl. KIRCHNER 2001, S. 83 f.): Auf der **Mikroebene** stellt das Milieu ein **unsicherheitsreduzierendes Kollektiv** dar, das die wechselseitige bzw. funktionale Abhängigkeit von Unternehmen organisiert und informelle Funktionen (Suche, Übertragung, Auswahl, Entschlüsselung, Umgestaltung und Kontrolle von Informationen) ausübt. Damit wird ein unmittelbarer Einfluss auf die Höhe der **Transaktionskosten** ausgeübt.

Milieu-Begriff

Auf der **kognitiven Ebene** stellt sich das Milieu als **zusammenhängender Wahrnehmungsraum** dar, der gemeinsame Verhaltensnormen, Organisationsformen und Know-how beinhaltet. Hier kommt die **soziologische Dimension** des Milieu-Begriffs zum Tragen. Es handelt sich demnach um ein „soziokulturelles, raum-zeit-gebundenes Gebilde [...], das aus Menschen in ähnlichen Lebenslagen und Lebensstilen gebildet wird. Das Milieu ist als Schablone (Lesebrille) sowohl Norm (Vorschrift) als auch Form (Nieder-schlag) soziokultureller Verhaltensroutinen und vermittelt als gruppenspe-zifische Instanz zwischen „objektiven" Situationen und den „subjektiven" Orientierungen, Werthaltungen und Erfahrungen" (Butzin 1996, S. 22).

Auf der **organisatorischen Ebene** ist das Milieu als **Vernetzung von Han-deln und Lernen,** welches sich durch rege Austauschbeziehungen nach in-nen wie außen charakterisiert, zu begreifen.

Auf diesen drei Ebenen aufbauend ist ein kreatives Milieu ein räumlich ab-gegrenztes Geflecht informeller sozioökonomischer Beziehungen zwischen regionalen Akteuren, das sich als gefühlsmäßige und geschlossene Einheit nach innen und außen präsentiert. Ein solches Milieu ist aber nicht zwangs-läufig auch kreativ bzw. innovativ. Dies ist erst dann der Fall, wenn dadurch **lokal-kollektive Lernprozesse** ausgelöst werden, die tatsächlich auch zu In-novationen führen, welche die Wettbewerbsfähigkeit der Region sicherstel-len (vgl. Fromhold-Eisebith 1995, S. 32). Unter derartigen sozialräumlichen Voraussetzungen wird das Milieu zum „Brutkasten" für Innovationen.

Merkmalskatalog für kreative Milieus

Was unter einem kreativen Milieu letztlich genau zu verstehen ist, listet GREMI anhand eines längeren Merkmalskatalogs auf (vgl. Fromhold-Eise-bith 1995, S. 33; Schamp 1995, S. 78 f.):

• Das kreative Milieu präsentiert sich als **räumlich abgrenzbare Einheit.** Die Abgrenzung erfolgt allerdings nicht auf Basis administrativer Gren-zen, sondern auf Grundlage einer Homogenität in Verhalten, Problem-wahrnehmung und technischer Kultur.

• Das Milieu beinhaltet **materielle** (Unternehmen, Infrastruktur), **immate-rielle** (Know-how) und **institutionelle Komponenten** (Behörden, Verbän-de, Wirtschaftsvereinigungen).

• Die Akteure der im Milieu agierenden Gruppen (Unternehmen, For-schungs- und Bildungseinrichtungen, lokale Behörden etc.) verfügen über eine **relative Wahlfreiheit** bezüglich der zu ergreifenden Strategien.

• Zwischen den Akteuren findet ein reger **interaktiver Austausch** statt, wel-cher eine effektive Nutzung der vorhandenen Ressourcen gewährleistet. Zwischen den Unternehmen geschieht dies häufig **informell,** z.B. durch den gegenseitigen Kontakt der Unternehmer untereinander, durch zwi-schenbetriebliche Arbeitskräftewechsel oder den Informationsaustausch zwischen den Mitarbeitern unterschiedlicher Firmen („Cafeteria-Effekt").

• Eine aus der Tradition erworbene **hohe Lernfähigkeit** gestattet den Akteu-ren ein **flexibles Reagieren** auf veränderte Rahmenbedingungen. Dies setzt zum einen eine **hohe Qualifikation** der Mitarbeiter durch ständige Aus- und Weiterbildung, zum anderen **gemeinsam geteilte Wertvorstel-lungen** und Verhaltensnormen voraus, welche sicherstellen, dass einzel-ne Unternehmen das kollektiv vorhandene Know-how-Potenzial nicht auf Kosten anderer ausnutzen, ohne dazu einen eigenen Beitrag zu leisten („free-rider"-Problem).

„Social embeddedness"

Das Zusammengehörigkeitsgefühl und die Geschlossenheit bzw. der men-tale Zusammenhalt der Akteure untereinander sehen eine **kollektive Prob-lemwahrnehmung** und gemeinsame Strategien vor, was unter dem Begriff „social embeddedness" subsumiert wird. Auf den Begriff **„embeddedness",** der heute vor allem in der **relationalen Wirtschaftsgeographie** (vgl. Kap. 2.2.4) Verwendung findet, wurde erstmals von Granovetter (1985) hingewiesen. Die Verhaltensweisen und Entscheidungen von Akteuren sind demnach in konkrete, sich ständig erneuernde Systeme sozialer Beziehungen eingebettet. Vor allem an den Schnittstellen zwischen rechtlich selbstständigen Unternehmen vermögen soziale Bindungen im Laufe der Zeit auch geschäftliche Beziehungen zu stabilisieren (vgl. HESS 1998, S. 36f.). Vorhandene Potenziale lassen sich besser nutzen und Synergien tiefer ausschöpfen (z.B. Imitationsprozesse, Projekte und Dienstleistungen im Rahmen von Public-Private-Partnerships, Interaktionen zwischen Forschungseinrichtungen, Denkfabriken und potenziellen Anwendern), indem gemeinsame Aktivitäten von der ökonomischen, sozialen und kulturellen Identifikation der Akteure mit ihrem lokalen Aktionsraum getragen werden. Durch die **Reduzierung unsicherheitsfördernder Momente, „face-to-face"-Kontakte** sowie **effizientere Informationsflüsse** lassen sich die unternehmerischen **Transaktionskosten** senken (vgl. KIRCHNER 2001, S. 83). **Räumliche Nähe** ist für diese Effekte eine förderliche, dennoch aber keine hinreichende Voraussetzung. Notwendig sind auch eine **soziale** (gleiche oder ähnliche persönliche Attribute wie Beruf, Alter, Sprache, Werte, Normen etc.) und eine **organisatorische Nähe** (Konzernstrukturen, inner- und zwischenbetriebliche Netzwerkstrukturen) (vgl. ARNDT 2001, S. 49; Kap. 2.1.5).

Grundsätzlich befinden sich Milieus nie in einem stabilen Gleichgewichtszustand, sondern müssen ihre kreative Innovationsfähigkeit ständig auffrischen. Erlahmen oder versagen die dafür notwendigen Mechanismen von Interaktionslogik und kollektiver Lerndynamik, tritt im Rahmen eines evolutorischen Prozesses bzw. des Lebenszyklus eines regionalen Milieus ein negativer Wandel ein (vgl. KIRCHNER 2001, S. 84; Kap. 4.1.1). Wichtig ist daher, dass zur Adaption von Entwicklungen und Innovationen von außerhalb des Milieus eine Offenheit des Systems nach außen gewährleistet ist. Nur so lässt sich der Gefahr eines **„lock-in"**, d.h. einer kreativen Austrocknung des Milieus, vorbeugen. Das kreative Milieu ist damit Teil eines interregionalen oder internationalen, in jedem Fall aber deutlich über die Region hinausreichenden **Innovationsnetzwerkes** (vgl. Abb. 4.9).

Offenheit

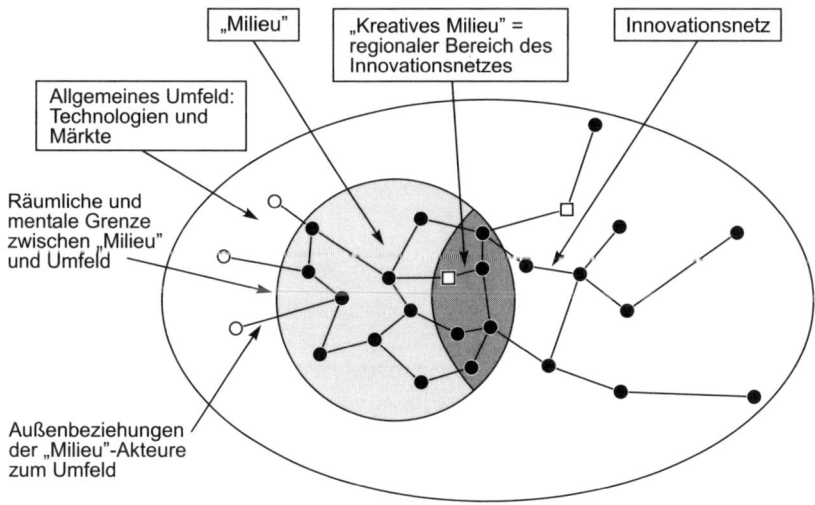

„Milieu"

„Kreatives Milieu" = regionaler Bereich des Innovationsnetzes

Innovationsnetz

Allgemeines Umfeld: Technologien und Märkte

Räumliche und mentale Grenze zwischen „Milieu" und Umfeld

Außenbeziehungen der „Milieu"-Akteure zum Umfeld

Abb. 4.9:
Beziehungen und
Einordnung eines
kreativen Milieus
(FROMHOLD-EISEBITH
1995, S. 36).

105

Typische Beispiele für kreative Milieus sind u. a. die Route-128-Region im Raum Boston (Minicomputer, Softwareentwicklung, Bio- und Gentechnologie), der M4-Corridor im britischen Berkshire/Thames Valley (Informations- und Kommunikationstechnologie), die dänischen Regionen Lund und Malmö sowie Martinsried bei München (Biotechnologie).

Industriedistrikte versus kreative Milieus

Allgemein sind zwischen Industriedistrikten und kreativen Milieus keine allzu klaren oder trennscharfen Unterschiede festzustellen. Dies lässt sich vor allem daran erkennen, dass häufig ein- und dieselbe Region, wie z. B. das Silicon Valley oder das Dritte Italien, teils als Industriedistrikte, teils als kreative Milieus eingestuft werden. Dennoch kann man folgende **konzeptionelle Trennlinien** ziehen:

- Bei kreativen Milieus liegt eine noch viel stärkere Betonung der Einbettung der regionalen Akteure in ein gemeinsames soziokulturelles Umfeld als bei Industriedistrikten vor.
- Während beim Konzept des Industriedistrikts davon ausgegangen wird, dass Innovationen der effizienten Interaktion, d. h. dem Innovations- und Wissensaustausch zwischen den Akteuren, entspringen, gilt beim Ansatz des kreativen Milieus die Region als funktionaler, netzwerkartiger Sozial- und Wirtschaftsraum und ist der eigentliche Innovator, das innovative Unternehmen ist gleichsam als das Produkt zu begreifen.
- Während das Industriedistriktkonzept als geographisch-ökonomischer Ansatz zu betrachten ist, begründet das Milieukonzept an der Schnittstelle zwischen Ökonomik, Geographie und Soziologie einen eigenen Wissenschaftsbereich und gehört damit keiner spezifischen Forschungsrichtung an.

4.3 Internationale Raumsysteme im Licht der Wirtschaftsgeographie

Die jüngere wirtschaftsgeographische Forschung widmet sich verstärkt der Beschäftigung mit zunehmend komplexer werdenden internationalen Raumsystemen. Dabei stehen die Globalisierung und Regionalisierung der Weltwirtschaft sowie die grenzüberschreitende Ausdehnung unternehmerischer Aktivitäten in ihren verschiedensten Ausprägungen im Vordergrund, wobei die hohe Dynamik der zugrunde liegenden Prozesse eine besondere Herausforderung darstellt. Die Erforschung der Ursachen und Auswirkungen des Internationalisierungsprozesses wird in Zukunft immer mehr Gegenstand wirtschaftsgeographischer Arbeiten sein.

4.3.1 Globalisierung der Wirtschaft

Alltagsphänomen Globalisierung

Die Wirtschaft ist heute durch die Prozesse der Globalisierung in hohem Maße und sehr dynamisch international verflochten. Ende des 20. Jh. entstand ein internationales, vielfach verflochtenes System gegenseitiger Abhängigkeiten, das sich als **interdependentes Netzwerk** von Millionen kleiner und großer Märkte und Unternehmen für Milliarden von Konsumenten charakterisiert. In immer kürzeren Intervallen verdoppelt sich derzeit der grenzüberschreitende Austausch auf den Finanz- und Kapitalmärkten sowie den Waren- und Dienstleistungsmärkten, der Welthandel (vgl. Kap. 4.3.2) und die internationalen Direktinvestitionen (vgl. Kap. 4.3.3) nehmen immer mehr zu (vgl. HAAS 2006, S. 1 f.).

Globalisierung ist ein junger Begriff, der im allgemeinen Sprachgebrauch sehr vielfältig eingesetzt wird. Verwendung findet er in ökonomischen, kommunikationstechnischen, arbeitsorganisatorischen, kulturellen und zivilgesellschaftlichen Kontexten. Einigkeit besteht darin, dass es sich um einen Vorgang der Entkoppelung (**„des-embeddedness"**) von Interaktionen aus ortsgebundenen Zusammenhängen und deren **Raum-Zeit-übergreifende Integration** handelt. GIDDENS (1996, S. 85) sieht in der Globalisierung die „Intensivierung weltweiter sozialer Beziehungen, durch die entfernte Orte in solcher Weise miteinander verbunden werden, dass Ereignisse an einem Ort durch Vorgänge geprägt werden, die sich an einem viele Kilometer entfernten Ort abspielen, und umgekehrt".

Ökonomisch betrachtet steht Globalisierung für eine neue Qualität der internationalen Wirtschaftsbeziehungen. Standortverlagerungen, Gründungen von Auslandsniederlassungen, grenzüberschreitende Firmenkäufe und markante Megafusionen kennzeichnen die globale Dynamik des ökonomischen Prozesses. Die Globalisierung der Märkte und der Produktion lässt Investitionen mobiler werden; sie setzt in- und ausländische Standorte stärker in Wettbewerb zueinander und ermöglicht somit eine höhere Effizienz der Wertschöpfung (vgl. JUNGNICKEL 1996, S. 309).

Globalisierung findet auf den Ebenen des **Handels,** des **Finanzsystems** und der **Produktion** statt (vgl. NUHN 1997, S. 136 ff.). KRÄTKE (1995b, S. 208) versteht sie als „einen Prozess der weiträumigen Ausdehnung und Verknüpfung von Aktivitäten, der u. a. in einer wachsenden, regionale und nationale Grenzen überschreitenden Bewegung von Gütern, Kapital und Menschen zum Ausdruck kommt". Globalisierung bedeutet in der Regel aber nicht eine einseitige räumliche Entankerung bzw. räumliche Homogenisierung, sondern eine **Transformation von Raumbezügen** und Machtgeometrien. Dabei entstehen neue Maßstabsebenen, und es kommt zur Neuaushandlung von sozialen Beziehungen in den bisher bekannten Kontexten (vgl. BERNDT 1999, S. 314).

Der Begriff der Internationalisierung beschreibt die zunehmende **geographische Ausdehnung ökonomischer Aktivitäten** über nationalstaatliche Grenzen hinaus und gilt als Vorstufe bzw. **Interimszustand zur Globalisierung.** Globalisierung ist eine weitergehende und komplexere Form der Internationalisierung. Sie beinhaltet zusätzlich eine **qualitative Komponente,** charakterisiert durch einen höheren Grad an gezielter **funktionaler Integration,** insbesondere aus unternehmerischer Sicht. Globalisierung wird damit Teil der Unternehmensstrategien (vgl. HAAS 2006, S. 6).

Ein anderer Begriff, der häufig im Zusammenhang mit Globalisierung auftaucht, ist die Regionalisierung. Diese kann aus zwei Perspektiven betrachtet werden. Im Sinne von **Blockbildung** ist Regionalisierung eine Begleiterscheinung der Globalisierung und meint die Entstehung **regionaler Integrationsräume** (vgl. Kap. 4.3.4), wie z.B. EU, NAFTA, Mercosur, ASEAN etc.

Globalisierungs-
begriff

Internationalisierung

Regionalisierung

107

Regionalisierung kann aber auch als eine der Globalisierung entgegengesetzte Entwicklung aufgefasst werden. In diesem Fall steht sie für den „Prozess der relativ kleinräumigen territorialen Integration und Vernetzung von Aktivitäten, der häufig mit einer Wiederaufwertung besonderer regionaler Qualitäten und Beziehungsgefügen verbunden ist" (KRÄTKE 1995b, S. 207). Im Sinne von **Lokalisierung** meint Regionalisierung hier die Bildung **regionaler Netzwerke** in Form von Industriedistrikten oder Clustern (vgl. Kap. 4.2).

Glokalisierung
Als begriffliche Synthese von Globalisierung und Lokalisierung gilt es noch den Begriff Glokalisierung zu unterscheiden. Sie beschreibt das Verhältnis zwischen der **globalen Ausrichtung** von Unternehmen (Beschaffung, Absatz) und der **regional begrenzten Verortung** der industriellen Produktion innerhalb der Triade (s. u.). Die Glokalisierung verdeutlicht sich einerseits in Form von lokalen – im Sinne von regional- bzw. ortsspezifischen – Produktionskomplexen als Knotenpunkte in globalen Netzwerken, andererseits in lokal – im Sinne von länderspezifisch – ausgerichteten Produktionsstrategien transnationaler Unternehmen (s. u.; vgl. HESS 1998, S. 55 f.).

Ursachen der Globalisierung
Die Globalisierung ist das Ergebnis einschneidender Umbrüche und Veränderungen der technisch-wirtschaftlichen, politisch-rechtlichen sowie gesellschaftlichen Rahmenbedingungen. Diese können sowohl als Auslöser wie auch als Verstärker des Globalisierungsprozesses verstanden werden (vgl. Tab. 4.1).

Änderung der politisch-rechtlichen Rahmenbedingungen	Änderung der technisch-wirtschaftlichen Rahmenbedingungen	Änderung der gesellschaftlichen Rahmenbedingungen
Politische Liberalisierung und Deregulierung	Zunahme der weltweiten Transportkapazitäten	Lockerung sozialer Bindungen an Familie und Abstammungsregion
Internationale Vereinbarungen	Entwicklung der IuK-Technologie	Zunehmender Bedeutungsverlust religiöser und traditioneller Bräuche und Normen
Ausweitung der Märkte	Erleichterte Möglichkeiten der Produktionsverlagerung	
	Zunehmender Wettbewerb	Zunehmende Bedeutung von Bildung und Ausbildung

Tab. 4.1: Auslöser und Verstärker der Globalisierung (KOCH 2000, S. 7)

Messung von Globalisierung
Globalisierung lässt sich auf zweierlei Weise messen. Der **Globalisierungsgrad** beschreibt das bestehende Verhältnis zwischen Auslands- und Inlandsaktivitäten. Typische Kennzahlen sind z. B. die Außenhandelsquote (Anteil der Ex- und Importe am BIP), der Anteil ausländischer an den gesamten Beschäftigten in einer Volkswirtschaft, der ausländische Anteil am Eigenkapital, der Produktion oder des Umsatzes etc. Der **Globalisierungsprozess** ergibt sich durch den Vergleich der Wachstumsraten in- und ausländischer Aktivitäten und vermittelt ein dynamisches Bild von Globalisie-

rung. Indikatoren wären hier z. B. das Wachstum der Außenhandelsquote oder der ausländischen Direktinvestitionen, die Entwicklung der Auslandsbeschäftigtenquote, der ausländischen Umsätze am Gesamtumsatz oder grenzüberschreitender Unternehmenskooperationen.

Ein wesentliches Merkmal des Globalisierungsprozesses ist die **Zeit-Raum-Kompression** („time-space-compression"), d. h. die zunehmenden Möglichkeiten, mittels Innovationen in der Verkehrs- sowie der Informations- und Kommunikationstechnik den Raum in immer kürzer werdender Zeit zu überwinden und damit soziale wie ökonomische Strukturen und Prozesse räumlich immer weiter ausdehnen zu können (vgl. HARVEY 1990, S. 260 ff.). Diese **räumliche Entankerung** bzw. Entgrenztheit nährte hin und wieder die Befürchtung, der Geographie käme ihr Forschungsobjekt, der Raum (vor allem im Sinne von Lokalem und Regionalem), abhanden. Tatsächlich eröffnen sich durch das Verhältnis zwischen Globalisierung und Raum für die geographische Wissenschaft aber neue, vielversprechende Aufgabenstellungen. *(Globalisierung und Raum)*

Der Zusammenhang zwischen Globalisierung und Raum ist sehr vielseitig und umfasst u. a. folgende Thematiken – jeweils in absteigender Maßstabsreihenfolge (vgl. WIESE 2001, S. 55):

- Globalisierung und **Wirtschaftsräume** (global, supranational, national, regional, lokal);
- Globalisierung und **Politikräume** (Welt, Staatengemeinschaften, Nationalstaat, Regionen, Gemeinden);
- Globalisierung und **Gesellschaftsräume** (global agierende Mitglieder der New Economy, internationale und nationale Arbeitnehmergruppen, Minderheiten in Industrie- und Entwicklungsländern);
- Globalisierung und **Kulturräume** (von globalen Religions- und Kulturzugehörigkeiten bis zu nationalen, regionalen und lokalen Diasporen);
- Globalisierung und **Naturräume** unter dem Druck anthropogener Nutzung (von globalen und zonalen Ökosystemen bis zu lokalen Schutzgebieten).

Abbildung 4.10 (S. 110) zeigt ausgewählte Beispiele für die Raumrelevanz der Globalisierung.

Die Globalisierung wirtschaftlicher Aktivitäten unterwirft die Weltwirtschaft einer dynamischen Veränderung des globalen Wettbewerbs (vgl. NEUMAIR 2006a, S. 41 f.): *(Wirtschaftlicher Wandel und globaler Wettbewerb)*

- Mit Gründung des **GATT** bzw. der **Welthandelsorganisation (WTO)** sind weitreichende Maßnahmen zur Handelsliberalisierung realisiert worden. Da die Bestimmungen für die internationale Handelspolitik für die Mitgliedsländer auch rechtlich verbindlich sind, sehen sich Unternehmen mit der Erschließung neuer Absatz- und Beschaffungsmärkte im Ausland, aber auch mit neuen Wettbewerbern in den Heimatmärkten konfrontiert.
- Parallel zur multilateralen Handelsliberalisierung entstehen große **regionale Integrationsräume,** wie z. B. EU, Mercosur, NAFTA etc. (vgl. Kap. 4.3.4), die nach innen weitreichende Liberalisierungstendenzen aufweisen, sich nach außen aber nach wie vor häufig durch Handelshemmnisse abschotten. Weltweit operierende Unternehmen müssen diese Wirtschaftsräume deshalb in vielen Fällen über investive Auslandsaktivitäten „von innen" erschließen.

zunehmende Raumrelevanz

Auswirkungen auf...			Gegenkonzepte
...die Wirtschaft allgemein	...unternehmerisches Handeln	...Standort und Raum	
- wachsende internationale Arbeitsteilung - globale Arbeitsmärkte - global agierende Wettbewerber - steigender Wettbewerbs- und Kostendruck - zunehmende Regionalisierung des Handels (EU, NAFTA, Mercosur etc.) - starke Position von Unternehmen gegenüber Regierungen und Regionen	- Unternehmenszusammenschlüsse/ Fusionen (Global Players, Multis) - Unternehmensstrategien zur globalen Markt- und Raumdurchdringung - strategische Allianzen, globale Oligopole - Bildung globaler Unternehmensnetzwerke - Qualifikationswettlauf - Zwang zum Informationsvorsprung bei F&E, Wissen und Technologie - Tätigung von Direktinvestitionen (Markterschließung, Absatzorientierung, economies of scale, Kostensenkung)	- Infrastrukturwettlauf und Lohnkonkurrenz zwischen Standorten - Verlagerung von Produktionsschritten in Billiglohnländer - Beschäftigungsabbau an alten Standorten - Kozentration von Produktion/Dienstleistungen - Restrukturierung von Unternehmenseinheiten an Altstandorten (Hochqualitätsprodukte, zentrale Dienstleistungen, F&E, Innovationsnetzwerke) - Verlagerung von Unternehmensteilen zu neuen Standorten - Global Cities als Steuerungszentralen in globalen Unternehmensnetzwerken (London, New York, Tokio etc.) mit postmoderner Stadtarchitektur	- Neue Weltwirtschaftsordnung - globale Durchsetzung des Prinzips der sozialen Marktwirtschaft - globale Durchsetzung des Nachhaltigkeitsprinzips (ökonomisch, sozial, ökologisch) - Städtenetzwerke z.B. Randstad Holland, Greater Munich Area - Kontrolle internationaler Finanzströme (Tobin-Steuer) - Entstehung von Nichtregierungsorganisationen und Globalisierungsgegnern (Oxfam, Attac etc.) - Regionalismus (innerstaatliche und supranationale Ebene) - Umsetzung der Agenda 21

Abb. 4.10: Globalisierung und Raum (WIESE 2001, S. 7, verändert und erweitert).

- Im Zuge der wirtschaftlichen Entwicklung der sog. **„emerging markets"**, vor allem in Ost- und Südostasien, Lateinamerika und der GUS, konnten sich neue, erfolgreiche Unternehmen aus diesen Ländern auf dem Weltmarkt etablieren. Diese verfolgen in vielen Fällen eine auslandsorientierte und expansive Unternehmensstrategie (z. B. Mittal Steel oder Gazprom).
- Der **Zusammenbruch des Kommunismus** in der Sowjetunion und Osteuropa sowie die wirtschaftliche Neuorientierung und Dynamik von großen Zukunftsmärkten wie Indien und der Volksrepublik China haben den wirtschaftsräumlichen Aktionsradius für Unternehmen zusätzlich erweitert.
- Der **technologische Wandel,** insbesondere die Entstehung und Diffusion innovativer Informations- und Kommunikationsformen sowie der Ausbau materieller Transportsysteme, bietet Unternehmen neue Möglichkeiten zur räumlichen Konfiguration der Unternehmensaktivitäten.

Ausdruck des durch diese Entwicklungen begünstigten globalen Wettbewerbs ist ein in Relation zum Wachstum des weltwirtschaftlichen Sozialproduktes überproportionaler Anstieg internationaler, grenzüberschreitender wirtschaftlicher Interaktionen. Dabei handelt es sich vor allem um die Zunahme des Außenhandels sowie der internationalen Direktinvestitionen. Charakteristisch für diese beiden Symptome der Globalisierung sind Wachstumsraten, die seit den letzten zwei bis drei Jahrzehnten deutlich über denen des Weltsozialprodukts liegen (vgl. Abb. 4.11). Die Tendenz ist weiter steigend.

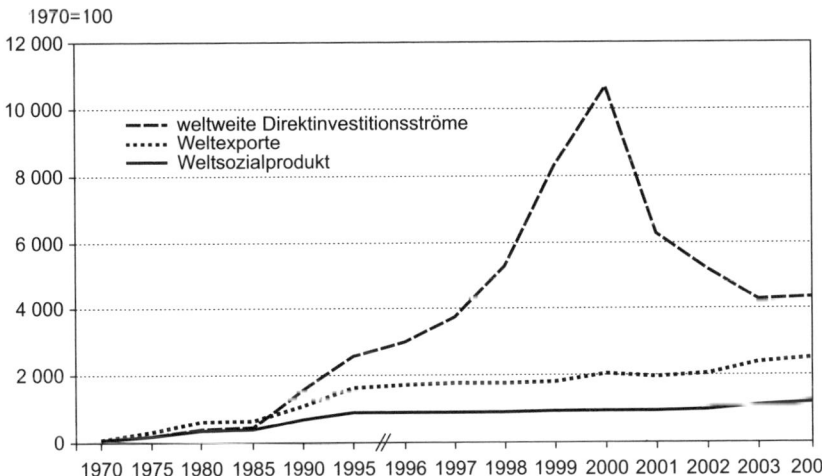

1970=100

weltweite Direktinvestitionsströme
Weltexporte
Weltsozialprodukt

Abb. 4.11: Außenhandel und Direktinvestitionsströme als Indikatoren wirtschaftlicher Globalisierung (UNCTAD 2005; WTO 2005).

Transnationale Unternehmen

Hauptakteure der wirtschaftlichen Globalisierung sind transnationale Unternehmen, deren Wertschöpfung zunehmend internationalisiert ist. Die Investitionen dieser Unternehmen stiegen in den letzten beiden Jahrzehnten deutlich stärker an als die Weltproduktion. Die Umsätze von Konzernen wie z.B. Exxon Mobile, Wal Mart, General Motors oder Daimler Chyrsler erreichen Dimensionen, die denen des Bruttoinlandsproduktes von Staaten wie Portugal oder Schweden entsprechen. Derartige **Global Players** gelten als Motor und Träger der ökonomischen Globalisierung. Von einem nationalen Standort ausgehend, bilden sie durch Errichtung von Zweigwerken, Übernahme von Unternehmen bzw. durch Fusionen ein **globales Standortsystem** aus. Zwingend ist dabei ihre Präsenz auf den Schlüsselmärkten der **Triade** (s. u.; vgl. DANIELZYK/OßENBRÜGGE 1996, S. 103). In den wichtigsten Auslandsmärkten entstehen nicht nur Produktions- und Vertriebsstätten, sondern mit Forschungs- und Entwicklungsabteilungen eigenständige Produktionssysteme, die gleichwertig in ein globales Unternehmensnetzwerk integriert sind. Parallel dazu kommt es zur Trennung von Funktionsbereichen, um weltweit die jeweils günstigsten Standortbedingungen (z.B. Arbeits- und Umweltkosten, günstige Forschungsbedingungen, Steuervorteile etc.) zu nutzen.

Internationale Arbeitsteilung

In Abhängigkeit von den Standortbedingungen einzelner Fertigungsschritte in unterschiedlichen Räumen bzw. Ländern kann jeder Stufe des Wertschöpfungsprozesses ein bestimmter Produktionsraum zugeordnet werden, der die vorteilhafteste Faktorausstattung für die jeweilige Stufe aufweist (vgl. Tab. 4.2, S. 112).

111

Einheit	Funktion	Standort
headquarter	Strategische Entscheidungen	Zentren hoch entwickelter Länder (z.B. Global Cities)
operational headquarter	Koordination und Kontrolle von Teileinheiten in Großregionen	Zentren von großräumiger Bedeutung
Forschung u. Entwicklung	Weiterentwicklung von Produkten, Prozessen, Organisation	Agglomerationen mit speziellen Standortvorteilen (z.B. in Nähe zu Universitäten)
Endmontage	Endfertigung des Produkts	Agglomerationen mit guten Verkehrsverbindungen
Teilfertigung - humankapitalintensiv - sachkapitalintensiv - arbeitsintensiv	Produktion	Zentren hoch entwickelter Länder höher entwickelte Länder Länder mit niedrigen Lohnkosten
Marketing	Werbung	Agglomerationen
Vertrieb	Verkauf der Endprodukte	weltweit gestreut

Tab. 4.2:
Funktionale Raumspezialisierung eines transnationalen Unternehmens (KULKE 2005, S. 6).

Zunehmender Wettbewerb und steigende Kosten in den Industrieländern führen zu einem Teil zur Verlagerung der Produktion in Länder der Peripherie, was auch unter dem Begriff **„Neue internationale Arbeitsteilung"** bzw. **„New International Division of Labor"** (NIDL) Eingang in die Standortdiskussion gefunden hat (vgl. FRÖBEL et al. 1977). Sie löste die überwiegend horizontal bzw. sektoral strukturierte alte internationale Arbeitsteilung, die auf den Austausch von Rohstoffen gegen Industrieprodukte zwischen den Entwicklungs- und Industrieländern ausgerichtet war, ab. Die NIDL gilt dagegen als **unternehmensinterne bzw. intrasektorale Arbeitsteilung,** deren Hauptakteure **transnationale Konzerne** sind. Während die unternehmerischen Management- sowie humankapitalintensive Forschungs- und Entwicklungsfunktionen weiterhin in den Zentren der Industrieländer bzw. **Global Cities** verortet bleiben, werden standardisierte Produktionsprozesse, die keine besonderen Ausbildungsanforderungen stellen, aber sehr arbeitsintensiv sind, in die Entwicklungsländer ausgelagert. Als typische Beispiele lassen sich **Lohnveredelungsindustrien** wie die Elektronik-, Textil- und Spielzeugbranche anführen. Sie sind in **freien Produktionszonen** angesiedelt, die für die Exporteure Steuer- und Zollvergünstigungen, häufig günstige Kreditbedingungen, die Möglichkeit eines nahezu uneingeschränkten Gewinntransfers, eine gut ausgebaute Infrastruktur und einen schwachen gewerkschaftlichen Organisationsgrad vorsehen.

Für die Ausbreitung der NIDL lassen sich drei wesentliche Ursachen anführen (vgl. FRÖBEL et al. 1977, S. 30f.):
• In den Entwicklungsländern hat sich im Laufe der Zeit ein enormes **Potenzial an Arbeitskräften** herausgebildet, wobei die Arbeitskosten weit unter denen in den entwickelten westlichen Staaten liegen.

- Die weitreichende **Fragmentierung des Produktionsprozesses** erlaubt die Übertragung insbesondere standardisierter Produktionsprozesse auf geringqualifizierte, angelernte Arbeitskräfte.
- **Entwicklungen in der Transport- und Kommunikationstechnik** schließlich reduzieren die Raumüberwindungskosten, so dass sich die Reichweite von Unternehmen deutlich erhöht und eine weltweite Standortwahl erlaubt.

Eine wesentliche Begleiterscheinung der NIDL ist die Zunahme des **Intra-Unternehmenshandels.** So machen die Warenströme zwischen den einzelnen Teileinheiten bzw. Standorten eines Unternehmens heute bereits über ein Drittel des gesamten Welthandels aus (vgl. KULKE 2005, S. 6).

Stellt man die Frage nach den räumlichen Gravitationszentren der Globalisierung, stößt man auf die Begriffe der **Triade** als **Dreierordnung der Weltwirtschaft** und der Triadisierung als Prozess der **regionalen Konzentration weltweiter Wirtschaftskraft** auf drei Erdräume. Auf die Triade im engeren Sinn (USA, EU-15 und Japan) entfallen etwa 70 % des Weltsozialproduktes. Wird der Begriff auf die Makroumgebung der Kernmärkte ausgedehnt, so dass die nordamerikanische Freihandelszone NAFTA (USA, Kanada, Mexiko), Westeuropa sowie Ostasien (Japan und die Tigerstaaten) herangezogen werden, so ergibt sich ein noch deutlicheres Bild. Auf die so abgegrenzte Triade entfallen rund 85 % des Welt-BSP, 85 % der Weltexporte, 74 % der weltweiten Direktinvestitionsbestände, aber nur 17 % der Weltbevölkerung.

Triadisierung

Das Bild von der Triadisierung der Weltwirtschaft verleitet zur Annahme, dass ausschließlich die Industrieländer am Prozess der Globalisierung partizipieren, während das Gros der Entwicklungsländer davon abgeschnitten ist. Tatsächlich verläuft die Grenze zwischen reich und arm sowie entwickelt und unterentwickelt aber wesentlich differenzierter, was mit dem Begriff der Fragmentierung bzw. der These der **fragmentierenden Entwicklung** zum Ausdruck kommt. Sie besagt, dass am globalen Wettbewerb und seinen Wohlfahrtseffekten nicht Länder und deren Bevölkerung als ganzes, sondern immer nur bestimmte Orte („Archipele"), wie z. B. Global Cities in den Industrieländern oder Exportenklaven in den Ländern der Dritten Welt, und auch dort nur Teile der Bevölkerung teilhaben. Tatsächlich differenziert sich der Weltwirtschaftsraum in ein Nebeneinander zeitlich und nachhaltig ganz unterschiedlich am Wohlstand partizipierender, punkthaft-weltweit gestreuter Orte und Menschengruppen (**„Inseln des Reichtums"**) einerseits und einer durch Armut geprägten, ausgegrenzten flächenhaft-globalen Restwelt (**„Meer der Armut"**) andererseits (vgl. SCHOLZ 2002, S. 11).

Fragmentierung

Die Grenze zwischen dem „reichen Norden" und dem „armen Süden" verschwimmt daher zusehends. In den Industrieländern bilden sich von der dynamischen Entwicklung der Wirtschaft abgekoppelte und verarmte Bevölkerungsschichten heraus, während in den Entwicklungsländern einzelne Wirtschaftssegmente und Eliten in das globale Netzwerk der Weltökonomie integriert sind (vgl. FUCHS 2006, S. 5).

4.3.2 Entwicklungstendenzen im Welthandel

Angesichts der fortschreitenden internationalen Verflechtung der Wirtschaft spielt der Außenhandel für den Erhalt der Wettbewerbsfähigkeit und die Entwicklung von Ländern, Regionen und Standorten eine zentrale Rolle.

Entwicklung des Welthandelsvolumens

Das Wachstum des Welthandels – gemeint ist im Folgenden der internationale Warenhandel – stellt einen **Basisindikator für die Globalisierung** der Wirtschaft dar. Seit Ende des Zweiten Weltkriegs steigt sein Volumen stärker als je zuvor; sein Wachstum ist bis heute ungebrochen (vgl. Abb. 4.12). Neben der im Wesentlichen durch die **internationale Verflechtung** erst ausgelösten Steigerung des Wohlstandsniveaus sind vor allem die beachtlichen Erfolge zur Liberalisierung des Welthandels durch den **Abbau tarifärer und nichttarifärer Handelshemmnisse** im Rahmen des GATT bzw. der Welthandelsorganisation WTO als ursächlich zu sehen. Ferner hatten die **Bildung regionaler Integrationsräume** sowie die drastische **Abnahme der Transport- und Kommunikationskosten** deutliche Wirkung auf die beispiellose Ausweitung des Handelsaustausches.

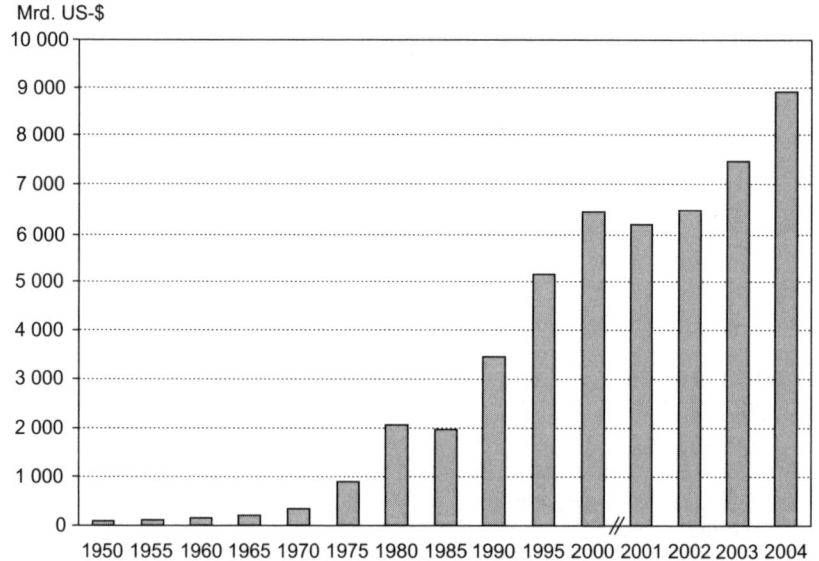

Abb. 4.12: Entwicklung der Weltexporte seit 1950 (WTO 2005).

Sektorale Struktur des Welthandels

Bei der sektoralen Struktur des Welthandels ist ein anhaltender Bedeutungsverlust des Handels mit Primärgütern zu verzeichnen. 1970 betrug der wertmäßige Anteil der Rohstoffe am Welthandel noch 36 %. Im Jahr 2004 lag der Anteil von Agrargütern und Bergbauprodukten dagegen nur noch bei ca. 23 %. Dagegen gewinnt der Außenhandel mit technologisch höherwertigen Halb- und Fertigerzeugnissen immer mehr an Bedeutung. Insbesondere Güter der Büro-, Telekommunikations- und EDV-Branche sowie jene der Halbleiter- und Unterhaltungselektronik dehnen ihren Welthandelsanteil zunehmend aus. Abbildung 4.13 (S. 115) zeigt die sektorale Zusammensetzung des Welthandels im Jahr 2004.

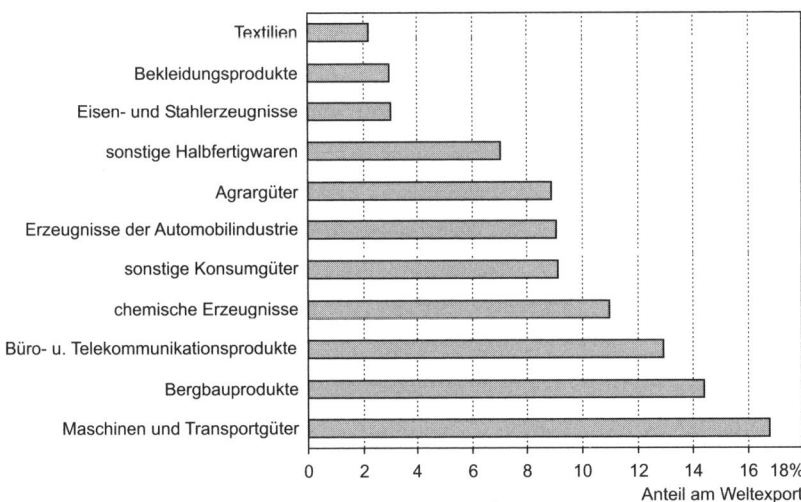

Abb. 4.13:
Anteile einzelner
Branchen am
Weltexport 2004
(WTO 2005).

Die Beteiligung der Länder am Welthandel ist extrem unterschiedlich. In den letzten Jahren entfielen über zwei Drittel aller Exporte auf die **Industrieländer.** Der Anteil der **Entwicklungsländer** schwankte dagegen zwischen 20% und 28%. Insbesondere Afrika und weite Teile Asiens nehmen am weltweiten Handel nur unterproportional teil. Ein überproportionales Wachstum gegenüber dem weltweiten Durchschnitt zeigt sich dagegen vor allem bei den **Schwellenländern,** die sich an der Schwelle vom Entwicklungs- zum Industrieland befinden, sich in den letzten 30 bis 40 Jahren schrittweise in den Weltmarkt integriert haben und heute von der internationalen Arbeitsteilung profitieren. Dagegen ist mit Ausnahme Russlands der Anteil der ehemaligen sozialistischen Staatshandelsländer bzw. der heutigen **Transfomationsstaaten** – sofern sie nicht bereits der Europäischen Union angehören – zu vernachlässigen.

Die dominierende Stellung der Industrieländer im Welthandel beruht auf ihren breit angelegten Produktionsstrukturen, die eine weitreichende und intensive Nutzung der weltwirtschaftlichen Arbeitsteilung erlauben. Die Industrieländer profitieren von sich verbessernden **Terms of Trade** (= Verhältnis zwischen Import- und Exportpreisentwicklung). Den Großteil des Handelsvolumens der Industrieländer stellen Fertig- bzw. Halbfertigprodukte dar, deren Preise schneller als die der Rohstoffe als wichtigste Einfuhrprodukte – Erdöl und Erdgas sowie einige Metalle ausgenommen – steigen. Ein weiterer Grund für die herausragende Handelsposition liegt in der Schaffung regionaler Integrationsräume (vgl. Kap. 4.3.4), an denen in erster Linie Industrieländer beteiligt sind.

Der Bedeutungsverlust der meisten Entwicklungsländer im Welthandel resultiert analog vor allem aus der Verschlechterung der Terms of Trade. Da die Exportpreise für Rohstoffe, dem wichtigsten Ausfuhrprodukt für Entwicklungsländer – von Ausnahmen abgesehen – tendenziell sinken, die Einfuhrpreise für Fertigprodukte aber steigen, verschlechtert sich die Welthandelsposition der Entwicklungsländer relativ zu den Industrieländen. In jüngster Zeit differenzieren sich diese Länder allerdings dann, wenn sie am

Regionale Struktur
des Welthandels

Markt verknappte Rohstoffe besitzen bzw. nicht besitzen und der Import z. B. von teurem Erdöl die Terms of Trade weiter belastet.

Intraindustrieller Handel

Zu beachten ist auch die räumliche Ausrichtung der internationalen Handelsströme. Die Industrieländer handeln infolge sich differenzierender Märkte und Konsumwünsche überwiegend untereinander mit **Fertigerzeugnissen auf gleicher Produktebene.** Franzosen kaufen z. B. BMW-Fahrzeuge, Deutsche fahren Renault-Modelle. Man bezeichnet dies als intraindustriellen Handel, bei dem ähnliche Produkte des gleichen Industriezweiges und im Falle der Industrieländer wegen der hohen und ansteigenden Einkommen insbesondere höherwertige und kapitalintensive Güter nach individuellen Präferenzen gehandelt werden. Ausschlaggebend sind hierfür weniger Preisunterschiede als zumeist subjektive Produktbewertungen, welche die Anbieter u. a. mit Image- und Marketingmaßnahmen beeinflussen.

Interindustrieller Handel

Die Schwellenländer konzentrieren sich mit ihren vornehmlich arbeitsintensiven Ausfuhrprodukten überwiegend auf die Märkte der Industrieländer. Die Entwicklungsländer machen nur einen geringen Anteil ihrer Handelsbeziehungen untereinander aus. Sie betreiben überwiegend einen interindustriellen Handel, d. h. einen **Handel mit den Industrieländern,** die sie fast ausschließlich mit Rohstoffen beliefern und im Gegenzug von ihnen Fertigprodukte aus unterschiedlichen Branchen beziehen (vgl. NEUMAIR 2006a, S. 45f.; HAAS 2006, S. 10f.).

Im Jahr 2004 entfielen über 45 % des Welthandels auf Europa, ca. 15 % auf Nordamerika und fast 27 % auf Asien. Darin enthalten ist der **Intrablockhandel,** also der Handel, der innerhalb der betreffenden Region stattfindet. Wie bedeutend dieser ist, zeigt der intraeuropäische Handel, auf den über 33 % des Welthandels entfallen. Beim innerasiatischen Handel sind es 13,5 %, im Falle Nordamerikas immerhin noch 8,5 % (vgl. WTO 2005).

Bedeutend ist daneben vor allem der **Außenhandel zwischen den Triadekernen,** also der transatlantische und der transpazifische Handel. Demgegenüber spielen die Außenbeziehungen der Triade, wie z. B. der Handel zwischen Nord- und Lateinamerika oder Westeuropa und Afrika, eine untergeordnete Rolle.

Betrachtet man die Stellung einzelner Länder im Welthandel, lässt sich feststellen, dass die USA, gefolgt von Deutschland und Japan, lange die ersten Plätze belegten. Mittlerweile hat Deutschland mit einem Weltexportanteil von 10 % die USA (8,5 %) abgelöst, während China (6,5 %) auf Platz drei steht und Japan (6,2 %) auf den vierten Platz verdrängt hat (Daten für 2004; vgl. WTO 2005). Das Prädikat „Exportweltmeister" im Falle Deutschlands ist jedoch kritisch zu kommentieren: Die Fertigungstiefe deutscher Exportprodukte ist zunehmend geringer, ferner lässt sich die Außenhandelsstatistik Deutschlands mit jener der USA nur bedingt vergleichen. So gilt beispielsweise der Handel zwischen Aachen und Luxemburg als Außenhandel, jener zwischen Seattle und Miami als Binnenhandel.

Internationaler Dienstleistungshandel

Die bisherigen Ausführungen beziehen sich ausschließlich auf den Warenhandel. Beim internationalen Handel mit Dienstleistungen sieht die Situation anders aus. Während Dienstleistungen zur Weltproduktion zu über zwei Dritteln beitragen, sind sie am Welthandel bisher nur mit 20 bis 25 % beteiligt. In der Produktion ist die Tertiärisierung schon weiter fortgeschritten als im Handel (vgl. Lichtblau 2000, S. 61). Der Dienstleistungsanteil am gesamten Welthandel liegt wesentlich niedriger als der Warenanteil. Im Jahr 2003 machten die internationalen Warenexporte das Vierfache der Dienstleistungsexporte aus. Entsprechend hoch ist das Wachstumspotenzial internationaler Dienstleistungen, vor allem da der BIP-Anteil des tertiären Sektors in den Industrieländern in der Regel bei weit über 50% liegt.

Anders als beim Anteil am Welthandel stellt sich das Verhältnis zwischen Waren- und Dienstleistungshandel beim Handelswachstum dar. So lag zwischen 1985 und 2000 die durchschnittliche jährliche Wachstumsrate der internationalen Dienstleistungsexporte mit 9,4% deutlich über jenen der Warenexporte (7,7%), seit 2000 nähern sich die Wachstumsraten allerdings wieder mehr an.

4.3.3 Globale Direktinvestitionsstrukturen

Neben dem Wachstum des Außenhandels sind die zunehmende Mobilität und der an Bedeutung gewinnende Einsatz des Produktionsfaktors Kapital ein weiterer Indikator für die Globalisierung der Wirtschaft. Die geographische Rekonfiguration betrieblicher Aktivitäten und die globale Optimierung der gesamten Wertschöpfungskette transnationaler Unternehmen wird erst durch die internationale Tätigung von **Direktinvestitionen** möglich. Dabei handelt es sich um Investitionen im Ausland, bei denen der Investor einen unmittelbar **kontrollierenden Einfluss** auf das Investitionsobjekt ausübt. Sie treten in Form von Joint Ventures, Gründungen von Tochtergesellschaften sowie Fusionen und Akquisitionen auf. Obwohl sich auch kleine und mittlere Unternehmen international engagieren, sind es vor allem **transnationale Unternehmen,** die als Träger internationaler Direktinvestitionen in Frage kommen.

Im Jahr 2004 betrug der weltweite **Direktinvestitionsbestand** ca. 9700 Mrd. US-$ und hat sich gegenüber dem Jahr 1982 damit mehr als verfünfzehnfacht (vgl. UNCTAD 2005). Der Direktinvestitionsbestand beinhaltet alle bisher getätigten Direktinvestitionen, ist also die Summe aller jährlichen Nettodirektinvestitionen. Damit sind die Direktinvestitionsbestände von den **Direktinvestitionsströmen** zu unterscheiden, welche nur angeben, um wie viel sich der Bestand pro Jahr verändert hat.

Einen besonders starken Anstieg verzeichneten die internationalen Direktinvestitionen jeweils in der zweiten Hälfte der 1980er- und 1990er-Jahre. Der vorläufige Höhepunkt wurde zu Beginn des neuen Jahrtausends gemessen, was vor allem auf sog. **Mega-Fusionen** und **Mega-Akquisitionen** zurückzuführen ist (z.B. die Übernahme von Mannesmann durch Vodafone oder die Fusion von Daimler und Chrysler).

Für den insgesamt sehr dynamischen Verlauf der internationalen Direktinvestitionen sind mehrere Ursachen verantwortlich. Diese reichen von der fortschreitenden Liberalisierung der Kapitalmärkte und dem Abbau von Investitionshemmnissen über kostengünstige Kommunikations- und Transportbedingungen bis hin zur Notwendigkeit, aufgrund steigender Kaufkraft und differenzierter werdender Nachfragestrukturen in vielen Ländern eine eigene Präsenz vor Ort zu entwickeln (vgl. Koch 2000, S. 38).

Entwicklung des globalen Direktinvestitionsvolumens

Sektorale Strukturen   Was die sektorale Verteilung von Direktinvestitionen betrifft, sind deutliche Verschiebungen zu erkennen. Während Anfang der 1970er-Jahre noch ca. 25 % der weltweiten Direktinvestitionen auf rohstofforientierte Produktionen und 30 % auf Dienstleistungen entfielen, nimmt der tertiäre Sektor heute bereits mehr als die Hälfte aller Direktinvestitionen ein; auf Rohstoffe (z. B. Bergbau, Erdöl) entfallen dagegen nur noch weniger als 10 % (vgl. UNCTAD 2005), wobei sich die absoluten Werte mit der Rohstoffverknappung am Weltmarkt nicht verringerten. Diese Struktur erklärt auch den trotz ihrer großen sektoralen Bedeutung eher schwach ausgeprägten bzw. erfassten Handel mit Dienstleistungen. Wegen der häufig auftretenden Notwendigkeit der Nähe zum Kunden sind für die Internationalisierung von Dienstleistungen Direktinvestitionen von größerer Bedeutung als Exporte.

Regionale Strukturen   Wichtigster Geber von Direktinvestitionen sind mit einem Anteil von über 85 % die **Industrieländer.** An oberster Stelle stehen die USA, von denen fast ein Drittel aller weltweiten Direktinvestitionen stammt. Großbritannien belegte 2004 Rang zwei, während Frankreich und Deutschland an dritter und vierter Stelle standen. Eine weitere Quelle stellen die Erdöl exportierenden Länder dar. Auch über so genannte **Offshore-Zentren** (Bermudas, Antigua und Barbados etc.) werden wegen der günstigen steuerlichen Rahmenbedingungen viele Direktinvestitionen getätigt. Der Beitrag der **Entwicklungsländer** ist dagegen sehr gering und stammt vor allem aus dem asiatisch-ozeanischen Raum, der in dieser Gruppe mehr als 80 % ausmacht (vgl. UNCTAD 2005).

Als Empfänger dominieren mit einem Anteil von ca. zwei Dritteln ebenfalls die Industrieländer, allerdings nimmt der Anteil der **Schwellenländer** vor allem in jüngerer Zeit schnell zu. Weitere wichtige Empfängerregionen sind die ostmitteleuropäischen **Transformationsstaaten** sowie die ost- und südostasiatischen Schwellenländer. Auffallend ist, dass sich China als Folge des anhaltenden Industrialisierungsbooms mittlerweile auf einen der vorderen Plätze vorgeschoben hat. Die zunehmend in die Schwellenländer fließenden Direktinvestitionen konzentrieren sich auf wenige Staaten mit großem Binnenmarkt, fortgeschrittener Infrastruktur und stabilen politischen Systemen.

4.3.4 Regionale Integrationssysteme

Begriff und Entwicklung regionaler Integrationen   Unter regionalen Integrationen versteht man „die Zusammenarbeit von zwei oder mehr Ländern auf dem Gebiet ihrer gemeinsamen Wirtschaftsbeziehungen oder – darüber hinausgehend – den Zusammenschluss von zwei oder mehr Ländern zu einem gemeinsamen Wirtschaftsraum" (DIECKHEUER 2001, S. 193).

Das übergeordnete Ziel einer regionalen Integration liegt in der **Förderung der internationalen Arbeitsteilung** innerhalb des Integrationsraums, um damit die Wohlfahrt der teilnehmenden Länder zu erhöhen. Häufig wird die Kooperation auf **wirtschaftlichem Gebiet** auch als Vorstufe zur weiter reichenden Integration bis hin zum **politischen Zusammenschluss** gewertet.

Fast jeden Monat werden in den verschiedenen Teilen der Welt neue Projekte zur Schaffung, Ausdehnung oder Vertiefung regionaler Integrationen ins Leben gerufen, und es gibt nur wenige Länder, die keiner regionalen Integration angeschlossen sind. Die Abkommen reichen von bilateralen Handelsvergünstigungen benachbarter Länder bis hin zu weit gespannten, überregionalen und subglobalen Vertragssystemen mit teilweise überlappenden Mitgliedschaften (Freihandelszonen, Zollunionen, Binnenmärkte). Während 1980 erst 21 dieser Abkommen gezählt wurden, waren 2005 bereits 168 in Kraft. Zahlreiche weitere sind beschlossen, aber noch nicht ratifiziert, befinden sich in Planung oder Verhandlung.

Für das Eingehen regionaler Integrationen kommen mehrere Motive in Frage (vgl. SHIELLS 1995, S. 28f.; BARTH 1999, S. 3): Motive regionaler Blockbildung

- Ökonomische Vorteile durch **effiziente Produktionsstrukturen** (Verteilung fixer Kosten über größere regionale Absatzmärkte) und eine Stimulierung des wirtschaftlichen Wachstums durch Anziehen ausländischer Direktinvestitionen, Lerneffekte sowie Forschung und Entwicklung;
- **außerökonomische Vorteile** wie die Vertiefung politischer Beziehungen oder die Bewältigung von Migrationsproblemen;
- für kleinere Länder die Sicherung des **Zugangs zu den Märkten** größerer Länder;
- **Absicherung einseitiger innenpolitischer Reformen,** indem durch die vertragliche Vereinbarung gemeinsamer Ziele und die Festlegung von Sanktionsmöglichkeiten im Falle des Verstoßes gegen diese ein Abbruch begonnener Reformen erschwert wird;
- **Stärkung der Verhandlungsposition** bei multilateralen Verhandlungen, z. B. vor dem GATT bzw. der WTO, oder Missbilligung des zähen Vorankommens dieser Verhandlungen.

Wichtigste Voraussetzung für die Schaffung einer regionalen Integration ist, dass sich die Partnerländer ökonomisch ergänzen. Ausschlaggebend sind die **Komplementarität der Wirtschaftsstruktur** ihrer Mitglieder im Allgemeinen und die ihrer **Außenhandelsstruktur** im Besonderen. Hinzu kommt das Erfordernis gesellschaftspolitischer Übereinstimmungen, des Verständnisses für gemeinsam zu bewältigende Probleme sowie stabiler politischer Systeme.

Je nach Integrationstiefe und Geltungsbereich lassen sich unterschiedliche Stufen einer regionalen Integration unterscheiden. Charakteristisch für jede Form ist dabei der Abbau von Handelshemmnissen zwischen den beteiligten Ländern (vgl. im Folgenden NEUMAIR 2006b, S. 269ff.).

Die Präferenzzone ist die schwächste Form einer regionalen Integration. Präferenzzone
Zwei oder mehr Länder kommen in bi- oder multilateralen Verträgen dazu überein, sich für den Außenhandel mit bestimmten Gütergruppen **Handelsvergünstigungen,** meist in Form von – im Vergleich zur Ausgangsbasis – niedrigeren Zöllen oder höheren Quoten, einzuräumen. Abgeschlossen werden Präferenzabkommen häufig zwischen Industrie- und Entwicklungsländern.

Die Anwendung von Handelspräferenzen setzt **Ursprungsregeln** voraus. Diese legen den Wertschöpfungsanteil an einem Produkt fest, der mindestens im Präferenzraum erbracht werden muss, damit eine aus dem Präferenzland eingeführte Ware die vereinbarte Vorzugsbehandlung erfährt.

Ein bedeutendes Beispiel für Handelspräferenzen bilden die **Abkommen von Lomé und Cotonou** zwischen der EU und den AKP-Staaten (Afrika, Karibik, Pazifik) sowie die **„Everything-but-arms"-Initative,** die den 50 am wenigsten entwickelten Ländern für sämtliche Produkte außer Waffen den zoll- und quotenfreien Zugang zum Gemeinschaftsmarkt der EU verschafft. Für sensible Agrarprodukte (z.B. Zucker, Reis, Bananen) und bestimmte Textilien gelten Übergangsfristen. Zu nennen sind auch die Handelspräferenzen der EU gegenüber ausgewählten Mittelmeeranrainerstaaten sowie den ASEAN-Staaten.

Freihandelszone In einer Freihandelszone kommt es zu einer engeren handelspolitischen Kooperation, indem die Handelshemmnisse unter den Mitgliedsländern im Idealfall bei allen Produktkategorien abgebaut werden. Es existiert jedoch **kein gemeinsamer Außenzoll,** so dass die Mitglieder der Freihandelszone gegenüber Drittstaaten ihre **außenhandelspolitische Autonomie** wahren. Die Anbieter aus Drittländern könnten daher versuchen, ihre Exporte in ein beliebiges Land der Freihandelszone über das Mitgliedsland abzuwickeln, dessen Außenzölle am niedrigsten sind. Um dies zu verhindern, bedarf es der Anwendung von **Ursprungsregelungen.** Freie Güterbewegungen innerhalb der Freihandelszone müssen durch Ursprungszertifikate belegt werden.

Beispiele für Freihandelszonen sind u. a.:

- **ANCERTA** (Australia New Zealand Closer Economic Relations Trade Agreement): Australien, Neuseeland (seit 1983);
- **NAFTA** (North American Free Trade Agreement): USA, Kanada, Mexiko (seit 1994);
- **EFTA** (European Free Trade Association): Island, Liechtenstein, Norwegen, Schweiz (seit 1960; bei Gründung waren auch Dänemark, Großbritannien, Österreich, Portugal und Schweden Mitgliedsländer, die nach und nach zur EG/EU übertraten; Finnland war zwischen 1985 und 1995 Mitglied);
- **EWR** (Europäischer Wirtschaftsraum): EU- und EFTA-Staaten ohne die Schweiz (seit 1994);
- **CAFTA** (U.S.–Central American Free Trade Agreement): USA, Costa Rica, El Salvador, Honduras, Nicaragua, Dominikanische Republik (seit 2005; Costa Rica und Dominikanische Republik noch nicht ratifiziert);
- **FTAA** (Free Trade Area of the Americas): 34 nord- und lateinamerikanische sowie karibische Staaten mit Ausnahme Kubas (ursprüngliches Zieldatum 2005, tatsächliches Datum der Umsetzung offen);
- **AFTA** (Asean Free Trade Area): Brunei, Indonesien, Malaysia, Philippinen, Singapur, Thailand (seit 2003 unvollständig in Kraft);
- **APEC** (Asia Pacific Economic Cooperation): 21 Staaten des asiatisch-pazifischen Wirtschaftsraums, darunter USA, Japan und China (seit 1989, Umsetzung der Freihandelszone bis 2020 geplant);
- **SAFTA** (South Asian Free Trade Area): Bangladesch, Bhutan, Indien, Malediven, Nepal, Pakistan, Sri Lanka (seit 2006).

Zollunion Wie bei der Freihandelszone kommt es auch bei der Zollunion zum Abbau zwischenstaatlicher Handelshemmnisse. Zusätzlich vereinbaren die Mitglieder aber einen **einheitlichen Außenzolltarif,** d. h. ein **gemeinsames Zollgebiet,** wodurch Ursprungsregelungen gegenüber Drittstaaten obsolet werden. Die Zolleinnahmen werden gemäß einem vereinbarten Schlüssel aufgeteilt.

Beispiele für Zollunionen sind u. a.:

- **Mercosur** (Mercado Común del Cono Sur): Argentinien, Brasilien, Paraguay, Uruguay seit 1991, Venezuela seit 2006, Chile und Bolivien assoziierte Mitglieder (seit 1996 bzw. 1997);
- **Andenpakt:** Bolivien, Ecuador, Kolumbien, Peru, Venezuela (seit 1969), Venezuela 2006 in den Mercosur gewechselt;
- Zollunion zwischen der **EU** und der **Türkei** (seit 1996);
- **SACU** (Southern African Customs Union): Südafrika, Botswana, Lesotho, Namibia, Swasiland (seit 1969);
- **SADC** (Southern African Development Community): Südafrika, Angola, Botswana, DR Kongo, Lesotho, Malawi, Mauritius, Mosambik, Namibia, Sambia, Seychellen, Simbabwe, Swasiland, Tansania (seit 1980, vollständige Umsetzung bis 2012).

Während Freihandelszonen und Zollunionen nur den Abbau von Handelshemmnissen zwischen den Mitgliedsstaaten vorsehen, gewährt der Gemeinsame Markt **vier zentrale Freiheiten:**

Gemeinsamer Markt

- **Freier Warenverkehr:** Abschaffung von Grenzkontrollen, Abbau von tarifären und nichttarifären Handelshemmnissen, Harmonisierung des Steuersystems (vor allem Mehrwert- und Verbrauchssteuern);
- **Freier Dienstleistungsverkehr:** Liberalisierung des Finanzdienstleistungssektors, des Verkehrssektors, des Telekommunikations- und Informationsdienstleistungsmarktes, Öffnung des öffentlichen Auftragswesens;
- **Freier Personenverkehr:** Abschaffung von Personenkontrollen an den Grenzen, Freizügigkeit für Arbeitnehmer, Niederlassungsfreiheit für Unternehmen, Aufenthaltsrecht für Nichterwerbstätige, Harmonisierung der Asyl- und Einreisegesetze;
- **Freier Kapitalverkehr:** Beseitigung devisenrechtlicher Hemmnisse, Freiheit für Geld- und Kapitalbewegungen, Freigabe des Wertpapierverkehrs.

Bedeutendstes Beispiel für einen weitgehenden funktionierenden Gemeinsamen Markt ist der seit 1993 bestehende Europäische Binnenmarkt. Doch auch in Lateinamerika und Westafrika gibt es auf die Errichtung Gemeinsamer Märkte zielende Integrationsbestrebungen. Beispiele sind **ALADI** (Asociación Latinoamericana de Integración), **CARICOM** (Caribbean Community and Common Market) und **ECOWAS** (Economic Community of West African States). Diese Zusammenschlüsse sind aufgrund fortdauernden, wechselseitigen Protektionismus, unterschiedlicher, teils instabiler politischer Systeme und starker Verflechtungen mit Drittstaaten aber nur wenig erfolgreich.

Die Integrationsbestrebungen einer Wirtschaftsunion gehen über den Gemeinsamen Markt hinaus, indem es zur weitgehenden Vereinheitlichung der wirtschaftlichen Prozess- und Ordnungspolitik und so zur **Angleichung der ökonomischen Rahmenbedingungen** kommt. Durch eine gemeinsame Strukturpolitik sollen ferner die Lebensbedingungen innerhalb des Integrationsraums konvergieren. Die Harmonisierung wird – wie das Beispiel EU zeigt – zuvorderst durch Schaffung **supranationaler Entscheidungsgremien** erreicht.

Wirtschaftsunion

Die Wirtschaftsunion kann neben der güterwirtschaftlichen auch eine **monetäre Integration,** d. h. – wie im Falle des Euro – einheitliche Geldmarktbedingungen vorsehen, welche ein möglichst inflationsfreies Wachstum ermöglichen und wechselkursbedingte Wettbewerbsverzerrungen zwischen den Mitgliedern ausschließen sollen (Währungsunion). Abbildung 4.14 fasst die Merkmale der einzelnen Integrationsformen zusammen.

	Präferenz-zone	Freihandels-zone	Zollunion	Gemein-samer Markt	Wirtschafts- und Währungs-union
Beseitigung von Handelshemmnissen auf Teilmärkten	✓				
Beseitigung von Handelshemmnissen auf allen Märkten		✓	✓	✓	✓
Gemeinsame Außenhandels- bzw. Zollpolitik			✓	✓	✓
Freie Faktorbewegungen				✓	✓
Harmonisierung der Wirtschaftspolitiken				✓	✓
Gemeinsame Organe und Institutionen					✓

Abb. 4.14: Merkmale regionaler Integrationsformen im Überblick (NEUMAIR 2006b, S. 274).

Statische Integrationseffekte

Die Wirkungen regionaler Integrationen lassen sich in statische und dynamische Effekte unterscheiden.

Als statische Effekte sind Handelsschaffung und Handelsumlenkung einzustufen. Eine wohlfahrtssteigernde **Handelsschaffung** liegt vor, wenn die bisherige relativ teure Inlandserzeugung zugunsten kostengünstiger Einfuhren aus Ländern des Integrationsraums eingestellt und eine Spezialisierung gemäß komparativer Kostenvorteile erreicht wird. Im Gegensatz dazu wirkt sich die **Handelsumlenkung** wohlfahrtsmindernd aus, da Importe aus Drittländern durch weniger wettbewerbsfähige Importe aus Mitgliedsländern der Integration verdrängt werden, wenn der Zollnachteil des Drittlandes seinen Kostenvorteil gegenüber dem günstigsten Integrationsmitglied überwiegt. Insgesamt ist eine Integration dann als positiv zu werten, wenn die Handelsschaffung größeres Gewicht als die Handelsumlenkung hat.

Dynamische Integrationseffekte

Zu den dynamischen Effekten zählen u. a. **Skaleneffekte** („economies of scale"), die aus größeren Stückzahlen infolge vergrößerter Absatzräume bei gleichzeitig sinkenden Durchschnittskosten resultieren. Der zunehmende Wettbewerbsdruck zwingt zur Verbesserung der technischen und organisatorischen Effizienz und induziert **Preis- und Innovationseffekte.** Ferner stellen sich **Spillover-Effekte** durch Technologietransfers innerhalb des Integrationsraums und eine allgemeine Verbesserung des Investitionsklimas ein. Insgesamt erhöhen sich volkswirtschaftliche Leistungs- und internationale Wettbewerbsfähigkeit. Voraussetzung ist, dass die Mitglieder der Integration ihre protektionistischen Schranken nach außen dergestalt anpassen, dass sich das Volumen des Handels mit Drittstaaten nicht zu stark verändert (vgl. HAUSER/ZIMMERMANN 2001, S. 4; BARTH 1999, S. 4; BERTHOLD 1996, S. 64).

Die Verwirklichung aller ökonomischen Gewinnmöglichkeiten erfolgt jedoch keinesfalls automatisch, stets müssen spezifische Kosten in die Nutzenkalkulation einer regionalen Integration einbezogen werden. Die durch intensiveren Wettbewerb und veränderte Produktionsbedingungen hervorgerufenen Integrations- und Freihandelskosten entsprechen im Allgemeinen den Kosten, die bei der Anpassung der Wirtschaftsstruktur eines Landes an neue Rahmenbedingungen wie Liberalisierung, stärkeren Wettbewerb oder neue Technologien anfallen. Sie treten in Form von Arbeitsplatzverlusten, Gewinneinbußen und Konkursen nicht wettbewerbsfähiger Unternehmen auf (vgl. SCHIRM 1997, S. 16).

Literaturverzeichnis

AGLIETTA, M. (1976): Régulation et Crises du Capitalisme. L'Expérience des Etats-Unis. Paris.

ALONSO, W. (1960): A theory of urban land market. In: Papers and Proceedings of the Regional Science, No. 6, S. 149–157.

AMIN, S. (1974): Zur Theorie von Akkumulation und Entwicklung in der gegenwärtigen Weltgesellschaft. In: D. Senghaas (Hrsg.): Peripherer Kapitalismus. Analysen über Abhängigkeit und Unterentwicklung. Frankfurt a. M., S. 71–97.

AMITI, M. (1998): New Trade Theories and Industrial Location in the EU: A Survey of Evidence. In: Oxford Review of Economic Policy, Vol. 14, S. 45–53.

ANDREE, K. (1861–1874): Geographie des Welthandels mit geschichtlichen Erläuterungen. Stuttgart.

ARING, J. (2005): Bodenpreise und Raumentwicklung. In: Geographische Rundschau, 57. Jg., Nr 3, S. 28–34.

ARNDT, O. (2001): Innovative Netzwerke als Determinante betrieblicher Innovationstätigkeit: Das Beispiel Süd-Wales/UK (= Kölner Forschungen zur Wirtschafts- und Sozialgeographie, Band 51). Köln.

ARNOLD, K. (1992): Wirtschaftsgeographie in Stichworten. Berlin.

AYDALOT, P. (Hrsg.) (1986): Milieux innovateurs en Europe. Paris.

BAGNASCO, A. (1977): Tre Italie: La problematica territoriale dello sviluppo italiano. Bologna.

BARNES, T. J.; GERTLER, M. S. (Hrsg.) (1999): The new industrial geography: regions, regulation and institutions. London/New York.

BARTH, W. (1999): Regionale Blockbildung oder freier Welthandel? – Eine praxisorientierte Betrachtung. (= Mitteilungen der Geographischen Gesellschaft in München, Band 84), München, S. 1–12.

BATHELT, H. (1992): Erklärungsansätze industrieller Standortentscheidungen. Kritische Bestandsaufnahme und Überprüfung am Beispiel von Schlüsseltechnologie-Industrien. In: Geographische Zeitschrift, 80. Jg., Nr. 4, S. 195–213.

BATHELT, H. (1994): Die Bedeutung der Regulationstheorie in der wirtschaftsgeographischen Forschung. In: Geographische Zeitschrift, 82. Jg., Nr. 2, S. 63–90.

BATHELT, H. (2001): Warum Paul Krugmans Geographical Economics keine neue Wirtschaftsgeographie ist!. In: Die Erde, Nr. 132, S. 107–118.

BATHELT, H.; DEPNER, H. (2003): Innovation, Institution und Region: Zur Diskussion über nationale und regionale Innovationssysteme. In: Erdkunde, Band 57, S. 126–143.

BATHELT, H.; GLÜCKLER, J. (2002): Wirtschaftsgeographie. Ökonomische Beziehungen in räumlicher Perspektive. Stuttgart.

BATHELT, H.; GLÜCKLER, J. (2003): Zur Bedeutung von Ressourcen in der relationalen Wirtschaftsgeographie. Von einer substanzialistischen zu einer relationalen Perspektive. In: Zeitschrift für Wirtschaftsgeographie, 47. Jg., Nr. 3/4, S. 249–267.

BECK, G. (1981): Darstellung und Kritik des verhaltens- und entscheidungstheoretischen Ansatzes In der Geographie. In: M. Ostheider und D. Steiner (Hrsg.): Theorie und quantitative Methodik in der Geographie (= Zürcher Geographische Schriften). Zürich, S. 119–138.

BENKO, G.; DUNFORD, M. (1991): Neo-fordism or post-fordism? Some conclusions and further remarks. In: G. Benko und M. Dunford (Hrsg.): Industrial Change and Regional Development: The Transformation of New Industrial Spaces. London, S. 286–305.

BERNDT, C. (1999): Institutionen, Regulation und Geographie. In: Erdkunde, 54. Jg., Nr. 4, S. 302–316.

BERTHOLD, N. (1996): Regionalismus, Multilateralismus und GATT. In: M. Frenkel und D. Bender (Hrsg.): GATT und neue Welthandelsordnung. Wiesbaden, S. 61–89.

BLOTEVOGEL, H. H. (1996): Zentrale Orte: Zur Karriere und Krise eines Konzepts in Geographie und Raumplanung. In: Erdkunde, 50. Jg., Nr. 1, S. 9–25.

BOYER, R. (1988): Technical Change and the Theory of Regulation. In: G. Dosi, C. Freeman, R. R. Nelso, G. Silverberg und L. L. G. Soete (Hrsg.): Technical Change and Economic Theory. London/New York, S. 67–94.

BRAMANTI, A.; RATTI, R. (1997): The Multi-Faced Dimensions of Local Development. In: R. Ratti, A. Bramanti und R. Gordon (Hrsg.): The Dynamics of Innovative Regions: the GREMI Approach. Aldershot, S. 3–45.

BRENNER, T.; VORNAHL, D. (2002): Politische Möglichkeiten und Maßnahmen zur Erzeugung lokaler branchenspezifischer Cluster. Studie des Max-Planck-Institutes zur Erforschung von Wirtschaftssystemen. Jena.

125

BROCKFELD, H. (1997): Regionen im Wettbewerb unter dem Gesichtspunkt ihrer Standortqualität – dargestellt am Beispiel der Europäischen Union. München.

BROWN, L. A. (1979): Innovation diffusion: a new perspective. In: Studies in the diffusion of Innovation, Discussion Paper 60, London.

BUTTLER, F.; GERLACH, K.; LIEPMANN, P. (1977): Grundlagen der Regionalökonomie. Reinbek.

BUTZIN, B. (1987): Zur These eines regionalen Lebenszyklus im Ruhrgebiet. In: A. Mayr und P. Weber (Hrsg.): 100 Jahre Geographie an der Westfälischen Wilhelms-Universität Münster (= Münstersche Geographische Arbeiten, Heft 26). Paderborn, S. 191–210.

BUTZIN, B. (1996): Kreative Milieus als Elemente regionaler Entwicklungsstrategien? Eine kritische Würdigung. In: J. Maier (Hrsg.): Bedeutung kreativer Milieus für die Regional- und Landesentwicklung (= Arbeitsmaterialien zur Raumordnung und Raumplanung, Band 153). Bayreuth.

CAMAGNI, R. (Hrsg.) (1991): Innovation networks: Spatial perspectives. London.

CARDOSO, F. H.; FALETTO, E. (1976): Abhängigkeit und Entwicklung in Lateinamerika. Frankfurt a. M.

CHRISTALLER, W. (1933): Die Zentralen Orte in Süddeutschland – Eine ökonomisch-geographische Untersuchung über die Verbreitung und Entwicklung der Siedlungen mit städtischen Funktionen. 3. Aufl. von 1980, Darmstadt.

CLARK, C. (1940): The Conditions of Economic Progress. London.

CORIAT, B. (1991): Technical flexibility and mass production: flexible specialisation and dynamic flexibility. In: G. Benko und M. Dunford (Hrsg.): Industrial change and regional development: the transformation of new industrial spaces. London.

CORIAT, B. (1992): The Revitalization of Mass Production in the Computer Age. In: M. Storper und A. J. Scott (Hrsg.): Pathways to Industrialization and Regional Development. London, S. 137–156.

COY, M. (2005): Geographische Entwicklungsländerforschung. In: W. Schenk und K. Schliephake (Hrsg.): Allgemeine Anthropogeographie. Gotha, S. 727–765.

CREVOISIER, O. (2001): Der Ansatz des kreativen Milieus – Bestandsaufnahme und Forschungsperspektiven am Beispiel urbaner Milieus. In: Zeitschrift für Wirtschaftsgeographie, 45. Jg., Nr. 3/4, S. 246–256.

DANIELZYK, R.; OSSENBRÜGGE, J. (1996): Lokale Handlungsspielräume zur Gestaltung internationalisierter Wirtschaftsräume. Raumentwicklung zwischen Globalisierung und Regionalisierung. In: Zeitschrift für Wirtschaftsgeographie, 40. Jg., Nr. 2, S. 101–112.

DIGIOVANNA, S. (1996): Industrial Districts and Regional Economic Development: A Regulation Approach. In: Regional Studies, Vol. 30, No. 4, S. 373–386.

DICKEN, P. (2003): Global Shift. Reshaping the global economic map in the 21st century. 4. Aufl., London.

DICKEN, P.; LLOYD, P. E. (1999): Standort und Raum – Theoretische Perspektiven in der Wirtschaftsgeographie. Stuttgart.

DIECKHEUER, G. (2001): Internationale Wirtschaftsbeziehungen. 5. Aufl., München.

DOWNS, R. M. (1970): Geographic space perception: past approaches and future aspects. In: Progress in Geography, Vol. 2, S. 65–108.

DOWNS, R. M.; STEA, D. (1982): Kognitive Karten: Die Welt in unseren Köpfen. New York.

DUNFORD, M. (1990): Theories of Regulation. In: Environment and Planning D, Vol. 8, No. 3, S. 297–321.

EICH-BORN, M. (2005): Deutschlands Regionen zwischen Strukturwandel und Strukturbruch. In: Praxis Geographie, 35. Jg., Nr. 2, S. 4–11.

ESSER, J.; HIRSCH, J. (1987): Stadtsoziologie und Gesellschaftstheorie. Von der Fordismuskrise zur „postfordistischen" Regional- und Stadtstruktur. In: W. Prigge (Hrsg.): Die Materialität des Städtischen. Stadtentwicklung und Urbanität im gesellschaftlichen Umbruch (= Stadtforschung aktuell 17). Basel, S. 31–56.

FELS, G.; SCHMIDT, K.-D. (1980): Die deutsche Wirtschaft im Strukturwandel (= Kieler Studien, Band 166). Tübingen.

FOURASTIÉ, J. (1954): Die große Hoffnung des zwanzigsten Jahrhunderts. Köln.

FRIEDMANN, J. (1966): Regional Development Policy: A Case Study of Venezuela. Cambridge (MA)/London.

FRITSCH, M.; KOSCHATZKY, K.; SCHÄTZL, L.; STERNBERG, R. (1998): Regionale Innovationspotentiale und innovative Netzwerke. In: Raumforschung und Raumordnung, 56. Jg., Nr. 4, S. 243–252.

FRÖBEL, F.; HEINRICHS, J.; KREYE, O. (1977): Die neue internationale Arbeitsteilung. Reinbek.

FROMHOLD-EISEBITH, M. (1995): Das „kreative Milieu" als Motor regionalwirtschaftlicher Entwicklung. Forschungstrends und Erfassungsmöglichkeiten. In: Geographische Zeitschrift, 83. Jg., Nr. 1, S. 30–47.

FUCHS, M. (2006): Der globalisierte Standort. In: Praxis Geographie, 36. Jg., Nr. 1, S. 4–6.

FUJITA, M.; KRUGMAN, P.; VENABLES, A. (1999): The Spatial Economy: Cities, Regions, and International Trade. Cambridge (MA).

FURTADO, C. (1970): Economic Development of Latin America. A Survey from Colonoial Times to the Cuban Revolution. Cambridge.

FÜRST, D.; ZIMMERMANN, K. (1973): Standortwahl industrieller Unternehmen. Bonn.

GAEBE, W. (1998): Industrie. In: E. Kulke (Hrsg.): Wirtschaftsgeographie Deutschlands. Gotha, S. 55–87.

GALTUNG, J (1972): Eine strukturelle Theorie des Imperialismus. In: D. Senghaas (Hrsg.): Imperialismus und strukturelle Gewalt. Analysen über abhängige Reproduktion. Frankfurt a. M., S. 29–104.

GIDDENS, A. (1996): Konsequenzen der Moderne. Frankfurt a. M.

GIESE, E. (1995): Die Bedeutung Johann Heinrich von Thünens für die geographische Forschung. In: Berichte über Landwirtschaft, Sonderheft 210, S. 30–47.

GLÜCKLER, J. (2001): Handeln in Netzen: Zur Bedeutung von Struktur für ökonomisches Handeln. In: P. Reuber und G. Wolkersdorfer (Hrsg.): Politische Geographie. Handlungsorientierte Ansätze und Critical Geopolitics (= Heidelberger Geographische Arbeiten). Heidelberg, S. 257–268.

GRABOW, B.; HENCKEL, D.; HOLLBACH-GRÖMIG, B. (1995): Weiche Standortfaktoren (= Schriften des Deutschen Instituts für Urbanistik, Band 89). Berlin.

GRANOVETTER, M. (1985): Economic Action and Economic Structure: the Problem of Embeddedness. In: American Journal of Sociology, Vol. 91, S. 481–510.

GRANOVETTER, M. (1992): Problem of Explanation in Economic Sociology. In: N. Nohria und R. G. Eccles (Hrsg.): Networks and Organizations: Structure, Form, and Action. Cambridge (MA), S. 25–56.

GUTGESELL, M. (2006): Cluster im Wirtschaftsraum Oberfranken – Analyse und Bewertung von Clusterstrukturen sowie von Ansatzpunkten eines Clustermanagements (= Arbeitsmaterialien zur Raumordnung und Raumplanung, Band 245). Bayreuth.

HAAS, H.-D. (2006): Globalisierung der Märkte und Internationalisierung der Wirtschaft. In: H.-D. Haas und S. M. Neumair (Hrsg.): Internationale Wirtschaft: Rahmenbedingungen, Akteure, räumliche Prozesse. München, S. 3–16.

HAAS, H.-D.; FLEISCHMANN, R. (1986): Probleme industrieller Standortentwicklung im Münchner Raum aus der Sicht einer verhaltensorientierten Industriegeographie. In: F. Schaffer und W. Poschwatta (Hrsg.): Angewandte Sozialgeographie: Karl Ruppert zum 60. Geburtstag (= Beiträge zur angewandten Sozialgeographie, Band 12). Augsburg, S. 303–328.

HAAS, H.-D.; FLEISCHMANN, R. (1991): Geographie des Bergbaus (= Erträge der Forschung, Band 273). Darmstadt.

HAAS, H.-D.; HESS, W; SCHERM, G. (1983): Industrielle Monostrukturen an Mikrostandorten. Ansätze zur Arbeitsplatzsicherung im Rahmen der Stadtentwicklungsplanung, dargestellt am Beispiel Albstadt (= Münchner Studien zur Sozial- und Wirtschaftsgeographie, Band 24). Kallmünz.

HALVER, W. (1996): Standorteignung großstädtischer Agglomerationen für Industriebetriebe (= Kölner Forschungen zur Wirtschafts- und Sozialgeographie, Band 48). Köln.

HARRISON, B. (1994): Lean and Mean. The Changing Landscape of Corporate Power in the Age of Flexibility. New York.

HARVEY, D. (1990): The Condition of Postmodernity. An Enquiry Into the Origins of Cultural Change. Cambridge.

HAUSER, H.; ZIMMERMANN, T. (2001): Regionalismus oder Multilateralismus?. In: Die Volkswirtschaft. Das Magazin für Wirtschaftspolitik, 74. Jg., Nr. 5, S. 4–8.

HÄGERSTRAND, T. (1967): Innovation diffusion as a spatial process. Chicago.

HEIDUK, G. (2005): Außenwirtschaft – Theorie, Empirie und Politik der interdependenten Weltwirtschaft. Heidelberg.

HEIN, W. (1998): Unterentwicklung – Krise der Peripherie. Opladen.

HEINEBERG, H. (2003): Einführung in die Anthropogeographie/Humangeographie. Paderborn.

HEMMER, H.-R. (2002): Wirtschaftsprobleme der Entwicklungsländer. 3. Aufl., München.

HESS, M. (1998): Glokalisierung, industrieller Wandel und Standortstruktur. Das Beispiel der Europäischen Schienenfahrzeugindustrie (= Wirtschaft & Raum, Band 2). München.

HESS, M. (2006a): Wirtschaftliche Aktivitäten im Wandel – Frühformen und Entwicklung bis heute. In: H.-D. Haas und S.-M. Neumair (Hrsg.): Internationale Wirtschaft: Rahmenbedingungen, Akteure, räumliche Prozesse. München, S. 17–40.

HESS, M. (2006b): Unternehmensnetzwerke und Netzwerktheorie. In: H.-D. Haas und S.-M. Neumair (Hrsg.): Internationale Wirtschaft: Rahmenbedingungen, Akteure, räumliche Prozesse. München, S. 557–577.

HETTNER, A. (1927): Die Geographie. Ihre Geschichte, ihr Wesen und ihre Methoden. Breslau.

HIRSCH, J. (2001): Postfordismus: Dimensionen einer neuen kapitalistischen Formation. In: B. Jessop und N. Poulantzas (Hrsg.): Die Zukunft des Staates. Hamburg, S. 171–209.

HIRSCHMAN, A. O. (1958): The Strategy of Economic Development. New Haven.

HUDSON, R. (1992): Industrial restructuring and spatial change: myths and realities in the changing geography of production in the 1980s. In: Scottish Geographical Magazine, Vol. 108, No. 2, S. 74–81.

HURST, M. E. (1974): A Geography of Economic Behavior. London.

ISARD, W. (1956): Location and Space-Economy. A general theory relating to industrial location, market areas, land use, trade and urban structure. New York/London.

JARILLO, J. C. (1988): On Strategic Networks. In: Strategic Management Journal, Vol. 9, No. 1, S. 31–41.

JARILLO, J. C. (1993): Strategic Networks: Creating the Borderless Organisation. Oxford.

JARILLO, J. C.; RICART, J. E. (1987): Sustaining Networks. In: Interfaces, Vol. 17, No. 5, S. 82–91.

JESSOP, B. (1992): Fordism and Post-Fordism – A critical Reformulation. In: M. Storper und A. J. Scott (Hrsg.): Pathways to Industrialization and Regional Development. London, S. 46–69.

JOB, H.; MÖLLER, A. (2001): Kognitive Karten im Tourismus. Ein Fallstudienvergleich am Beispiel einer künstlichen und einer traditionellen Destination Bayerns. (= Mitteilungen der Geographischen Gesellschaft in München, Band 85), München, S. 105–118.

JUNGNICKEL, R. (1996): Globalisierung: Wandert die deutsche Wirtschaft aus?. In: Wirtschaftsdienst: Zeitschrift für Wirtschaftspolitik, 76. Jg., Nr. 6, S. 309–316.

KAISER, K.-H. (1979): Industrielle Standortfaktoren und Betriebstypenbildung. Berlin.

KAWKA, R. (2003): Die New Economic Geography – besser als ihr Ruf. In: Zeitschrift für Wirtschaftsgeographie, 47. Jg., Nr. 3/4, S. 188–195.

KINKEL, S. (2004): Erfolgskritische Standortfaktoren ableiten – eine erfahrungsbasierte Auswahlhilfe. In: S. Kinkel (Hrsg.): Erfolgsfaktor Standortplanung. In- und ausländische Standorte richtig bewerten. Heidelberg u. a., S. 49–73.

KIRCHNER, P. (2001): Industriedynamik in der Wirtschaftsregion Heilbronn-Franken (= Forschen, Lehren, Lernen. Beiträge aus der Fakultät für Gesellschafts- und Geisteswissenschaften der Pädagogischen Hochschule Heidelberg, Band 15). Idstein.

KLEIN, R. (2005): Ökonomische und theoretische Grundlagen der Wirtschaftsgeographie. In: W. Schenk und K. Schliephake (Hrsg.): Allgemeine Anthropogeographie. Gotha/Stuttgart, S. 335–352.

KOCH, E. (2000): Globalisierung der Wirtschaft. München.

KOHL, J. G. (1841): Der Verkehr und die Ansiedelungen der Menschen in ihrer Abhängigkeit von der Gestaltung der Erdoberfläche. Dresden/Leipzig.

KONDRATIEFF, N. D. (1926): Die langen Wellen der Konjunktur. In: Archiv für Sozialwissenschaft und Sozialpolitik, Band 56, S. 573–609.

KOSCHATZKY, K. (2001): Räumliche Aspekte im Innovationsprozess: Ein Beitrag zur neuen Wirtschaftsgeographie aus der Sicht der regionalen Innovationsforschung (= Wirtschaftsgeographie, Band 19). Münster.

KRAUS, T. (1933): Der Wirtschaftsraum. Gedanken zu seiner geographischen Erforschung. Köln.

KRÄTKE, S. (1990): Städte im Umbruch – Städtische Hierarchien und Raumgefüge im Prozess gesellschaftlicher Restrukturierung. In: R. Borst, S. Krätke, M. Mayer, R. Roth und F. Schmoll (Hrsg.): Das neue Gesicht der Städte. Theoretische Ansätze und empirische Befunde aus der internationalen Debatte (= Stadtforschung aktuell, Band 29). Basel, S. 7–38.

KRÄTKE, S. (1995a): Stadt, Raum, Ökonomie. Einführung in aktuelle Problemfelder der Stadtökonomie und Wirtschaftsgeographie (= Stadtforschung aktuell, Band 53). Basel u. a.

KRÄTKE, S. (1995b): Globalisierung und Regionalisierung. In: Geographische Zeitschrift, 83. Jg., Nr. 1, S. 207–221.

KRÄTKE, S. (1996): Regulationstheoretische Perspektiven in der Wirtschaftsgeographie. In: Zeitschrift für Wirtschaftsgeographie, 40. Jg., Nr. 1/2, S. 6–19.

KROL, G.-J.; SCHMID, A. (2002): Volkswirtschaftslehre – Eine problemorientierte Einführung. 21. Aufl., Tübingen.

KRUGMAN, P. (1991): Geography and Trade. London.

KRUGMAN, P. (1998): What's New about New Economic Geography?. In: Oxford Review of Economic Policy, Vol. 14, S. 7–17.

KULKE, E. (2004): Wirtschaftsgeographie. Paderborn.

KULKE, E. (2005): Globaler Warenhandel – Gründe, Merkmale und räumliche Wirkungen. In: Praxis Geographie, 35. Jg., Nr. 7/8, S. 4–9.

LACHMANN, W. (2004): Entwicklungspolitik – Band 1: Grundlagen. 2. Aufl., München.

LANGHAGEN-ROHRBACH, C. (2005): Raumordnung und Raumplanung (= Geowissen kompakt). Darmstadt.

LÄPPLE, D. (1991): Essay über den Raum. Für ein gesellschaftswissenschaftliches Raumkonzept. In: H. Häußermann (Hrsg.): Stadt und Raum. Soziologische Analyse. Pfaffenweiler, S. 157–207.

LEE, R.; WILLS, J. (Hrsg.) (1997): Geographies of Economies. London u. a.

LICHTBLAU, K. (2000): Internationalisierung von Dienstleistungen. In: iw-Trends: Quartalshefte zur Empirischen Wirtschaftsforschung des Instituts der Deutschen Wirtschaft Köln, 27. Jg., Nr. 1, S. 61–71.

LIPIETZ, A. (1985): Akkumulation, Krisen und Auswege aus der Krise: Einige methodische Überlegungen zum Begriff der Regulation. In: Prokla, 15. Jg., Nr. 58, S. 109–137.

LIPIETZ, A. (1987): Mirages and Miracles: The Crisis of Global Fordism. London.

LODA, M. (1989): Das „Dritte Italien" – Zu den Spezifika der peripheren Entwicklung in Italien. In: Geographische Zeitschrift, 77. Jg., Nr. 3, S. 180–194.

LÖSCH, A. (1940): Die räumliche Ordnung der Wirtschaft. 3. Aufl. von 1962, Stuttgart.

LÜDER, K.; KÜPPER W. (1983): Unternehmerische Standortplanung und regionale Wirtschaftsförderung (= Schriftenreihe des Seminars für Allgemeine Betriebswirtschaftslehre der Universität Hamburg, Band 24). Göttingen.

LÜTGENS, R. (1921): Spezielle Wirtschaftsgeographie auf landschaftskundlicher Grundlage. (= Mitteilungen der Geographischen Gesellschaft in Hamburg, Band 33), Hamburg, S. 131–154.

MAIER, G; TÖDTLING, F. (2006): Regional- und Stadtökonomik 1: Standorttheorie und Raumstruktur. 4. Aufl., Wien/New York.

MAIER, G.; TÖDTLING, F.; TRIPPL, M. (2006): Regional- und Stadtökonomik 2: Regionalentwicklung und Regionalpolitik. 3. Aufl., Wien/New York.

MAIER, J. (2005): Industriegeographie – Begriffe und Perspektiven. In: W. Schenk und K. Schliephake (Hrsg.): Allgemeine Anthropogeographie. Gotha, S. 449–500.

MAIER, J.; BECK, R. (2000): Allgemeine Industriegeographie. Gotha/Stuttgart.

MAIER, J.; PAESLER, R.; RUPPERT, K. (1977): Sozialgeographie (= Das Geographische Seminar). Braunschweig.

MAILLAT, D.; PERRIN, J.-C. (Hrsg.) (1992): Enterprises innovatrices et Développment territorial. Neuchatel.

MAILLAT, D.; QUÉVIT, M; SENN, L. (Hrsg.) (1993): Réseaux d'innovation et Milieux innovateurs: Un pari pour le développment régional. Neuchatel.

MARKUSEN, A. R. (1985): Profit cycles, oligopoly and regional development. Cambridge (MA).

MARKUSEN, A. R. (1996): Sticky Places in Slippery Space: A Typology of Industrial Districts. In: Economic Geography, Vol. 27, No. 3, S. 293–313.

MARSHALL, A. (1920): Industry and Trade. London.

MARTIN, R. (1999): Critical Survey. The New „Geographical Turn" in Economics: Some Critical Reflections. In: Cambridge Journal of Economics, Vol. 23, S. 65–91.

MARTIN, R. (2000): Institutional approaches in economic geography. In: E. Sheppard und T. J. Barnes (Hrsg.): A companion to economic geography. Oxford, S. 77–94.

MARTIN, R.; SUNLEY, P. (1996): Paul Krugman's Geographical Economics and its Implications for Regional Development Theory: A Critical Assessment. In: Economic Geography, Vol. 72, S. 259–292.

MASKELL, P.; MALMBERG, A. (1999): Localised Learning and Industrial Competetiveness. In: Cambridge Journal of Economics, Vol. 23, S. 167–185.

MIKUS, W. (1978): Industriegeographie: Themen der allgemeinen Industrieraumlehre. Darmstadt.

MIKUS, W. (2002): Wirtschaftsgeographie. In: E. Brunotte, H. Gebhardt, M. Meurer, P. Meusburger und J. Nipper (Hrsg.): Lexikon der Geographie. Band 4, S. 41–43.

MOULAERT, F.; SWYNGEDOUW, E. (1990): Regionalentwicklung und die Geographie flexibler Produktionssysteme – Theoretische Auseinandersetzung und empirische Belege aus Westeuropa und den USA. In: R. Borst, S. Krätke, M. Mayer, R. Roth und F. Schmoll (Hrsg.): Das neue Gesicht der Städte. Theoretische Ansätze und empirische Befunde aus der internationalen Debatte (= Stadtforschung aktuell, Band 29). Basel, S. 89–108.

MUSSEL, G.; PÄTZOLD, J. (1998): Grundfragen der Wirtschaftspolitik. 3. Aufl., München.

MYRDAL, G. (1957): Economic Theory and Underdeveloped Regions. London.

NEUMAIR, S.-M. (2006a): Handel und Direktinvestitionen – eine Bestandsaufnahme. In: H.-D. Haas und S.-M. Neumair (Hrsg.): Internationale Wirtschaft: Rahmenbedingungen, Akteure, räumliche Prozesse. München, S. 41–60.

NEUMAIR, S.-M. (2006b): Formen der regionalen Blockbildung. In: H.-D. Haas und S.-M. Neumair (Hrsg.): Internationale Wirtschaft: Rahmenbedingungen, Akteure, räumliche Prozesse. München, S. 265–319.

NEUMAIR, S.-M. (2006c): Städte und Regionen im Wettbewerb. In: H.-D. Haas und S. M. Neumair (Hrsg.): Internationale Wirtschaft: Rahmenbedingungen, Akteure, räumliche Prozesse. München, S. 397–426.

NOHLEN, D. (2000): Lexikon Dritte Welt. Hamburg.

NUHN, H. (1985): Industriegeographie. Neuere Entwicklungen und Perspektiven für die Zukunft. In: Geographische Rundschau, 37. Jg., Nr. 4, S. 187–193.

NUHN, H. (1997): Globalisierung und Regionalisierung im Weltwirtschaftsraum. In: Geographische Rundschau, 49. Jg., Nr. 3, S. 136–143.

PERROUX, F. (1955): Note sur la notion de pole de croissance. In: Économic Appliquée, Nr. 7, S. 307–320.

PETERS, H.-R. (1996): Sektorale Strukturpolitik. 2. Aufl., München.

PIERENKEMPER, T. (2005): Wirtschaftsgeschichte. München.

PIORE, M. J.; SABEL, C. F. (1989): Das Ende der Massenproduktion. Berlin.

PORTER, M. E. (1999a): Unternehmen können von regionaler Vernetzung profitieren. In: Harvard Business Manager, 21. Jg., Nr. 3, S. 51–63.

PORTER, M. E. (1999b) Wettbewerb und Strategie. München.

PREBISCH, R (1950): The Economic Development of Latin America and its Principal Problems. New York.

PRED, A. (1967): Behaviour and Location. Part I (= Lund Studies in Geography. Series B. Human Geography, Vol. 27). Lund.

PRED, A. (1969): Behaviour and Location. Part II (= Lund Studies in Geography. Series B. Human Geography, Vol. 28). Lund.

PREDÖHL, A. (1925): Das Standortproblem in der Wirtschaftstheorie. In: Weltwirtschaftliches Archiv, 21. Jg., S. 294–321.

PRIEBS, A. (2005): Raumordnung und Raumentwicklung als Zukunftsaufgabe. In: Geographische Rundschau, 57. Jg., Nr. 3, S. 4–9.

RAMSEIER, U. (1995): Standortvoraussetzungen für Innovationen. Ein Konzept zur Beurteilung von Standortvoraussetzungen für innovative Betriebe, diskutiert am Beispiel der Schweizer Abfallindustrie. Bern.

RATZEL, F. (1882): Anthropopgeographie. Band 1. Leipzig.

REHFELD, D. (2005): Alles Cluster. In: Raum – Österreichische Zeitschrift für Raumplanung und Regionalpolitik, Nr. 59, S. 24–26.

REICHART, T. (1999): Bausteine der Wirtschaftsgeographie. Bern.

RICHARDSON, H. W. (1980): Polarization Reversal in Developing Countries. In: Papers of the Regional Science Association, Vol. 45, S. 67–85.

RITTER, W. (1998): Allgemeine Wirtschaftsgeographie. 3. Aufl., München.

ROGERS, E. M. (1962): Diffusion of innovations. New York/London.

ROSENFELD, S. A. (1997): Bringing Business Clusters into the Mainstream of Economic Development. In: European Planning Studies, Vol. 5., No. 1, S. 3–23.

ROSTOW, W. W. (1960): The stages of economic growth: A non-communist manifesto. Cambridge (MA).

RÖSCH, A. (1998): Der Beitrag kreativer Milieus als Erklärungsansatz regionaler Entwicklung – dargestellt am Beispiel des Raumes Coburg (= Arbeitsmaterialien zur Raumordnung und Raumplanung, Band 179). Bayreuth.

RÖSCH, A. (2000): Kreative Milieus als Faktoren der Regionalentwicklung. In: Raumforschung und Raumordnung, 58. Jg., Nr. 2/3, S. 161–172.

RUPPERT, K; SCHAFFER, F. (1969): Zur Konzeption der Sozialgeographie. In: Geographische Rundschau, 21. Jg., Nr. 6, S. 205–214.

SABEL, C. F. (1994): Flexible Specialisation and the Re-emergence of Regional Economies. In: A. Amin (Hrsg.): Post-Fordism. A Reader. Oxford, S. 101–156.

SAUTTER, B. (2005): Einflussfaktoren auf die Gründungsaktivität im Cluster. Eine Längsschnittsanalyse des Tuttlinger Medizintechnik-Clusters 1870–2002 (= Wirtschaftsgeographie, Band 31). Münster.

SCHAMP, E. (1983): Grundsätze der zeitgenössischen Wirtschaftsgeographie. In: Geographische Rundschau, 35. Jg., Nr. 2, S. 74–80.

SCHAMP, E. (1988): Forschungsansätze der Industriegeographie. In: W. Gaebe (Hrsg.): Handbuch des Geographieunterrichts. Band 3: Industrie und Raum. Köln, S. 3–12.

SCHAMP, E. (1995): Arbeitsteilung, neue Technologien und Regionalentwicklung. In: D. Barsch und H. Karrasch (Hrsg.): Umbau alter Industrieregionen. 49. Deutscher Geographentag Bochum 1993. Tagungsbericht und wissenschaftliche Abhandlungen, Band 1. Stuttgart, S. 71–84.

SCHAMP, E. (2000): Vernetzte Produktion. Industriegeographie aus institutioneller Perspektive. Darmstadt.

SCHAMP, E. (2003): Raum, Interaktion und Institution. Anmerkungen zu drei Grundprinzipien der deutschen Wirtschaftsgeographie. In: Zeitschrift für Wirtschaftsgeographie, 47. Jg., Nr. 3/4, S. 145–158.

SCHÄTZL, L. (1983): Regionale Wachstums- und Entwicklungstheorien. In: Geographische Rundschau, 35. Jg., Nr. 7, S. 322–327.

SCHÄTZL, L. (2003a): Wirtschaftsgeographie. Band 1: Theorie. 9. Aufl., Paderborn.

SCHÄTZL, L. (2003b): Zur Zukunft der Wirtschaftsgeographie in Deutschland. In: Zeitschrift für Wirtschaftsgeographie, 47. Jg., Nr. 3/4, S. 139–144.

SCHIRM, S. (1997): Politische und ökonomische Auswirkungen der NAFTA. In: Außenpolitik, 48. Jg., Nr. 1, S. 68–78.

SCHOLBACH, T. (1997): Chancen für eine nachhaltige Regionalentwicklung in altindustriellen Räumen unter Berücksichtigung des Konzepts des regionalen Lebenszyklus – das Beispiel Südraum Leipzig. München.

SCHOLZ, F. (2002): Die Theorie der fragmentierenden Entwicklung. In: Geographische Rundschau, 54. Jg., Nr. 10, S. 6–11.

SCHORER, K. (1993): Attraktive Standorte: Gewerbeparks. In: Geographische Rundschau, 45. Jg., Nr. 9, S. 498–502.

SCHUMPETER, J. A. (1911): Die Theorie der wirtschaftlichen Entwicklung. 6. Aufl. von 1964, Berlin.

SCHUMPETER, J. A. (1961): Konjunkturzyklen: Eine theoretische, historische und statistische Analyse des kapitalistischen Prozesses. Band 1. Göttingen.

SCOTT, A. J. (1988): New Industrial Spaces: Flexible Production Organization and Regional Development in North America and Western Europe. London.

SCOTT, A. J. (1998): Regions and the World Economy: The Coming Shape of Global Production, Competition, and Political Order. Oxford/New York.

SCOTT, A. J.; STORPER, M. (1988): Production, Work, Territory: The Geographical Anatomy of Industrial Capitalism. Boston u.a.

SHIELLS, C. (1995): Regionale Handelsblöcke: Handelsschaffung oder Handelsumlenkung?. In: Finanzierung und Entwicklung, 32. Jg., Nr. 1, S. 28–30.

SMITH, D. M. (1981): Industrial Location. New York.

STAUDACHER, C. (2005): Wirtschaftsgeographie regionaler Systeme. Wien.

STEGMANN, B.-A. (1997): Großstadt im Image: Eine wahrnehmungsgeographische Studie zu raumbezogenen Images und zum Imagemarketing in Printmedien am Beispiel Kölns und seiner Stadtviertel (= Kölner Geographische Arbeiten, Nr. 68). Köln.

STERNBERG, R. (1995): Technologiepolitik und High-Tech-Regionen – ein internationaler Vergleich (= Wirtschaftsgeographie, Band 7). Münster.

STORPER, M. (1995): The Resurgence of Regional Economics, Ten Years Later. In: European Urban and Regional Studies, Vol. 2, S. 191–221.

STORPER, M.; SCOTT, A. J. (1990): Geographische Grundlagen und gesellschaftliche Regulation flexibler Produktionskomplexe. In: R. Borst, S. Krätke, M. Mayer, R. Roth und F. Schmoll (Hrsg.): Das neue Gesicht der Städte. Theoretische Ansätze und empirische Befunde aus der internationalen Debatte (= Stadtforschung aktuell, Band 29). Basel, S. 130–149.

STORPER, M.; WALKER, R. (1989): The Capitalist Imperative – Territory, Technology, and Industrial Growth. New York/Oxford.

STRACKE, S. (2006): Innovationsverflechtungen zwischen lokaler Einbettung und globalen Wertschöpfungsketten. Das Beispiel des regionalen Innovationssystems Penang, Malaysia. In: Zeitschrift für Wirtschaftsgeographie, 50. Jg., Nr. 1, S. 44–57.

SUNKEL, O. (1972): Transnationale kapitalistische Integration und nationale Desintegration: Der Fall Lateinamerika. In: D. Senghaas (Hrsg.): Imperialismus und strukturelle Gewalt. Frankfurt a.M., S. 258–315.

THOMALE, E. (1974): Geographische Verhaltensforschung. (= Marburger Geographische Schriften, Band 61), Marburg, S. 9–30.

THOMI, W.; WERNER, R. (2001): Regionale Innovationssysteme. Zur territorialen Dimension von Wissen und Innovation. In: Zeitschrift für Wirtschaftsgeographie, 45. Jg., Nr. 3/4, S. 202–218.

THÜNEN, J. H. V. (1875): Der isolierte Staat in Beziehung auf Landwirtschaft und Nationalökonomie. 3. Aufl. von 1966, Darmstadt.

TICHY, G. (1987): Das Altern von Industrieregionen. Unabwendbares Schicksal oder Herausforderung für die Wirtschaftspolitik?. In: Berichte zur Raumforschung und Raumplanung, 31. Jg., Nr. 1/2, S. 3–9.

TICHY, G. (1991): The product-cycle revisited: Some extensions and clarifications. In: Zeitschrift für Wirtschafts- und Sozialwissenschaften, Band 111, S. 27–54.

TICKELL, A.; PECK, J. (1992): Accumulation, regulation and the geographies of post-fordism: missing links in regulationist research. In: Progress in Human Geography, Vol. 16, No. 2, S. 190–218.

TZERMIAS, N. (2002): Die Grenzen des „Bonsai-Kapitalismus". Italiens Industriedistrikte – Vorbild oder Tugend in der Not?. In: Neue Zürcher Zeitung, 21./22.12.2002, Nr. 297, S. 14.

UNCTAD (UNITED NATIONS CONFERENCE ON TRADE AND DEVELOPMENT) (2005): World Investment Report 2004 – Key Data. Genf.

VERNON, R. (1966): International Investment and International Trade in the Product Cycle. In: Quarterly Journal of Economics, Vol. 80, No. 2, S. 190–207.

WAGNER, H.-G. (1981): Wirtschaftsgeographie (= Das geographische Seminar). Braunschweig.

WAGNER, H.-G. (1994): Wirtschaftsgeographie (= Das geographische Seminar). 2. Aufl., Braunschweig.

WAGNER, H.-G. (1998): Wirtschaftsgeographie (= Das geographische Seminar). 3. Aufl., Braunschweig.

WAGNER, N.; KAISER, M. (1995): Ökonomie der Entwicklungsländer. 3. Aufl., Stuttgart.

WAIBEL, L. (1927): Die Sierra Madre de Chiapas. In: Verhandlungen und wissenschaftliche Abhandlungen des 22. Deutschen Geographentags zu Karlsruhe. Darmstadt.

WARDENGA, U. (2002): Alte und neue Raumkonzepte für den Geographieunterricht. In: Geographie heute, 23. Jg., Nr. 200, S. 8–11.

WEBER, A. (1909): Über den Standort der Industrien: Erster Teil: Reine Theorie des Standortes. Tübingen.

WELLEMS, C. (1992): Die Standortorientierung ausländischer Unternehmen in Düsseldorf (= Europäische Hochschulschriften, Reihe V, Band 1240). Frankfurt a. M.

WERLEN, B. (2002): Handlungsorientierte Sozialgeographie. Eine neue geographische Ordnung der Dinge. In: Geographie heute, 23. Jg., Nr. 200, S. 12–15.

WIESE, B. (2001): Globalisierung und Raum. In: Praxis Geographie, 31. Jg., Nr. 9, S. 4–9.

WINDHORST, H.-W. (1979): Die sozialgeographische Analyse raum-zeitlicher Diffusionsprozesse auf der Basis der Adoptorkategorien von Innovationen. In: Zeitschrift für Agrargeschichte und Agrarsoziologie, Band 27, S. 244–266.

WINDHORST, H.-W. (1983): Geographische Innovations- und Diffusionsforschung (= Erträge der Forschung, Band 189). Darmstadt.

WIRTH, E. (1979): Theoretische Geographie. Stuttgart.

WIEßNER, R. (1978): Verhaltensorientierte Geographie. Die angelsächsische behavioral geography und ihre sozialgeographischen Ansätze. In: Geographische Rundschau, 30. Jg., Nr. 11, S. 420–426.

WTO (WORLD TRADE ORGANISATION) (2005): World Trade Statistics. Genf.

Register